Premiere Collection

『純粋理性批判』の方法と原理

概念史によるカント解釈

渡邉浩一

京都大学学術出版会

プリミエ・コレクションの創刊に際して

「プリミエ」とは、初演を意味するフランス語の「première」から転じた「初演する、主演する」を意味する英語です。本コレクションのタイトルには、初々しい若い知性のデビュー作という意味がこめられています。

いわゆる大学院重点化によって博士学位取得者を増強する計画が始まってから十数年になります。学界、産業界、政界、官界さらには国際機関等に博士学位取得者が歓迎される時代がやがて到来するという当初の見通しは、国内外の諸状況もあって未だ実現せず、そのため、長期の研鑽を積みながら厳しい日々を送っている若手研究者も少なくありません。

しかしながら、多くの優秀な人材を学界に迎えたことで学術研究は新しい活況を呈し、領域によっては、既存の研究には見られなかった溌剌とした視点や方法が、若い人々によってもたらされています。そうした優れた業績を広く公開することは、学界のみならず、歴史の転換点にある21世紀の社会全体にとっても、未来を拓く大きな資産になることは間違いありません。

このたび、京都大学では、常にフロンティアに挑戦することで我が国の教育・研究において誉れある幾多の成果をもたらしてきた百有余年の歴史の上に、若手研究者の優れた業績を世に出すための支援制度を設けることに致しました。本コレクションの各巻は、いずれもこの制度のもとに刊行されるモノグラフです。ここでデビューした研究者は、我が国のみならず、国際的な学界において、将来につながる学術研究のリーダーとして活躍が期待される人たちです。関係者、読者の方々共々、このコレクションが健やかに成長していくことを見守っていきたいと祈念します。

第25代　京都大学総長　松本　紘

自序

イマヌエル・カントは一七二四年にケーニヒスベルク（現カリーニングラード）に生まれ、一八〇四年に同地に没した一八世紀ドイツの哲学者である。その生活は徹底してローカルなものであったが、諸々の歴史的事情も手伝ってその著作は時代と地域を越えて読みつがれ、持続的かつ広範な影響力を振うこととなった。西洋哲学研究の歴史の黎明期にこうむった近代ドイツ哲学からの深甚な影響の結果、二一世紀の日本でもカントはその名前の最もよく知られた哲学者となっている。――それは、主著である『純粋理性批判』の翻訳がここ十年あまりのうちに新たに四種（旧訳の新装版も加えれば五種）も出版されていることからもうかがわれるとおりである。

こうした伝統を背景として私もまた『純粋理性批判』を手に取り、カントに即して哲学研究に取り組むこととなった。本書は、そのひとまずのまとめとして、二〇一一年三月に京都大学に提出した博士論文に加筆修正を加えたものである。

それにしても、『純粋理性批判』を読むことは容易ではない。独特の術語を織り交ぜたひどく息の長い行文は、それだけで読者の気勢をそぐようなところがある。現に、「神経液を消耗させる書物」というのがこのテクストに対する同時代人の最初の評言でもあった。もちろん、「形而上学の形而上学」とも称される未曾有の試みに傾けられた著者の思索の努力を伝えるものとして、『純粋理性批判』がきわめて密度の濃い読書体験を与えてくれる書物であることはたしかである。しかし、そうした実感に基づいて体得された用語法や思考形式は、十分な方法論的自覚を欠くとき――言語・思想的伝統を異にする場合にはなおさら――、生活からも学問の状況からも懸け離れた思弁へ傾き、カントにまさるとも劣らぬ「難解」な文章を生みだすことにもなりがちである。

『純粋理性批判』というテクストにまつわる難解さ（の印象）は、とはいえ、まったく解消されえないものでもない。こと用語法に関していえば、一定の手順を踏むことで相応に明確化されうる。カントの思想の密度に応じた思索の努力が読者それぞれに求められるというのはその通りであるにしても、過剰な読み込みを避けて事柄を適切に対象化するためには、著者独自の言語使用や時代の共通了解に由来する部分は徹底して文脈化され公共化される必要がある。――『『純粋理性批判』の方法と原理』というういささか大仰な表題に添えられた「概念史」という概念は、さしあたっては、そのような立場と方法を表すものということができる。かつて一九世紀のドイツの講壇哲学者たちは「カントに帰れ」という標語のもとにカントの思想の現代化に取り組んだが、それをうけていうならば、二一世紀の日本における哲学・哲学史研究の現状に鑑みて、本書は一八世紀に「カントを帰す」ことを課題とするものである。

具体的に本論ではカントの理論哲学の方法と原理について、「批判」と「多様の総合的統一」という観点から三つずつ都合六つの概念に即して記述的な分析を進めてゆくが、全体として意図するところは、『純粋理性批判』の核心をなす（と著者の考える）事柄を「下から」語り直してみることにある。それだけに、本書で取り扱う箇所は著作の全体に対してかなり限られたものとなるし（主に『純粋理性批判』の序文・緒論および本論の演繹論・図式論）、また、導き出される結論もそれ自体としてとくに目新しいものとはならないだろう。とはいえ、ここでの目的は、研究・解釈の積み重ねのなかで表現として陳腐化されてしまった基本的論点や、そのために看過されてきた細部が含みもつ意味に焦点を合わせて、持ち合わせているカント像——初学者のそれであれ専門家のそれであれ——を受け取り直すことにある。そのための材料と論点は、相応に提示しえたのではないかと思っている。

結果として、本書の描くカント像は、「深遠な究極的な問いを孤独に問い詰めた思想家」というよりは、「時代状況の変化のなかで遠大な課題に愚直に取り組んだ学者」といったものとなった。『純粋理性批判』の哲学史上の意義は、端的にいえば、形而上学の原理を認識の主体に折り返しつつ仮説演繹的に探究することを方法とし、そしてそれに応じて、原理に関して講壇的な形相（形式）概念を近世の観念説の延長線上に「形式的観念論」という立場から位置づけ直したことにある——そのように私は理解するものである。「哲学」という営みに対する期待のもちようによっては、おそらく、こうした解釈を物足りなく感じられる向きもあることと思う。しかし、いずれにせよ、一八世紀ドイツの哲学者の著作を大きすぎも小さすぎもしない仕方で読み、そこで課題とされている事柄を二一世紀の現在の立場から受け継いでゆくうえで、ここが私にとっての出発点となることには違いない。前提をなす問題意識や状況認識も含めて、識者のご批判ご叱正を請う次第である。

（付記）本書の刊行にあたっては、京都大学の平成23年度総長裁量経費　若手研究者に係る出版助成事業による助成を受けた。

凡例

一、カントのテクストからの引用・参照はアカデミー版カント全集に拠り、巻号と頁数を記す（e. g. XXIV 340）。ただし、『純粋理性批判』についてはフェリックス・マイナー社哲学文庫（PhB）版に拠り、慣例にしたがって原著第一版（A）と第二版（B）の頁数を記す（e. g. B XVI, A 78–79/B 104, A 120n., etc.）。

二、カント以外の著者については、本書巻末の文献表をもとに著者名と出版年によってテクストを同定し、当該の（巻数・）引用・参照頁を記す。文脈上必要であると考えられるものは原出版年等を併記し（e. g. Vaihinger 1922²/1970: [I–]23–70）、また、引用に際して既存の訳を用いた場合は訳書の当該頁を記す（e. g. Thomas c. 1265–1274/1964: [v. 2–]76［山田訳二一〇］）。

三、原文のゲシュペルト、イタリック、ゴシック等による強調については圏点で一括し（e.

g.「形而上学」）、同じ著作で複数の強調が用いられている場合にはゴシック、イタリックを順次用いる（e. g.「いかにして学としての形而上学は可能か」）。

四、引用文中のキッコウは、原語の挿入（e. g.〔Kritik〕）、原文の途中省略（e. g.〔……〕）、著者による補足説明等を意味する。時代・個人・文献等に関わる諸事情から、カントのテクストにおける文字表記にはかなりの揺れがみられるが、（e. g. Copernicus, Copernikus, Kopernikus, Copernick, etc.）、ここでは使用テクストの表記にしたがう。

目次

緒　論

『純粋理性批判』(以下、本書では『批判』と略記する)は、過剰に読まれてきたがゆえに改めて読み直されるべき書物である。[1] いかなるテクストであれ、その価値は読み手がそれぞれ自らの置かれている歴史的状況のなかで見出し投げ込んでゆくべきものであるが、一七八一年に出版された——当年とって五七歳の哲学教授イマヌエル・カントの手になる——この著作に関していえば、それはまさにこの点にこそ求められるように思われる。独特のターミノロジーと難解な行文によって哲学史上に聞こえたこの古典は、出版以来ほとんど途切れなく読み継がれてきたことによって、近現代の哲学および哲学研究の在りようの変化を豊かに告げ知らせるものとなっている。

まず、『批判』の受容・解釈史は、それ自体ひとつの(ドイツからみた)近現代西洋哲学史ともいえるような性格をもつ。[2] カントの批判哲学は、知られるように、フィヒテ、シェリング、ヘーゲルと続くいわゆるドイツ観念論の諸家の原点に位置するものであるが、それにとどまらず、彼らとは一線を画すフリース、ヘルバルト、ショーペンハウアー等も含めて、一八世紀末から一九世紀前半にかけて展開をみせたドイツ近代哲学の最も強力な推進剤としての役割を担うものでもあった。このことから、そうした時代精神の昂揚に一段落ついた一九世紀後半以降、改めて『批判』はヘーゲル主義と実証主義に対する批判的対決を通じて形成されていった新カント派の旗印とされ、講壇哲学の枠組みの制度化と相俟って強く権威づけられてゆくこととなる。やがて新カント派に対抗する形で二〇世紀には現象学（解釈学）や分析哲学といった新たな思潮が興ってくるが、そうしたなか、「認識論」なり「観念論」なりを軸とした旧来のカント像を書き換えるような『批判』解釈がハイデガーやストローソンによって提示され、今日にまで及ぶ解釈動向を形づくるに至っていることはよく知られるとおりである。

ところで、こうした『批判』の歩みは、同時にまた近現代哲学史ひいては哲学研究システムの形成・定着過程を伝え知らせるものでもある。そもそも今日あるところの「哲学史」とは、一八世紀末のカント派の哲学史家たちによって準備され、一九世紀のヘーゲル派のもとでの哲学史・歴史哲学の昂揚を経て、それを批判的に受容した新カント派およびその周辺の哲学史家たちの手によって完成された比較的新しい哲学的ディシプリンである。(3) そこで『批判』は時代を画する――例えばその《コペルニクス的転回》によって《大陸合理論とイギリス経験論の調停・総合をもたらした》――書物として位置づけられ、このことに応じて、当の哲学史像のより精緻な実証のためにテクストが整備され、それを推進するべく専門雑誌・学会等が設立され、そこから大量の研究文献が生み出されてゆくこととなった。(4) 個別哲学者研究ひいては哲学史観そのものの進展によってこうしたカント中心史観そのものは過去のものとなったとはいえ、一方で、「カント学」を有力なモデルケースとして形成された近代的な哲学・哲学史研究システム自体は――あまり意識されることはないとはいえ――時代や地域に応じた変化を加えつつ再生産され続けている。

もちろん、近現代の哲学・哲学史研究の生成に関わるこうした二重の歴史性は、近世哲学の古典的著作のいずれにも共通して認められる性格には違いない。しかし、そうした一連のテクストのなかでも『批判』はおそらく最も集中して読まれてきたテクストであり、それだけに、その影響力もまた――良きにつけ悪しきにつけ――他に類をみないものとなっている。すなわち、思想内容および学問制度の両面と関わって『批判』というテクストに折り重ねられてきた濃密な歴史は、一連の展開の末に久しく行き詰まりを感じさせるものとなっている哲学・哲学史研究について、その来し方行く末を考える有力な手掛かりを与えてくれるはずのものと考えられる。

以上のような理解のもと、本論では『批判』の歴史的再構成を行う。一般にテクストの解釈が読み手の観点からの再構成として遂行されることは改めていうまでもないが、そのうえでとくに「歴史的」というのは、再構成を当該テクストの書かれた同時代の文脈に即して進めるということを強調するためである。もちろん、一方でテクストを読み手の側の同時代的な問題関心に照らして「合理的」に再構成すること、つまり、目下の問題に応えうるように織り直すことも可能であり、(5) 現にそのようにして『批判』についても新カント派以降、二〇世紀の諸々の哲学動向に応じてそのつど新たな解釈が提示されてきている。(6) しかしながら、その延長線上で『批判』の「現代的意義」を論じ現代の哲学的諸「問題」のために『批判』を「使う」ことは本書の課題ではない。ますます細分化・専門化の度合いを深めつつある哲学研究の現状に鑑みても、むしろ問われるべきは、その「現代」や「問題」であるように思われる。このために、『批判』という際立った歴史的性格をもつテクストに即して、今日へと至る哲学の問題状況を歴史的な変化の相において具体的に捉え直すことが本書の目的である。

しかし、それでは哲学の歴史的変化を豊かに汲み取るにはどのような方法が適切だろうか。例えば、哲学者たちはしばしば「問題」を軸に論を立てるが、哲学史という観点からみれば、これは「問題史〔Problemgeschichte〕」という近代的なディシプリンへのコミットメントを含むものといえる。そしてその場合、論者は明に暗に哲学のモチーフの無時間的な同一性とその解決法の目的論的な進歩を前提することになる。しかしながら、そこから「問題」が立ち上げられる当のテクストに引き戻して考えるなら、意味の具体的な担い手としてそこでまず出会われるのは諸々の「語（句）」によって表現される「概念」である。折しも伝統的な哲学史観の再検討の機運のなかで――哲学の概念辞典の編纂という具体的なプロジェクトを伴って――二〇世紀中葉に「概念史〔Begriffsgeschichte〕」と呼ばれる哲学史的ディシプリンの登場がみられたが、(7)実際、哲学の変化は、絶えず変化してある諸々のテクストからなるコンテクストのなかで意味をあらわにしてゆく諸々の概念においてこそ最もよく把握されうるはずのものである。それゆえ、「問題」を軸とする「上から」の解釈に対して、ここでは多元的に「下から」思想の変化を語るのに適した方法である「概念史」に拠って叙述を進める。(8)

そこで、概念史的方法による『批判』の歴史的再構成に関して問題になってくるのは、具体的にどのような概念に定位してカントの問題関心を――それが「問題」として定着され進みゆきにおいて――浮かび上がらせるかであるが、このために本論では「方法〔Methode〕」と「原理〔Prinzip〕」という観点を導きとして、それぞれ三つずつ都合六つの概念に定位してこれを行う。このとき「方法」と「原理」ということで前提しているのは、《一定の方法に基づく原理の探究》、あるいは《原理の発見をもたらしうるような方法の探究》といったような「哲学」概念である。こうした観点自体もまた概念史的に問い直されるべきものには違いないが、いま問題は『批判』の歴史的再構成であるからそこに踏み込むことはしない。ひとまず、「方法」と「原理」という観点が哲学史記述にとって相対的に――例えば認識論と存在論、観念論と実在論、合理論と経験論等々の二項対立と比べて――中立的であること、そして、とくに近世の哲学者たちの――デカルトやニュートン（ひいてはカント自身）の著作名が雄弁に物語る――共通課題をよく捉えうるものであることを確認しておけば足りる。(9)むしろ、問題はそれぞれの内実をどのように捉えるかということである。

研究・解釈の歴史のなかで『批判』の方法と原理はさまざまな言葉によって語られてきたが、ここではカント自身の言い回しにしたがって、その営為を「批判（的方法）〔Kritik, kritische Methode〕」による「多様の総合的統一〔die synthetische Einheit des Mannigfaltigen〕」という原理の探求と捉え、これを出発点として両者の内実の概念史的な分析を進めてゆく。このことで狙いとしているのは、『批判』の方法に関して後世さまざまに積み重ねられてきた意味を、カント自身がそれを論じるにあたって用いている複数の概念の通時的・共時的な記述を通して従来とは異なる〔複数の〕観点から受け取り直してゆくことである。全体として二部六章からなる本論の第一部では、「学としての形而上学」の可否を問うべくカントが採用する「批判」という方法を、「批判〔Kritik〕」「〔コペルニクスの〕仮説〔(Kopernikanische) Hypothese〕」「実験〔Experiment〕」という三つの概念に即して順次検討してゆくことになる。そして第二部では、「多様の総合的統一」という一連の作用連関に定位して、『批判』の原理が含みもつ課題・前提・意味をそれぞれ「多様〔das Mannigfaltige〕」「表象〔Vorstellung〕」「species〔スペキエス・形象〕」という三つの概念に即して明らかにしてゆくことになるだろう。

以上のような問題設定からして、本論は『批判』の再解釈および当該概念の概念史的記述という二重の性格を併せもつものである。したがって、このことに応じて、各章本文の記述もまた次の二点を具体的な課題として進められることになる。[10]

第一に、分析の出発点〔にして終着点〕である『批判』の用例をカント当人による『批判』前後の論著からなるコンテクストのなかに位置づけること。——本論では『批判』の用例の背景をなす枠組みやそれが含みもつ課題を明確化するために、とくに一七六〇〜七〇年代の講義録を多用することになるだろう。成立時期や記述の信憑性という点でこれが文献学上さまざまな問題を含むテクストであることはしばしば指摘されるとおりであるが、同時に、そこでの記述は最もまとまった仕方で『批判』における術語使用の背景を知らせるものでもある。名高い『批判』の難解さは少なからずその独特のターミノロジーや彼我の学術的前提の差異に由来するのであって、限られたテクストの過剰な読み込みによって『批判』を秘教化してしまわないためにも、講義録をはじめとするカントの論著との比較対照作業は重要であると考えられる。

第二に、これと並んで、『批判』の概念使用の特徴を直接・間接の影響関係が想定されうる諸家の用例からなる大きなコンテクストのなかで捉えること。——『批判』の哲学史的な評価を地に足のついたものにするためにも、ここではヴォルフ、バウムガルテン、マイアーらによる講壇的定義、ライプニッツやロックの先駆的用法、さらにはトマスによる伝統的位置づけ……というように、コンテクストを『批判』からいわば同心円的に哲学史の方へと押し広げてゆくことに努める。カントを豊かに読むためには、カント以外のテクストを豊かに読んでおく必要がある。もちろん、解釈にあたって著者当人の用例と併せて著者が意識的・無意識的に影響を受けていた諸テクストを考慮に入れることは歴史的再構成の常道であり、その点で本論の記述は依然としてかなり貧しいものといわざるをえないが、少なくとも、そこに安んじてはいないつもりである。

以下、各章の内容と連関を簡単に予描しておく。

まず第一部第一章では、そもそもの「批判〔Kritik〕」の語について、概念としての内実の再構成を試みる。これは盛んに口にされる割に意味内容や淵源のいまひとつはっきりしない概念で、それだけに、単なる空文句にしないためにも一度『批判』以外のテクストも含めてその用例を洗い直してみる必要がある。この語についてはときに漠然と当時の文芸「批評」からの影響が語られもするが、六〇~七〇年代の論理学の講義録などから明らかになるのは、その内実を《ドグマを学へともたらすべくその基準・規則を問う手続き》として捉えたうえで、「批判哲学」を所与のテーゼの基準を「主体」に即して問うロック的な立場とみてこれに与するカントの姿勢である。

この「批判的方法」の内実に踏み込んで、第二章では「(コペルニクスの)仮説〔(Kopernikanische) Hypothese〕」という語の調査分析を行う。カントの学説・方法を形容していわれる「コペルニクス的転回」という語句が後世の産物であることは比較的よく知られているが、それではカント自身は「コペルニクス（的）」という語をどのような意味で理解していたのか。講義録等にある程度まとまって見出される用例から確認されるのは、カントがこの語をもっぱら「仮説」という認識様式を語るために用いているという事実である。コペルニクスとの類比を語る『批判』第二版序文の有名な記述が重要なのは、何より、それが「仮説」という手続きを形而上学の不可欠の契機として位置づけるカントの方法意識を伝えることによってである。

『批判』第二版序文に関しては、ところで、「コペルニクス」と並んで「実験〔Experiment〕」という語の用法も注目されてきた。第三章ではその七例の用例に即して、従来いわれてきた「実験的方法」という解釈の再検討を行う。カントの実験理解そのものは同時代の水準からみてとくに際立ったものではないが、しかし、それを『批判』で自らの問題意識に即して類比的に展開してゆく仕方は、「形而上学」の「検証」という課題の内実を立ち入って示す点で少なからず注目されうるものである。『批判』第二版序文の記述から明らかになるのは、「批判的方法」をテーゼの「仮説」的設定と「実験」的検証という一連の手続きとして捉えるカント自身の方法意識である。

部を転じて第二部第四章は、「多様〔das Mannigfaltige〕」の語に即してカントの形而上学構想の全体像を概観することから始める。しばしば「感性的直観の多様」という形で自発的な作用によって総合・統一されるべき受容的なデータを指して用いられるこの語は、そうしたはたらきの原理的性格に応じて、究極的には自然世界の具体的な多様性を自ら表現するはずのものである。ここでは、主観の形式からの段階的な構成によって自然のきわまりない多様性へと迫ってゆこうとするカントの「形式的観念論」の基本構想を、やや急ぎ足になるが、『批判』前後の諸テクストにおける「多様」の語の用例を広く参照しつつ確認してゆくことになる。

続く第五章ではこの「形式的観念論」という基本性格を踏まえつつ、「総合的統一」というはたらきがそこにおいて遂行される舞台である「表象〔Vorstellung〕」について、この概念が位置づけられる枠組みの検討を行う。この語をカントが用いるとき出発点となっているのは物体と霊魂による伝統的な二元論的枠組みであるが、両項は『批判』では「現象」と「物自体」という対象概念と「内感」という主観概念の導入によって、独特の観念論的枠組みのもとに捉え直されるに至っている。デカルト以来の近世の観念説のなかでのカントの位置を測るためにも、また、ともすると濫用されがちな表象概念を再審に付すためにも、ここでは『批判』における表象の位置づけの基本前提の解明を課題とする。

以上の一連の考察を踏まえて、最後に第六章では「多様の総合的統一」というはたらきを具体的に説明する際にカントが用いる「形象的総合〔synthesis speciosa〕」という表現に注目し、とくにその「形象的〔speciosus〕」ひいては「形象〔species〕」というラテン語に焦点を絞って、『批判』の原理の哲学史的な意味づけを試みる。「想像力〔構想力〕」によるものとされるこの作用がことさら speciosus の語によって語られる理由については、『批判』での用例が限られていることもあってか、これまでほとんど論じられてきていない。全体の結論の意味もかねて、ここでは伝統的な species 論の変容と継承の過程のなかに『批判』の「形象的総合」を位置づけてゆくことになるだろう。

註

(1) 一七八一年の初版(通称A版)の後、その前半部を大幅に改稿した第二版(B版)が一七八七年に同じハルトクノッホ社から出版されるが、アカデミー版カント全集第三巻(『批判』第二版)のB・エルトマンによる校註にしたがえば、これに基づいて『批判』はカントの生前になお三度 —— 第三版一七九〇年、第四版一七九四年、第五版一七九九年 —— 版を重ねている(cf. III 558)。さらに一八一八年、一八二八年と都合七版にまで及んだ後、一八三八年に『批判』はローゼンクランツ/シューベルト版全集およびハルテンシュタイン版著作集の一巻として装いを新たにし、やや間を置いて一九世紀後半にはキルヒマン(一八六八年)、ケールバッハ(一八七七年)、アディケス(一八八九年)、フォアレンダー(一八九九年)、ファレンティナー(一九〇一年)らの手になる新編集・校訂版が相次いで世に送り出されることとなる(cf. III 565–567)。一八七八年以来校訂に傾注してきたエルトマンの編集による一九〇四年のアカデミー版全集の第三巻・第四巻は、そうした一連の校訂作業の（ひとまずの）集大成とみなしうるものであるが、知られているように、その後もゲルラントによるカッシーラー版全集（一九一三年）、シュミットによる哲学文庫版（一九二六年）というそれぞれに特色ある版が編まれ、二〇世紀後半になってもヴァイシェーデル版著作集（一九五六年）、ハイデマンによる新編レクラム文庫版（一九六六年）、さらにティマーマンによる新編哲学文庫版（一九九八年）と流れは続き、二一世紀の今日へと至っている（cf. Kant 1781[A], 1787²[B]/1998: 882–884; カント二〇〇一：[四－] iii–xvi）。

（2）カント受容史についてはHöffe（1983: 281–301［薮木訳三〇二–三二七］）が一七七〇年代から二〇世紀後半までのさまざまな潮流を手際よくまとめており有益である。個別的には『批判』第一版に対する同時代の書評からその受容を見るKuehn（2006）、一七九九年までの批判哲学の影響をスピノザとの関係において論じるDi Giovanni（1992）、カントを軸として一九世紀前半までのドイツ哲学の展開を語るWindelband（1922⁸）の第三部、「カント学派」という観点から新カント派（とくにH・リッカートとH・コーエン）の再検討を行う高坂（一九四〇／一九六五）、現象学と分析哲学におけるカント解釈を概説するGorner（2006）およびO'Shea（2006）等をそれぞれ参照。

（3）哲学史の形成については柴田（一九九七）を参照。「哲学史形成にとってカントの哲学革命が最も重要な契機になっている」（柴田一九九七：一二五）として、そこで柴田は一八世紀末から一九世紀にかけてのヨーロッパの哲学史の成立とそこでのカントの位置（同書第I部第一章）、一八世紀末のカント哲学の普及と一九世紀末の復興（第二部第一章）を文献や講義の増減に即して詳しく論じている。また、「学としての哲学史は如何にして可能であるか」という問題意識にしたがってヘーゲル学派から新カント派に至る哲学史観・哲学史方法論の批判的な継承・発展を追った宮本（一九四八）もこれを補うものとして有益である。

（4）カント（およびその影響下にある諸家）についての文献学的研究は、Hausius（1793/1974）やAdickes（1893–96/1970）によって伝えられるように、カントの存命中から既に相当程度進められつつあった。しかし、その手法や成果の点で今日現役のものとして利用されている研究は、遡ってせいぜいエルトマンの一八七〇年代の論著あたりまでである。いまこの点を十分に跡づける用意はないが、このことは一八六〇年代以降の（広義の）新カント派によって成し遂げられた講壇哲学の革新と密接に関わるものと考えられる。――H・ファイヒンガーによる『『純粋理性批判』への註解』が世に問われたのは一八八一年のことであり、その尽力によって一八九六年にはカント研究の専門雑誌*Kant-Studien*が創刊され、これと並行してディルタイの主導下にアカデミー版カント全集の刊行が一九〇〇年に始まり、やがて一九〇四年にはカント協会の設立へと至るというように、一連のシステムの形成は一九世紀後半から二〇世紀初頭に集中している。こうした機運についてはファイヒンガー当人による自伝的記述（Vaihinger (1921)）を参照。また、それに先立つ状況を伝えるものとして、「認識論」と実証的な哲学史研究の唱導者であるE・ツェラーの追悼演説（Diels (1911)）、および同時代の講壇哲学である新カント派の制度的な生成過程を詳述したKöhnke (1993) も参考になる。アカデミー版全集の歴史については例えばLehmann (1969)、日本の哲学史については柴田（一九九七）の第I部第二章、カント研究史については武村（一九六五-八八）をそれぞれ参照。

（5）「歴史的再構成〔historical reconstruction〕」と「合理的再構成〔rational reconstruction〕」の区別について、ここではR・ローティの「哲学史の記述法」における整理にしたがう（Rorty (1984: 49-56)〔冨田訳一〇五-一一八〕）。それにしたがえば、「行為者当人が自分の言おうとしたことや行ったことの正しい記述と認める気になれないものを、当人の言おうとしたことや行ったこととして、言い立てることはできない」というQ・スキナーによる格率に照らして、歴史的再構成は過去の思想家を「彼ら自身の言葉で」説明し、他方、合理的再構成はそれを「われわれの言葉で」行うとされる。――両側面が事実として相互補完的であるにせよ、この区別は看過されてはならない。

（6）二〇世紀のカント研究・解釈史に関して、第一次大戦後の形而上学的（ないし存在論的）カント解釈から第二次大戦後五〇年代中盤までのカント研究についてはde Vleeschauwer (1957)、そこから六〇年代中葉までのさらなる展開についてはScott-Taggard (1966)、七〇年代の英語圏の『批判』研究を簡単に振り返ったものとしてStevenson (1979)、とくに八〇年代の（主に英語圏での）新たな展開を示唆するものとしてAmeriks (1982)、さらに六〇年代末からの一連の流れを九〇年代前半において回顧・整理したものとしてZoeller (1993) を参照。形而上学的カント解釈については量（一九八四：一-二四）、分析哲学以降の新しい解釈動向については牧野（一九八九：一-二二）、心の哲学との関係については近堂（二〇〇四）もそれぞれ有益である。また、各国別の解釈史として、一九世紀から二〇世紀前半にかけての独・英における『批判』解釈の動向についてはMalter (1981) とWalsh (1981)、二〇世紀後半のドイツにおける『批判』ひいてはカント研究の動向については有福（一九八一）および石川（一九九四）、日本の戦前の『批判』研究史および八〇年代中盤から九〇年代初頭にかけてのカント研究史については武村（一九八一）および竹山（一九九三）が目につく。――以上からもうかがかれるような二〇世紀後半以降の研究・解釈動向の多様化ないし拡散については平田（一九八九）、大橋（一九九三）などを参照。

（7）雑誌*Archiv für Begriffsgeschichte* (1955-) や辞典*Historisches Wörterbuch der Philosophie*〔『概念史辞典』〕(1971-2007) 等によって今日用いられるに至っている「概念史」という概念をめぐっては、『概念史辞典』のMeier (1971) による当該項目の記述、および、英米圏の――A・O・ラヴジョイ由来の――「観念史〔History of Ideas〕」との異同を論じたRichter (1987) をひとまず参照。

また、この「概念史」が明に暗に批判の対象としている旧来のヘーゲル的な意味での「概念史」から二〇世紀初頭のW・ヴィンデルバントやN・ハルトマンの「問題史」へと至る哲学史方法論の変遷・展開については宮本（一九四八）に詳しい。

（8）松山（二〇〇四）は「ポリフォニックなテクスト読解」という言い回しによって、発展史的な解釈図式を先行させることからくる誤解を解消する方法として概念史的方法を位置づけ、「その成果に基づいてはじめて、青年カントの思想を跡づける、然るべき発展史も可能になろう」（松山二〇〇四：三六）としている。概念史とは、「概念」に定位した「歴史」記述として、それ自体は課題に応じてさまざまに用いられうる比較的ニュートラルな歴史記述法ということができるが（cf. ショルツ［船山訳］（二〇〇三））、カント研究においても一九六〇年代あたりからN・ヒンスケやG・トネリによって従来の発展史的方法を補完ないし止揚するものとして積極的に用いられるようになってきた（cf. 平田（一九八七）、石川一九九四：二八八‐二九一）。そうした経緯を踏まえつつ本書では、右の松山の主張とも重なるような形で、これを微細な変化からボトムアップ的に哲学・思想の変遷を語ってゆく方法として採用している。

（9）「方法」と「原理」それぞれの概念史については、ひとまず『概念史辞典』の当該項目を参照（cf. Ritter et al. (1980); Aubenque et al. (1989)）。後者の「原理」はギリシャ語の ἀρχή に遡り、やがてラテン語の principium から近世諸語へと引き継がれてきた重みのある概念であるが、『概念史辞典』は四人の筆者によって古代・中世・近世・近現代についてかなりまとまった通史的記述を与えてくれている。やはりギリシャ語の μέθοδος に発しラテン語で methodus と表記される後者は、これに対して「一三世紀にアリストテレスの翻訳および註釈によっていよいよますます普及し」（Ritter et al. 1980: 1307）ていったものとされるが、その点も含めて『概念史辞典』は中世から近世にかけて充実した記述をもつ。

（10）原則として、本文では概念史的な記述を旨とし、研究・解釈史についての立ち入った言及は章末註に譲る。章末註では諸々の概念について本文の記述の補足となる引用・参照に加えて、カント以降それについて論じられてきた事柄を —— 具体的には新カント派から二〇世紀中盤までをおおよその目安として —— できるかぎり同時代の文脈に即して可視化することに努めている。研究・解釈史は「問題」を軸として考えればその深化・刷新の歴史を意味するが、「概念」に定位してみればそれぞれに固有の文脈をもつ概念的実践の記録でもある。前者の意味では古びた解釈も、後者の意味ではそれ自身概念史的な研究対象としての価値をもつ。

第一部

方法としての「批判」

第一章　《批判主義》と「批判」

一七八一年の『批判』に始まり『実践理性批判』（一七八八年）を経て『判断力批判』（一七九〇年）と続く一連の著作の表題が雄弁に物語るように、成熟期のカントの哲学的営為は「批判〔Kritik〕」（ひいては「批判的〔kritisch〕」）の語によって最もよく特徴づけられる。そこから、彼の哲学は一般に「批判哲学」と称される。――だが、この「批判」という語によってカントはそもそも何を理解しているのだろうか。

『批判』第一版序文でカントが「純粋理性の批判〔die Kritik der reinen Vernunft〕」という事柄を説明して次のようにいっていることはよく知られている。

> さて私がこのこと〔＝純粋理性の批判〕で理解しているのは、書物や体系の批判〔eine Kritik〕ではなく、理性能力一般の――理性が全経験から独立に追い求めるような認識すべてに関する――批判であり、したがって、形而上学一般の可能性ないし不可能性の決定、およびその源泉、範囲、限界の――しかし、すべて原理に基づく――規定である。[1]

どのような目的にしたがって何が「批判」されるかは以上の説明からも十分明らかである。『批判』の企図は形而上学的認識の可否をその担い手である理性という認識能力に立ち返って原理的に問い直すことであり、それをカントは「純粋理性の批判」と呼んでいる。しかし、そうであるとして、このことに対して他でもなく「批判」の語があてられるのはどうしてか。《形而上学（の原理）に関する批判》という事柄の意義を問うためにも、まず「批判」のそもそもの意味――「書物や体系の批判」にも「純粋理性の批判」にも共通した――を明らかにしておく必要があるが、『批判』をはじめとする著作でカントは自身の哲学・形而上学構想を「純粋理性の批判」「超越論的批判〔transzendentale Kritik〕」「批判主義〔Kritizism〕」等の語句によって繰り返し語りながらも、[2] 当の「批判」については表立って説明することをしていない。

「批判」の語義や背景がカントおよびその同時代の読者にとって自明の事柄であったとすれば、これはそれなりに納得しうることではある。そのうえでカントは『批判』において、「純粋理性」ひいては「形而上学」の批判という課題に照らして、この語を「アプリオリ」という概念と結び合わせるような仕方で使用している。そこからまた、「超越論的〔transzendental〕」という――『批判』第二版緒論で「アプリオリに可能である限りでの、諸対象一般についてのわれわれの認識様式に関わる認識」として説明される――語と重ね合わせて、[3]「批判」に《「アプリオリ」な可能性の制約の探求》という課題を読み込むことが研究・解釈上の通例ともなっている。[4] しかしながら、元をただせば「批判」と「超越論的」とは別の語である。[5] 天下り的に「批判主義」や「カント主義」を再生産するのでなく、その根底から「批判」（ひいては「超越論的批判」）の意義や課題を受け取り直すためにも、「批判」固有の意味連関をテクストに即して明らかにしておくのが先決だろう。

以上のような理解に基づいて、本章では「批判」という語の文献学的解明を試みる。[6] カントの学説・体系構想の前景化に伴って『批判』以降の著作では「批判」の語義が見えにくくなっているのに対して、それに先立つ時期の論理学講義録は批判概念をカントがどこから受け取りどのように展開していったかをより具体的に伝えるものとなっている。公刊著作と較べて記述の信憑性の低いテクストであるため並行箇所を参照しながらの少々頼りない歩みとはなるが、ひとまず「批判」を具体的な文脈に着地させることを課題として、背景に退いているその固有の意味連関を浮かび上がらせることに努めたい。

第一節　「ここでは懐疑的方法が目的である、すなわち批判が」

はじめ形而上学の支配は、ドグマティストたち〔Dogmatiker〕の統治下にあって専制的だった。しかしながら、立法がなお古代の野蛮の跡をそれ自体において帯びていたので、その支配は諸々の内戦によって次第に完全な無政府状態へと退化させられ、懐疑論者〔Skeptiker〕というある種の遊牧民たち —— 彼らは土地を絶えず墾すこと一切を嫌がる —— が折々に市民の連合をばらばらにした。しかし、彼らの数は幸いにもごくわずかでしかなかったので、ドグマティストたちが形而上学を —— 絶えず新たにというわけではなく、互いにまったく一致しない計画にしたがってであるが —— 再び拓こうとするのを彼らは妨げることはできなかった。(7)

さて学問的方法の観察者たちに関しては、彼らはここでドグマ的〔dogmatisch〕方法か懐疑的〔skeptisch〕方法のいずれかを選択ができるが、しかし、いずれにしてもやはり体系的に手続きを進めてゆく責務をもつ。ここで前者に関して有名なヴォルフの名を、後者においてデイヴィッド・ヒュームの名を挙げておけば、他の者については目下の私の意図からして名前を挙げずにおいてよい。批判的方途〔der kritische Weg〕だけがなお開かれている。(8)

右の二つの引用にも示されるように、カントにおいて「批判」の語は《ドグマ（-的方法、-ティズム、-ティスト）》

および《懐疑(-的方法、-主義、-主義者)》との相関において捉えられる。この両項は「批判」との関係に応じて肯定的にも否定的にも理解されうるが、一方で「ドグマティズム」「懐疑論」という形でやがて「批判」へと至るはずの形而上学の歴史的な進展段階に応ずるものとして、他方また「ドグマ的方法」「懐疑的方法」という形で学としての形而上学をもたらすべき「批判的方法」の一環をなすものとして、『批判』では二重の仕方で用いられている。[9] 前者の「ドグマティズム」と「懐疑論」とは克服されるべき立場に対する否定的な呼称であり、後者の「ドグマ的方法」と「懐疑的方法」は「批判」にとって積極的な役割を担う手続きを指すものといえる。[10]

このようにカント固有の哲学的方法を特徴づけると同時に『批判』というテクストを形而上学の歴史のなかに位置づけるための枠組みとして、《ドグマ-懐疑-批判》というこの三幅対がカント自身ひいては後世の解釈者たちによって盛んに —— 便利すぎるほどに —— 用いられてきたことは周知のとおりである。他派との論争や自身の体系の展開と関わってカントは後年の論著では『批判』の立場を「批判主義」と呼称し、「ドグマティズム」や「懐疑論」の段階にある旧来の哲学・形而上学からの進歩を語るようになるが、[11] その思想内容とあわせて「批判主義」を頂点とするこの三幅対自体も後世に受け継がれ、ドイツ観念論の諸家や哲学史家ひいてはカント研究者等による平板化・通俗化を蒙りながら、一九世紀から二〇世紀にかけての哲学史およびカント研究史において頻繁に用いられるところとなっていった。[12]

しかし、「批判」を頂点とするこうした三幅対は、いったんカントの磁場を離れてみるならば、かなり新しい「伝統」であるともいえる。一見して明らかなように、カントのこの三幅対は伝統的な《ドグマ》対《懐疑》の二項対立に《批判》という第三項を押し重ねるような仕方で形づくられている。ところで、この二項対立は元々は一定のドグマ(教説)を積極的に主張する「ドグマティスト」 —— ストア派に代表されるような —— を相手どった論争のなかで「懐疑論者」が用い始めたもので、当然ながらそこには「批判」の介在する余地はなかった。この対比は、中世のキリスト教の「ドグマ〔教義〕」理解を介して、[13] 近世には ── 古代懐疑派の思想の再評価を契機として ── 新旧の思想間の対立を語るものとして一種の流行をみることとなるが、しかし、両項に「批判」を加えた三幅対の形で用いられていた形跡は〔管見の限りでは〕認められないようである。[14]

そして、同じことは少なくともある時期までのカントについてもいえる。件の三幅対が公刊著作において姿をみせるのは『批判』が最初であるが、遡って一七六〇年代前半のカントの思想内容を含むものと考えられる講義録『ブロンベルク論理学』をみると、[15] 後に三幅対によって語られる事柄が伝統的な二項対立によって論じられていることがわかる。そこでカントは認識の確実性という主題と関わって「疑い〔Zweifel〕」についてかなりの分量の考察を行うとともに、「ドグマティスト」と「懐疑論者」をめぐる古代および近代の思想状況を踏まえながら、自らの課題に照らしてこの二項対立の受け取り直しを進めている。[16] 注目されるのは、そこでの「懐疑論者」の位置づけである。

『ブロンベルク論理学』の記述にしたがえば、まず「ドグマティスト〔Dogmaticus〕」とは、「一般的な理性の真理について、それらが完全な確実性と信頼性へともたらされうるとの判断を下すが、依然なにがしかの疑いにさらされている、またはさらされうるような理性の真理の考察にはいささかも関与しない哲学者」をいう。[17] ここで認識方式のモデルとされているのは数学者のそれであり、「彼は命題をまさしく、その判断が生じえないということがまったく不可能であるように決定的に証明する」[18]。そのようなものとして、ドグマティストの方法は数学のように確実な認識を出発点として論証や体系を展開しうるところでは積極的な意義をもつ。[19]

しかし、数学的認識と哲学的認識は、確実であるべきことを求められる点は同様でも、そこに至る道筋は異なる。つとに一七六四年 ── 執筆は一七六二年 ── の『自然神学と道徳の原則の判明性』〔以下『判明性』〕で詳論されているように、定義によって概念が与えられる数学とは違って哲学〔・形而上学〕において概念は内容に関して非判明・未規定な状態で与えられるため、その定義のためにはまず「分析」が求められる。[20] もしこうした分析ぬきに所与の哲学的概念に基づいて数学的な論証・証明を進めるならば、それによってもたらされるのは論理的には正しくても内容的には不確かな認識であり、それゆえ、そのときドグマティストの方法は悪しきドグマティズム、いわゆる独断主義に陥ることになるというのがカントの診立てである。

もちろん、だからといって、そこから翻って「懐疑論者」に手放しの賞賛が与えられるわけではない。しかし、「懐疑論者たちには、そうはいってもやはり〔……〕驕れるドグマティストよりも哲学にとってははるかに益するところがある」[21]。というのも、少なくとも哲学的認識の真理性・確実性がさしあたり不確実な場面においては、以下のように、懐疑論ないし懐疑的方法 —— 両者をカントはまだはっきりとは区別してはいない —— は一定の積極的役割を担いうると考えられるからである。

> さて懐疑論〔Scepticismus〕ないし懐疑的な疑いの方法〔die Methode des Sceptischen Zweifels〕とは、自分自身に疑惑を抱き、所持している認識を前もって再度熟考し、そうしてそれを完全な確実性へと至らしめようとするもので、これは理性のカタルティコン〔Katharkticon〕、すなわち最高の浄化手段である。これはできる限り多くの誤謬を防ぎ、人間をよりいっそうの探求へと導くもので、事柄の真理へ〔……〕達する方途である。[22]

このように「理性のカタルティコン、すなわち最高の浄化手段」として、『ブロンベルク論理学』において懐疑論（懐疑的方法）は哲学的認識を「確実性」ひいては「真理」へともたらすための方法として、伝統的な二項対立にしたがいつつ積極的に位置づけられる。もちろん、懐疑論（懐疑的方法）を積極的に評価することは近世哲学に広く認められる傾向で、その点ではカントの立場も別段珍しいものではない。しかしながら、後の『批判』で「醒めた批判〔eine nüchterne Kritik〕」こそが「真のカタルティコン〔Katharikon〕」とされることと対照してみるならば、[23]「驕れるドグマティスト」に対する「浄化手段」として懐疑的方法を宣揚する右の『ブロンベルク論理学』の記述は、来るべき「批判（的方法）」の前段階として、概念的規定の未熟さも含めて相応に注目に値するものといえる。カントの求めるものが確実性や真理である以上、「懐疑」という語句はそれが担わされてきた伝統からいって必ずしも適切なものではなく、そこに「批判」という新たな語句が滑り込んでくる余地があった。——後知恵になるが、批判概念の導入事情はネガティヴな仕方ではまずそのように考えられる。

現に一七七五年の『哲学的百科事典』には、『ブロンベルク論理学』の二項対立から『批判』の三幅対へと至る方法理解の進展を具体的に伝える次のような記述もみられる。

ドグマ的方法〔die dogmatische Methode〕とは主張する方法であるが、それは必当然的に確実であるような認識のもとでのみ与えられる。〔……〕大いに真理の仮象〔見かけ〕をもち、そのためドグマ的であるとみなされるような諸認識の一部門がある。しかしながら、つとに古代の人びとが洞察していたように、ここでは懐疑的方法が目的である、すなわち批判が〔hier eine sceptische Methode Zweck ist: die Kritik〕。こうした諸認識に矛盾点を呈示することで、われわれはそれら諸認識において確実性へと到達することができる。[24]

ここまでみてきたところからも明らかなように、カントが敵視しているのは一貫してドグマティズムである。このとき「ドグマ〔dogmata, Dogma〕」とは、カントによるその一般的説明にしたがえば——「構成に基づく」理性認識としての「数学的認識」に対して——「概念に基づ」く「必当然的に確実である理性認識」をいうが、[25]哲学（・形而上学）において概念は非判明な仕方で与えられるため、それを一連の分析的解明なしに天下り的にドグマとして通用させることはできない。にもかかわらずドグマ的方法に基づいて越権的に主張を行うのが「ドグマティズム」

であり、[26]この悪しき独断主義を斥けたうえで哲学のドグマをどのようにして確立するかということがカントの課題であった。「懐疑論」がその積極面において評価され位置づけられていたのもそうした理由によってである。その意味で、カントの「批判」はこの「懐疑」の徹底化の産物といえる。すなわち、依然《ドグマ－懐疑》という旧来の二項対立に拠りつつも、いまやカントは「懐疑的方法」を――「懐疑的哲学」とは明確に区別したうえで――ドグマティズムの淵源である見せかけの諸認識にその「矛盾点を呈示する」ことで確実性へと至る手続きと捉え、その内実を「批判」であると明言するに至っている。[27]

そこで問題は、この「批判」という語をカントがどこから汲み取り、どのような理解によって「ドグマ」と「懐疑」の両項に対する第三の項として位置づけることとなったのかである。――あるいは、これは瑣末な問いと思われるかもしれない。実際、対立する二者を第三の立場から調停するというのは処女作以来のカントの基本的なモチーフであるし、ドグマと懐疑の二項対立を第三者的に調停する立場を当の懐疑概念のさらなる区分によって捉えるという試みも時代の共通関心を背景として当時既にみられた。[28]だとすれば真に問われるべきは、（やはり）アンチノミー論や演繹問題の発見と連動した時空や因果性概念といった思想内容の転換ではないか、と。しかし、そうした問いの重要性はそれとして、他方で「純粋理性の批判」ということがまさにその語句によってしか語られえないものとするならば、当の「批判」の語の意味内容もまたそれ自身問題とされてしかるべきだろう。というのも、語というものがそれぞれに固有の意味連関をもつ以上、ドグマと懐疑に対して「批判」を位置づけることは既知の関係性の単なる言い換えではなく、新たな関係の創出でもあったと考えられるからである。以下、節を改めて、このことを「批判」の語の用例に即してみてゆこう。

第二節　「ドクトリンと批判とは互いに区別される」

そもそも「批判」は一八世紀ヨーロッパの学術・文化上の流行語であった。このことは今日、比較的よく知られているとおりである。「危機〔Krise〕」や「基準〔Kriterium〕」と同様、この語は「分離する〔separate〕、引き離す〔put asunder〕、区別する〔distinguish〕」などの意のギリシア語の動詞 κρίνω に発し、[29]古くから医学、法学、文献学、哲学など多くの分野を跨いで用いられてきたが、ルネサンス期の古典文献・教典批判が他分野にも転用されるなかで一般化し、啓蒙期に至ってその時代精神を体現する言葉として流行をみることとなった。[30]『批判』序文の以下の有名な一節は、「批判」の語をめぐるそうした一連の経緯に照らしてみるとき、先立つ諸々の批判がますます先鋭化・普遍化されつつあった一八世紀後半のカントの歴史的位置を的確に物語るものとして改めて注目される。

> われわれの時代は批判の本来の時代である〔Unser Zeitalter ist das eigentliche Zeitalter der Kritik〕――その批判にはあらゆるものがしたがわねばならない。宗教はその聖性によって、また立法はその尊厳によって、概して批判を免れようとする。しかしそれでは、それらは自らに対する正当な嫌疑を惹起し、偽りない尊敬を要求することはできない――そうした要求に理性が同意するのは自らの自由で開かれた吟味に持ちこたええたものに対してのみである。[31]

しかし、このように先立つ諸々の批判の普遍化によって「理性の批判」という課題が登場してくるとして、それではそれに「あらゆるものがしたがわ」される「批判」の内実とは具体的にどのようなものか。この「批判」をカントは――やはり時代の共通了解を踏まえつつ――「法廷〔Gerichtshof〕」に擬えて語りもするが、[32]魅力的なイメージであるとはいえ、これは隠喩（もしくは提喩）である。「批判」が「法廷」であるということの意味を適切に評価するためにも、[33] そうした比喩の下支えとなっている概念内容を確認しておくことがまず求められる。

この点に関して従来いわれてきたのは、当時の新興ジャンルである「文芸批評」との関連である。その論拠とされるのは、『イマヌエル・カントの論理学講義のための教本』〔通称にしたがい、以下『イェッシェ論理学』〕にみられる「より正しくもホームは美感論〔美学・感性論〕を批判と呼んだ〔richtiger Home die Ästhetik Kritik genannt〕」との記述であるが、[34] ホームの名高い『批評の原理〔Elements of Criticism〕』（一七六二年）は早くも一七六三年から六六年にかけて独訳出版されており、カントがそこから何らかの示唆を得たというのはそれなりに確からしいことのように思われる。[35] とはいえ、「批判」が「批評」に由来するといっても、「批評」ということの概念的内実が明らかにされない限り、それだけは問題の先送りにしかならないこともまた確かである。その名に相応しく「批判」を方法として語るためには、この語の文脈と意味をカント自身による用例に即して確認しておく必要があるだろう。

結論からいえば、カントの批判概念は、直接に文芸批評に由来するものというよりは、広義の論理学的な方法概念に淵源するものと考えられる。順を追ってみてゆくと、この点でまず目をひくのは『マギスター・イマヌエル・カントの一七六五－一七六六年冬学期講義計画公告』〔以下、『冬学期公告』〕の用例である。――「すべて青年の教授は経験に基づく知性〔悟性〕の熟練から始めて理性の熟練へと向けられねばならず、それゆえ「探求的〔zetetisch〕」方法によって理性の熟練が得られてはじめて「ドグマ的」方法は使用されうる。[36] そのような主旨のもと、カントは形而上学、論理学、倫理学、自然地理学の講義計画を順次示してゆくが、興味深いことに、「批判」の語はそこで論理学との関連において（おそらく公刊著作においてはじめて）姿をみせることとなる。すなわち、カントにしたがえば、論理学は「健全な知性の批判と教示〔eine Kritik und Vorschrift des gesunden Verstand〕」を行うそれと、「本来の学識の批判と教示〔die Kritik und Vorschrift der eigentlichen Gelehrsamkeit〕」を行うそれの二種類に区分される（――そのうえでカントは前者を講ずるという）[37]。

しかし、この記述にしたがえば「論理学」はいずれにせよ「批判」であるということになる。これはいったいどういうことだろうか。『冬学期公告』にはそれ以上踏み込んだ説明はみられないが、論理学の講義録にはこの「講義計画」を（修正も加えつつ）具体的に展開したものとみられる記述がある程度まとまって残されている。例えば『ブロンベルク論理学』では先と同じ論理学の区分に関して次のような規定が示されている。

オルガノンたる論理学は、既に持ち合わせている学識に規則を教示する〔Reguln vorschreiben〕ことができるか〔……〕、または、学識へと達しうる規則を教示することができるか〔……〕、そのいずれかである。論理学はすべてドグマ的ではなく批判的〔Critisch〕である。(38)

まず確認されるのは、「批判的」の語が「ドグマ的」の語との対比において、「論理学」という学問の性格の規定のために用いられている点である。これは当然ながら、論理学を文芸「批評」というジャンルと同一視するものではない。そもそも、カントが「批判」ないし「批判的」というとき意図しているのは、それを一定の学問領域として限定することではなく、むしろ、そうした領域――趣味（感性）に関わる美学、知性に関わる論理学、理性に関わる哲学（形而上学）――のいずれを問わず、認識に関わる一定の姿勢を特徴づけることである。『イエッシェ論理学』の「より正しくもホームは美感論を批判と呼んだ」という文言も本来そのような観点から読まれるべきものと考えられる。(39)

もちろん、ホームをはじめとする「趣味の批判」（としての「批評」）からカントが「純粋理性の批判」の着想を得たというのはそれなりに根拠のある話で、そのことは例えば『冬学期公告』で「理性の批判〔Kritik der Vernunft〕」と「趣味の批判〔Kritik des Geschmacks〕」に触れて、「一方の規則〔die Regeln〕は常に他方の規則を解明するのに役立ち、それらの著しい対照は両者をよりよく概念把握する手段である」といわれていることからもうかがい知れる。

ただし、同時に読み取れるように、ここでの中心はあくまで両者に共通した「批判」、すなわち、ある種の「規則」の取り扱い方にある。そのことは例えば『フィリッピ論理学』の次の記述によって示されるとおりである。

> 感性的なものの評定の規則を講述する〔die Regeln der Beurtheilung des Sinnlichen vortragen〕批判が美学である。知性の評定の規則を講述する批判が論理学である。[40]

「批判」という事柄の核心をなすのは、ここまでみてきたことからも確かめられるように、この「評定の規則を講述する」というあり方である。先の『ブロンベルク論理学』の引用中にも「既に持ち合わせている学識に規則を教示する」との言葉がみられたが、「批判（的）」と「ドグマ（的）」の対立が際立たせられるのもまさにここにおいてである。すなわち、「ドグマ」とは《概念に基づく必当然的に確実な認識》をいい、そうした認識（もしくはそのように思い込まれているもの）を出発点にして前進的に論証を進めることをもって「ドグマ的」という。これに対して、「批判（的）」とは所与の認識から遡行的にその規則へと向かう手続きを指していわれる。

　そして、以上のことから「批判」はまた、「ドクトリン〔教義・学説〕」との対比においても捉えられる。「ドクトリン〔Doctrin〕」とは「ドグマ的な諸真理」ひいては「さまざまな認識と学説の連関」をいうもので、この連関はある方法へともたらされるとき「ディシプリン〔訓練 Disciplin〕」としてはたらき、そしてそのディシプリンにしたがって「認識が完全に仕上げられる」ことによって立ち現れるものを「学〔Wissenschaft〕」という。[41] このような見通しのもと「批判」は、学問的認識の方法論に関わる基幹概念として、とくに論理学の講義録においてそれ自身また考察の対象とされるわけであるが、例えば『フィリッピ論理学』でカントはこれに関して次のようにいっている。

> 普通の健全な理性の論理学は、〔……〕学的理性の論理学とは区別される。前者はその規則を具体的な諸命題から、経験から講述し、後者はそれを普遍的諸根拠から示す。前者は批判〔Critic〕に他ならず、後者はドクトリン〔Doctrin〕で

ある。[42]

「批判」と「ドクトリン」それぞれの内実を具体的に何とみるかは時期によって異なっているが、ここで重要なのは、やがて『批判』の超越論的論理学と一般論理学の区別へと至るはずのこうした試行錯誤のなかで、その導きとしてカントが一貫して「批判」と「ドクトリン」の二項対立を――先の「ドグマ」と「批判」の二項対立に重ねて――用いている点である。これは対象領域を異にする美学に関しても同様で、時期的に前後する一七七二／七三年冬学期の『コリンズ人間学』で「批判〔批評 Critic〕」を「所与の対象における価値の研究」とし、「ドクトリン」を「何か美しいものを産み出す仕方の教授」として位置づけるカントの言葉からも読み取ることができる。[43] すなわち、「批判」が当該領域の認識に関して「具体的な諸命題」ひいては「所与の対象」からその規則へと向かうのに対して、「ドクトリン」は既に獲得された「普遍的諸根拠」から――ディシプリンや学を見はるかしつつ――当該領域の認識・対象を具体的に産み出してゆく。この意味で、「ドクトリンと批判とは互いに区別される」[44]。

ドグマティズムを斥け哲学的認識を真理へともたらすための手続きとして、ドグマと懐疑に対する第三項の位置にカントが置くのはこのような意味での「批判」である。例えば『ペーリッツ論理学』（一七八九年）でも「ドグマ的思考様式の格率」および「懐疑的思考様式の格率」に対して、「中間的なものが批判的思考様式である〔Das mittlere ist die kritische Denkart.〕」といわれるように、[45] この点は『批判』以降も一貫している。懐疑的な留保から一歩進んで「批判」は所与の認識の規則の探究を行うが、旧来の形而上学の原理の吟味に携わる「予備教程〔Propädeutik〕」として、それは当の原理を「超越論哲学」（としての「形而上学」）の「体系〔System〕」へ向けて展開することを狙いとする。[46] 批判概念そのものに織り込まれたこうした意味連関が「純粋理性の哲学」構想の背景ひいては前提となっていることはもはや明らかだろう。カントのいう「批判」は語源なり比喩なりにしたがう漠然とした標語でなければ、既に概念的に把握されている三項関係に対して貼り付けられたラベルでもない。むしろ、概念として一定の意味連関をもつ語を先立つ学問的伝統から汲み取り、方法論的概念として独自に鍛え直すことによって、カントは「批判」の語そのものに即して新たな関係を創り出している。

しかし、そうであるとして、以上のような意味連関を念頭にとくに哲学（ひいては形而上学）の「批判」に携わるとき、その規則の探究がまさしく「純粋理性の批判」として行われるというのはどういうことだろうか。カントのいう「批判」はその概念的内容に関して当時の論理学的伝統、とりわけテクスト・クリティークの技法としての ars critica からの影響を感じさせるものであるが、[47] そうしてみる限りでは、批判的方法はいまだその対象領域に関しての自己限定を含まぬ一般的な――美学（感性）にも論理学（知性）にも哲学（理性）にも共通した――認識手続きにとどまる。問題が哲学であるとき、はたして「批判」は何を基準として哲学・形而上学のドグマを建て直そうとするのか。「批判哲学」と「純粋理性の批判」との重なりとズレとに注意しながら、最後に、哲学・形而上学における「批判」の独自のあり方についてみることにしよう。

第三節　「主体に即して哲学する」

「純粋理性の批判」という語句は、知られる限りでは、一七七二年二月二一日付のマルクス・ヘルツ宛書簡の用例がその初出である。一七七〇年の『可感的世界と可知的世界の形式と原理』（いわゆる『就職論文』。以下では『形式と原理』と略称する）に対して寄せられた学問的批判を踏まえて、早くも一七七一年にカントは『感性と理性の限界〔Die Grenzen der Sinnlichkeit und der Vernunft〕』という表題の著作構想を――やはりヘルツ宛書簡（七一年六月七日付）のなかで――口にしているが、[48]七二年の書簡ではその構想の進展に関して「理論的認識および――単に知性的である限りでの――実践的認識の自然本性を含む純粋理性の批判〔eine Critick der reinen Vernunft〕」を講じる用意があるといっている。[49]哲学・形而上学に関する「批判」ということの意味を考えるうえで、このことはまず注意しておくべき事実である。

形而上学の原理の確立というのは一七五五年の『形而上学的認識の第一原理の新解明』（以下『新解明』）以来一貫して課題とされてきた事柄であり、一七七〇年の『形式と原理』はとりわけ時空の観念性という思想の導入によって新たな境地を拓くものであった。しかし、これに対して寄せられた疑義に答えつつ構想を具体化してゆくうちに逢着した困難によって、カントは一七八一年の『批判』までいわゆる「沈黙の十年」を迎えることとなる。その新たな取り組みを具体的に伝えるのが七二年のヘルツ宛書簡であり、その課題は端的には、「それなしには形而上学の自然本性と限界が規定されえないような知性的認識の源泉」を「まったき純粋理性〔die gänzlich reinen Vernunft〕のすべての概念」に即して導くとともに、そうした純粋な表象が対象に関係しうる根拠を示すこと――後にいうカテゴリーの演繹――として捉えられた。[50]「純粋理性の批判」とは、ひとまず、このように原理を「理論的認識および〔……〕実践的認識の自然本性を含む純粋理性」なる能力に求め、それに即して形而上学の成否を問うというカント固有の問題構成にしたがって導入された語句といえる。[51]

しかし、形而上学の原理が「純粋理性」に求められるとして、それを具体的にどのように取り扱うことが「批判」であるというのか。ヘルツ宛書簡や『批判』といった一七七〇年の『形式と原理』以降のいわゆる《批判期》の著作では焦点は原理としての「純粋理性」の側に合わせられており、その方法としての「批判」については七二年のヘルツ宛書簡でも既に自明の事柄として語られている。先にみた六五年の『冬学期公告』中の――「趣味の批判」と類比的にいわれる――「理性の批判〔die Kritik der Vernunft〕」という語句からも、[52]「純粋理性の批判」という事柄の把握に先立ってカントが哲学・形而上学における「批判」について一般的な考察を行っていただろうことは見て取れるが、その具体的な手掛かりを提供してくれるのは、やはりここでも『ブロンベルク論理学』および『フィリッピ論理学』という論理学の講義録ということになる。

まず、『ブロンベルク論理学』の冒頭ほどなく、論理学という学の位置づけのために哲学の歴史をやや詳しく語ってゆくなかで、古代から転じてベーコン以来の近世哲学の代表的人物――デカルト、マールブランシュ、ライプニッツ、ヴォルフの名を挙げている――に言及し、そのうえでその枠組みを俯瞰してカントは次のようにいう。

われわれの哲学の努力はすべて
1. ドグマ的であるか
2. 批判的である。
この批判哲学者〔Critische Philosophen〕のうちではロックがとくに賞賛に値する。しかるにヴォルフは、また一般にドイツ人は、方法的哲学〔eine Methodische Philosophie〕を有する。[53]

ここからカントは論理学の歴史へと話題を進めてゆくが、[54] その際「批判哲学」について改めて次のようにもいっている。

いまやついに大勢として批判哲学〔die critische Philosophie〕が活発化しており、その点での最大の功績はイギリス人たちにある。
おおよそドグマ的方法はいかなる学においてもほとんどひとしなみに廃れている。道徳ですらもはやドグマ的にではなく、ますます批判的〔Critisch〕に講じられている。[55]

既に馴染みのドグマと批判の二項対立を踏まえつつカントが「批判哲学」の語によって語るのは、このように、

「方法」という点からみた近世の哲学状況である。哲学におけるドグマティズムに反対しながらも、この『ブロンベルク論理学』でのカントの方法論的立場はさしあたって「懐疑」を旨とするものだったが、一方でこのようにヴォルフ以来のドイツのドグマ的傾向に対して——諸学の動向も念頭に置きながら——イギリス由来のロック的な「批判哲学」の台頭を語っている点は、(56)「理性の批判」という一般的な理解から「純粋理性の批判」というカント独自の立場への思索の進展を考えるうえでとくに注目されてしかるべき事柄である。

この点でさらに興味深いのは、一七七二年の——つまりヘルツ宛書簡と同年の——『フィリッピ論理学』の記述である。やはり哲学の歴史を語るなかでカントは「哲学の方法」に関してヴォルフとロックの立場を対比しつつ次のようにいっている。

> 哲学の方法に関して、ヴォルフはこの点で卓越した功績を帰せられなければならないひとである。〔……〕判明性、説明の正確さ、証明の秩序、彼が哲学に導入したこうしたすべてによってヴォルフという名は記憶すべきものとなっている。〔……〕
> しかしながら、彼はすべてをドグマ的に決定し、すべてを定義しすべてを不可疑のものとみなしたことで理性に大いに不利益をもたらした。彼は哲学が数学的方法でできると信じ、実際にまたそれを採り入れたのだった。ロックはとりわけ人間の全認識の起源とその制限を発生的〔genetisch〕に見出すことに努めたひとである。彼は主体に即して哲学する〔Er philosophirt subjectiue〕。(57)

このようにヴォルフの方法をある部分では高く評価しつつ、しかし「理性」という点でその数学的・ドグマ的方法を斥け、カントは「全認識の起源とその制限を発生的に」探究したロックにつく。ここで何より目を惹くのは「彼は主体に即して哲学する」という言い回しである。(58) 既にみたように、「批判(的)」とは「ドグマ(的)」ひいては「ドクトリン」との対比において《所与の認識の規則を講述する》営みとして捉えられるものだったが、そうした一般的な規定から進んでとくに「理性」に関する「批判」を ── 趣味に関わる美学的批評や知性に関する論理学的批判との区別において ── 特徴づけるのは、他でもないこの「主体に即して哲学する」という姿勢である。

ところで、同じ『フィリッピ論理学』でカントはこのことを次のようにもいっている。

> ロックは知性に道を拓くのに何にもまして重要な歩みを踏み出した。彼はまったく新しい基準を告知した。ヴォルフや彼以前の人がみな対象に関して哲学していたところで、彼は主体に即して哲学している〔Er philosophirt subjectiue, da Wolf und alle vor ihm objectiue philosophirten〕。ロックは概念の由来、素性および起源をたずねる。彼の論理学はドグマ的ではなく批判的である。ヴォルフが問うたのは霊魂〔Geist〕とは何か」ということだった。ロックは問う。「どこから霊魂についての観念は私の魂〔Seele〕へとやってくるのか。私の魂は一度も霊魂なるものを見たことがない。とすれば、どこからこうした考えはやってくるのか」[59]。

「批判哲学」という事柄の把握に際してカントが何よりロックに負っていることは以上の記述からも明らかだろう。ただ、そうすると結局、この記述は『批判』以前のものである ── したがって「批判」の度合いがより低い ── ということになるのではないか。というのも、周知のように、カントは『批判』ではロックの仕事を「人間知性のある種の自然学〔Physiologie〕」と呼び、理性の出自を「普通の経験」に帰する彼の「系譜学〔Genealogie〕」をドグマティズムを斥けるには不十分な誤ったものとして批判しているからである[60]。そのことを踏まえて『フィリッピ論理学』の記述に戻れば、「発生的〔genetisch〕」という言葉をはじめ、そこでいわれる「批判哲学」はたしかに「自然学」（ないし「経験論」）的な性格を色濃くもつもののようにみえる。もし「純粋理性の批判」こそが「批判哲学」の唯一無二のあり方であるとすれば、これはいかにも不徹底な態度といわざるをえないのではないか。

いずれにせよ、しかし、「批判哲学」がまさしく「批判」の語によって呼ばれうるために「主体に即して哲学する」という姿勢が不可欠であることは確かである。カントが「批判」を問題とするのは哲学・形而上学においてドグマティズムを回避しつつドグマの確立に至るという課題に照らしてのことであるが、そのことは具体的に所与の哲学的認識から出発してその規則を当の哲学的認識の担い手、すなわち、哲学する主体――美学的批評や論理学的批判の場合との対照でいえば「理性」――に折り返して問うという仕方で進められねばならない。『フィリッピ論理学』でロックの名のもとに語られたこうした「批判哲学」理解が『批判』以降にも引き継がれうるものであることは、一七八三年の『ムロンゴウィウス形而上学』で「批判的方法は、命題を対象に関して〔obiective〕、もしくは内容に関して検討するのではなく、主体に即して〔subiective〕検討する」といわれていることからも確かめることができる。(61)

問題はそのうえで、哲学する主体をどのようなものと考える（べき）かであるが、この点で『批判』におけるカントのロック批判は取り扱いに注意を要する。ロックの仕事を評して「自然学」（ないし「自然学的」）というときカントが強調しようとしているのは、何より「事実」と「権利」の区別ということであり、しばしば強調されてきたように、これが「批判」という事柄の核心に関わる指摘であるというのはまず疑いのないことといえる。(62)一般化していえば、これは所与の哲学的認識に関して当の認識が所有されるに至った経緯（「事実問題」）とそれが使用されうる合法的根拠（「権利問題」）を区別するものであるが、「規則」という規範的なものが問題である場合には、カントのいうように、単に事実として「概念の由来、素性および起源」を「発生的」に説明するだけでなく、その権利根拠の正当性を示すことが必要となってくるだろう。

ただし、事実問題と権利問題の区別を明示的に示したことがカントの功績であるとしても、それでもって直ちにカントの「純粋理性」に即した「超越論的」な正当化プログラムの妥当性が示されるわけではない。カントは規範性をアプリオリ性と重ねて「批判」されるべき主体を「純粋理性」と捉え、当初「批判」のモデルであったロックの立場を『批判』以降は事実問題にのみ偏した「純粋理性の自然学」として「批判」の前段階に引き下げることになるが、[63] 表立って事実問題と権利問題の区別を語ることをしていないからといって、ロックが権利問題を問わなかったというのは著しく好意を欠いた解釈というものだろう。[64] 少なくとも、ロック的な「経験的」批判とカント的な「超越論的」批判の優劣をアプリオリに決しうる基準は、「批判」という事柄そのものの内にはない。というのも、ここまで当の語の用法に密着してみてきたことからも明らかなように、哲学する主体の性格の如何は、所与の哲学的認識に即した「批判」を通じてはじめて明らかにされうるはずの事柄だからである。——そもそも、「批判」とは自らの置かれている学問的状況に照らしてそのつど哲学・形而上学のドグマを問い直す不断の努力である。「批判主義」であれ他の何であれ、それは出来合いの認識観・主体観に依拠するドグマティズムとは明確に区別されねばならない。[65]

註

（1）A XII.

（2）B 26, VIII 226, etc.

（3）B 25.

（4）「批判的方法」の本質的契機として「アプリオリ」という概念を読み込むことは、一九世紀後半の新カント派以来、カント解釈における有力な伝統となっている。そうした解釈傾向の生成・展開を伝える古典的研究として、ここでは桑木（一九一七：五四–七四）および高坂（一九二九）を挙げておく。

（5）ドイツの講壇形而上学からカントに至る「超越論的」の語の系譜についてはHinske（一九六八）、また、遡って中世のトマス・アクィナスによるこの語の術語化については稲垣（一九八〇）をそれぞれ参照。

（6）カントの批判概念の文献学的研究としては、カントに至るまでの批判概念および関連諸概念の調査研究を豊かに進めつつあったトネリによる一連の労作（Tonelli (1959); —— (1967); —— (1978); —— (1994)）がまず挙げられるが、これに加えて、カントの批判概念を主題的に扱っている（部分を含む）先行研究として中井（一九三〇）、von Bormann (1974)、Röttigers (1975)、木村（二〇〇四）も特筆に価する。個別の論点やその他の参考文献については論の進行に応じて適宜注記することとし、ここでは一般的な観点からカントの批判概念の研究史について次の二点を確認しておく。——まず、カントのテクストに即した「批判」の語の調査・検討は、書簡・三批判に即した中井（一九三〇）、レフレクシオーンおよび公刊著作全般を扱うRöttigers (1975)、さらに人間学講義録を取り上げる木村（二〇〇四）等によって積み重ねられてきている。しかし、論理学講義録や形而上学講義録等については、「批判」の語の用例の豊富さにもかかわらず、これまで十分な検討が行われてきていないように見受けられる。ところで——二点目として——カントの前後の批判概念の位置づけは、カントからそれ以降の批判概念の継承と展開を追う von Bormann (1974) や Röttigers (1975) による思想史的研究や、カント以前の「批判」の語の用例を豊富に蒐集する Tonelli (1978) の文献学的研究によってある程度明らかにされている。そのうえで概念史・文献学的関心からさらに求められるのは影響関係の具体的解明である。この点で、本章はカントの論理学講義録における用例に着目し、その「批判」理解を内側からできるだけ具体化することを目的とするものといえる。

（7）A IX.

（8）A 856 / B 884.

（9）カントの三幅対のこうした二重性をつとにエルトマンは「建築術」と「方法」いう言葉で説明している（Erdmann 1878: 17–18）。

（10）A IX–X, A 485–486 / B 513–514, A 856 / B 884, etc.

（11）VIII 226–227, XX 262–264.

（12）典型例としてファイヒンガーの註釈を参照。その冒頭で彼は「ドグマティズム」「懐疑主義」「批判主義」の三幅対にしたがってカントの思想の発展史的区分を提示している（Vaihinger 1922^{2} / 1970: 23–70）。

（13）Cf. Elze (1972).

（14）カントおよび同時代の哲学者たちとの関係では、Ch・ヴォルフによる定義がとくに注目される。『神、世界、人間の魂ひいてはあらゆる物一般についての理性的思想』（以下、通称にしたがい『ドイツ語形而上学』。初版一七二〇年、第一一版一七五一年）の一七二二年付の第二版序文でヴォルフは自らの立場を次のような仕方で「ドグマティスト」——そして「二元論者」——として打ち出していっている。「諸事物の認識を得ようと努め、哲学〔世‐知 Welt = Weisheit〕を求めてきた人々はすべて、次のいずれかを決意してきた。すなわち、彼らはまったくいかなる学説も想定することなく、すべてを疑いにさらすこととで、軽率に偽なるものを真なるもののかわりに摑み誤りに陥ることのないようにするか、あるいは、彼らは最終的にあえてそれをして、それにしたがって生活の中で自らに現われてくるものを説明しうるような学説を導きいれるかを。前者はスケプティコスすなわち懐疑者と、対して後者はドグマティコスすなわち学育者と呼ばれてきた〔Die ersten hat man *Scepticos* oder **Zweifeler**; die anderen hingegen *Dogmaticos* oder **Lehrreiche** genennet.〕。懐疑者は何事をも定立せず、すべてを非決定とするので、一方はもう一方とほぼ同様であり、それらの間にはそれ以上どのような差異も規定されない。これに対して学育者はさまざまな分派〔セクト〕へと区分を行う。そこで、彼らはただ一種類の事物を申し立てるか、あるいは二種類の事物を想定するかのいずれかである。前者は一元論者〔Monisten〕、後者は二元論者〔Dualisten〕と呼ばれる」（Wolff 1751[11] / 1983: xvii–xviii）。

（15）論理学講義録というテクストの性格の理解のためには『カント事典』の「カント講義録解説」が有益である（石川他一九九七：五六二–五六四）。とくに『ブロンベルク論理学』の成立事情についてはアカデミー版の講義録のG・レーマンによる緒論を参照（XXIV 997–998）。

（16）XXIV 205–218.

（17）XXIV 205.

（18）XXIV 206.

（19）XXIV 208.

（20）II 276–278. 哲学における「数学的方法」の是非は、Tonelli（1959）が英・仏・独の順に文献学的に詳しく跡づけてみせているように、一八世紀前半からカントが『判明性』論文を書いた六〇年代前半にかけての共通論題であった。

（21）XXIV 208.

（22）XXIV 208.

（23）A 486 / B 514. Cf. Liddell & Scott 1968: 851.

（24）XXIX 28.

（25）XXIX 27, cf. XXIV 18, XXIV 99–100, XXIV 399, etc.「懐疑」に優るとも劣らぬ重要概念でありながら、「ドグマ」が概念として主題的に論じられることはほとんどない（cf. Elze（1972））。そこにドグマのドグマたる所以があるともいえるが、そうした意味でも、M・フーコーの議論を参照しつつ「哲学のドグマとアンチフィロソフィー」を論じた坂部（一九六八）は貴重である。

（26）《ドグマ－懐疑－批判》の三幅対の形成をとくにカントにおける「ドグマ的〔dogmatisch〕」の語の積極的／消極的意味の転換

に定位して考察したものとして Lee（1991）も参照。

(27) XXIX 28. 古代および近世の懐疑論の伝統を背景とするカントの「批判」理解の生成について、より詳しくは Tonelli（1967）を参照。

(28) Cf. Schneiders (1985).

(29) Liddell & Scott 1968: 996. 参考までに、ハイデガーが『物への問い』で行っているこのギリシア語の動詞についての独自の釈義を引用しておく。「これは次のことを意味する。すなわち、「分ける〔sondern〕」「分離する〔absondern〕」「分かれたものを引き立たせる〔das Besondere herausheben〕。他のものに対するこうした際立たせ〔Abhebung〕は、新たな地位への上りゆき〔Hinausheben〕から生じている。「批判」という語の意味はさほど消極的ではないのであって、それは積極的なもののうち最も積極的なもの、あらゆる定立〔Setzung〕に際して規定するものおよび決定するものとしてあらかじめ査定されて〔angesetzt〕いなければならないものの定立をいう。かくして批判とは、この定立する意味での決定である。さて結果として、批判とは特に分かたれ、並外れた、それと同時に標準となる〔Maßgebenden〕ものを分離し引き立たせることであるから、それは並の、標準とはならぬものを引き下がらせること〔Zurückweisung〕でもある」（Heidegger 1962 / 1984: 121–122）。

(30) Cf. von Bormann 1976: 1249–1262; Tonelli & von Bormann 1976: 1262–1267.

(31) A XIn., cf. XVIII 287–288, XXVIII 540. R・コゼレックの『批判と危機』は「批判」についての政治・社会思想方面からの概念史として有名であるが、このカントの記述を一連の批判の過程の進展の末に「国家に対する批判の支配要求を明快に表明した」ものと位置づけている（Koselleck 1973: 101［村上訳一三八］）。

(32) A XI, A 751 / B 779, A 787 / B 815. 元来のギリシア語において「批判」（および「危機」）に含まれていた「判決」や「裁判」との連関については、この点を主軸としたコゼレックによる概念史的記述を参照（Koselleck 1973: 196–199［村上訳二六八–二七二］）。

(33) 「法廷」という比喩を最大限に活用した解釈としては例えば石川（一九九六）が知られる。そこで「法廷」は『批判』の全体構造に関わるカントの思考のモデルとして一般化して捉えられている。

(34) IX 15.『イェッシェ論理学』冒頭部に見られる用例を基にしてホームからの影響を示唆する解釈は、N・ケンプ-スミスに遡り（Kemp Smith 1923 / 2003: 1）、H・アーレントや柄谷行人の特色あるカント論にも引き継がれている（Arendt 1982: 32［浜田監訳四三］、柄谷二〇〇四：六三）。

(35) Cf. Wundt 1945 / 1964: 270. 同じ箇所でM・ヴントは一八世紀後半のドイツにおける英仏の著作の翻訳三〇点余りの一覧を

示しているが、ホームに関しては『批評の原理』の他にも一七六八年に『道徳性と自然宗教の原理についての試論』、一七七四／七五年に『人間の歴史の概略』が訳されているとのことである。カントのホーム評価については木村（二〇〇四）が「趣味の批判と規則」ということを焦点に七〇年代の人間学講義録の用例に即して具体的に検討している。「文芸批評〔Literary Criticism〕」という語の歴史については Wellek (1963: 21–36) が見やすく、「趣味の批判」というテーマの展開については中川（一九八〇）が詳しい。

(36) II 307. ドイツ語の Verstand は「悟性」と訳されるのが通例であるが、intellectus というラテン語との用語上の連続性を示すために本書では「知性」とする（本書第四章註（39）参照）。長らくカントおよびドイツ観念論周辺で定訳として用いられてきたことによる固有の伝統もあるとはいえ、より広い哲学史的展望と今日の日本語への適応という点からして、これは改められる必要があるように思われる。

(37) II 310.

(38) XXIV 20, cf. XXIV 26, II 310, etc.

(39) 「美術〔fine arts〕の諸原理」が「人間の自然本性の感覚的部門の研究によって展開される」との見通しから、『批評の原理』においてホームは「批評」を広く「心術〔heart〕」に関わる —— そこから究極的には「大いに徳性を援ける」はずの —— 「学〔science〕」として構想している（Home 1762 / 1970: [I–]7, 10–13）。そのような観点からホームはまた「批評」を「知性〔understanding〕」に関わる「論理学」との対比で（いわば）感性に関わるものとして特徴づけており（Home 1762 / 1970: [I–]9, [II–]138–139）、『イェッシェ論理学』のカントの発言はその点を踏まえてのものと考えられる。—— ただし、Ästhetik の語はホームの用いるところではない。

(40) XXIV 344, cf. XXIV 317.

(41) XXIV 483, cf. XXIV 293, XXIV 600, XXIV 793, etc.

(42) XXIV 314.

(43) XXV 194, cf. XXV 385.

(44) XXIV 483, cf. XXIV 293, XXIV 600, XXIV 793, etc「ドクトリン」と「批判」の関係については、一七七二年のヘルツ宛書簡から一七九〇年の『判断力批判』序文までのテクストを踏まえた中井（一九三〇）による先駆的業績がある。ここでは立ち入らなかった「カタルティコン〔Katharrikon〕」「カノン〔Kanon〕」「予備学〔Propädeutik〕」「オルガノン〔Organon〕」などの関連概念については Tonelli (1994) の労作を参照。

（45） XXIV 557, cf. XXIV 885. ここでカントは「批判的思考様式」を「あるものをしばらく疑いの余地あるものとして扱っておいて、その後完全な確実性に至る」思考様式として説明したうえで、ドグマ的思考様式と懐疑的思考様式の役割を次のように位置づけている。「第一の手続きは若干の仮象しか手にしていない場合にはあらゆる誤謬を野放しにするものなので、学にとってたいへん有害である。〔……〕懐疑的方法は批判的方法にたいへん役立つ。すなわち、〔その方法とは〕何らかの真理が想定される場合、反対者の立場に自らを置き、そこであらゆる可能な根拠を探究し、その命題を覆し、そうして真理を発見しようとするものである」（XXIV 557）。

（46） A 841–851 / B 869–879, B24–29, etc.

（47） カント以前の文献を幅広く調査した Tonelli（1978）等からも、当時の —— ars critica をもその内に含むような —— 論理学書からカントへの影響が推察される。具体的にその間隙を埋めるものではないが、こうした観点をもつ研究の一例としては多賀（二〇〇八：二二三–二五一）が挙げられる。いま講壇内の ars critica の伝統とカントの「批判」の関連を跡づける用意はないが、カントの用例に対する一定の影響を想定しうるものとしてここでは次の三つの資料を挙げておく。—— ①ゴクレニウスの辞典に見られる定義 ——「批判〔批評〕とは判定〔判断〕に関わるディアレクティカの一部門で、法廷術のようなものである〔Critica est pars Dialecticæ de Iudicio, quasi Iudiciaria〕」（Goclenius 1613 / 1964: 492）。②クヌッツェンによる Critica Logica, s. ars libros diiudicandi および Critica Librorum の位置づけ（cf. Knutzen 1747 / 1991: 409, 416–417）。③一七七〇年のケーニヒスベルク大学の講義要綱に見られる文献学教程での Critic の位置づけ（cf. Oberhausen & Pozzo 1999: XXXIV）。

（48） X 123.

（49） X 132.

（50） Ibid.

（51） Ibid.

（52） II 311.

（53） XXIV 37.

（54） 『ブロンベルク論理学』の哲学史の叙述は、アリストテレスとスコラの論理学への言及の後、「人間知性についてのロックの書物〔Lockens Buch de intellectu humano〕は真の論理学すべての基礎である」と続く（XXIV 37）。ロックの『人間知性論』のラテン語訳 *Armigeri Libri IV De Intellectu Humano*（一七〇九年）を念頭に置いてのものとみられるこの記述は、カントに対するロックの影響を考えるうえでも注目される。—— ロックの影響については Riehl（1924^{3}）の古典的研究に詳しく、また、それを補うものとして（影響を過小評価している観はあるが）Brandt（1981）がある。

(55) XXIV 37.

(56) ロック自身は「批判」について――『人間知性論』第四巻の末尾で――自らの試論に基づいて構想される学問区分と関連づけて次のようにいっている。「おそらく、もし観念とことばが判明に比較考量され、適正に考察されたとしたら、観念とことばは、私たちがこれまで識ってきたものと別な種類の論理学や批評〔Logick and Critick〕を私たちに供与しただろう」（Locke 1690 / 1975: 721［大槻訳三五八–三五九］）。カントがどのような経緯でロックを「批判哲学者」ないし「批判哲学」の先駆とみなすに至ったかはここで詳らかにしないが、これがロック自身による言い回しでないことは確からしい。

(57) XXIV 335.

(58) Karskens（1992）にしたがえば、中世スコラ哲学の論理学・形而上学に発するこの subjectiue という術語が「主観的」という意味で objectiue の語と二元論的に対置されるようになるのは一八世紀後半のこの時期――『批判』におけるカントの用法が少なからず与って――のことであるという。中立無記な訳語というものは望むべくもないが、相対的に中立的であることを意図してここでは両者をそれぞれ「主体に即して」と「対象に即して」と訳すこととする。

(59) XXIV 338, cf. XXVIII 176–177.

(60) A IX.

(61) XXIX 779.

(62) 一九世紀後半の認識論の高揚期にこの点を強調して広範な影響力を及ぼした論文として、ヴィンデルバントの一八八三年の「批判的方法か発生的方法か」（Windelband 1921$^{7=8}$: [II–]99–135［篠田訳一四五–一九八］）を参照。新カント派の退潮とともに言及されなくなって久しいが、その研究史・哲学史上の意義は看過しがたい。

(63) XXVIII 376–377, cf. A IX.

(64) ロックの正当化の論理については冨田（一九九一：二〇二–二五三）を参照。

(65) 「批判主義」ということを強く唱導したのはやはりヴィンデルバントである。彼は時代の哲学の中心問題を規範的思考の認識論的基礎づけとして設定し、そうした「アプリオリ」な規範意識を「総合的意識」ひいては「意識一般〔Bewußtsein überhaupt〕」という事柄によって基礎づけた点をカントの「不朽の功績」とした（Windelband 1921$^{7=8}$: [II–]99–135［篠田訳四二二–四二三］）。――ただし、これが哲学史と同時代の哲学状況を踏まえたうえでのドクマの意識的な提題であったことは、「カントを理解することとは、カントを越えゆくことをいう」（Windelband 1921$^{7=8}$: [I–]IV）という有名な一文で締めくくられる

『プレルーディエン』第一版序文の叙述等からもうかがい知れるとおりである。斥けられるべきは無自覚なドグマティズムであって、批判的な意図をもって敢えてドグマを提示することが学問の進展のために不可欠であるのは改めていうまでもないことだろう。

第二章　《コペルニクス的転回》と「コペルニクスの仮説」

近世哲学にとりわけ色濃く認められる「方法」への問題関心を背景に、カントは『批判』――それは「方法についての論考〔ein Traktat von der Methode〕」とも呼ばれる[1]――において自身の方法を「批判」の語によって特徴づけた。学としての形而上学の確立のために所与の認識の規則を自らに折り返すかたちで問うものとして、この「批判」（ひいては「批判哲学」）という概念を著者がどのように受け取り鍛え上げていったかは前章にみたとおりである。しかし、それではこの「批判」は具体的にどのような手続きにしたがって進められるものだろうか。本章と次章では批判的方法の内実にさらに踏み込んで、所与の認識から規則を導きそれをドグマ（定説）として確立してゆく仕方についてカントがどのような理解をもっていたのかをみてゆきたい。

この点で注目されるのは『批判』第二版序文の記述である。カントはそこでコペルニクスによる天体現象の説明方式の刷新やベーコン以来の自然科学における実験的方法の諸成果を引き合いに自らの『批判』について語っているが、必ずしも懇切丁寧とはいいがたい『批判』本論の記述を補うかたちで、これらの用例はその思想内容・方法の研究・解釈において久しく重視されてきた。——よく知られた《コペルニクス的転回》（《コペルニクス（的）革命》）および《実験的方法》という（カント解釈上の）成句もその産物である。以下ではそうした伝統的解釈を踏まえつつも、しばしば表裏一体のものとして語られてきたこの二つの観点をいったん「コペルニクス」と「実験」という語（句）に引き戻して、それぞれの方法論的意義の再検討を進めてゆく。

このうちまず本章では「コペルニクス（的）」という語に焦点を合わせ、アカデミー版のカント全集の全体にわたる用例の精査に基づいて、カント当人の「コペルニクス」観を明らかにする。《コペルニクス的転回》という言い回しが元々の文脈を離れて過剰に語られてきた事情を考えても、これは一度、突き詰めておくべき事柄である。というのは、『批判』序文の「コペルニクス」の用例がとくに注目され始めたのは一九世紀中葉の（初期）新カント派以降のことで[2]、やがて世紀後半のイギリスにおいてカントをむしろ「プトレマイオス」的とする論が現れ[3]、これに対してあくまでコペルニクスとの類比の正当性を主張するカント研究者たちとの応酬を通じてこの問題は研究・解釈上の一大（?）テーマとなっていった[4]。そのようにして、「（カントの批判哲学は）コペルニクス的かそれともプトレマイオス的か」という論争によってかえって定着をみることとなったのが《コペルニクス的転回》という語句だからである。

ところで、『批判』そのものには《コペルニクス的転回》の語は認められない。このことは一連の論争のなかで——まず一九三七年にF・L・クロスによって、また改めて一九五九年にN・R・ハンソンによって——指摘されてきたとおりである[5]。そうした文献学的・実証的な研究によって示されるように、カントにとって「コペルニクス」は「仮説」ないし「仮説的方法」の代名詞として理解される名前であった。あらかじめ断っておけば、ここでの調査によって明らかになるのもこれと別のことではない。にもかかわらず再度検討を行うのは、後世の加上である《コペルニクス的転回》という解釈の根深さゆえに、依然として、事実認識をベースとした歴史的再構成とその時々の問題関心に応じた合理的再構成との混同が頻繁に認められるからである。コペルニクスとの類比の意味を読み込むことは、それが新たな洞察をもたらしうる限りにおいて、たしかに積極的な意義をもつ。[6] 現にそのようにしてカントの方法としての「仮説」の意義を示したのが《超越論的方法》や《実験的方法》（ないし《実験的投げ入れ》）と呼ばれる解釈であった。[7] ── しかし、それは「カント」の名によってそのまま流通させられてよいものではない。

以上のような見通しのもと、本章ではカントのコペルニクス観の「歴史的」再構成を行う。カントの《コペルニクス的転回》ということは盛んに語られてきているが、翻って、そもそもカント当人は「コペルニクス（的）」の語をどのような文脈において、どのような人物との対比・相関関係において捉えていたのか。── 先走って問えば、そのようにして語られるカントの「仮説」観とはどのようなものだったのか。以下では既刊のアカデミー版全集に見出される限りの「コペルニクス」の語の用例の調査に基づいて、そのことをできるだけ具体的に描き出してゆくことに努める。これによって従来の研究が「コペルニクス」や「仮説」を『批判』とその周辺の著作のみに基づいて語ることで見落としていた点を補うとともに、[8] カントそのひとの「コペルニクス」観を文献に即して語りうる限界において具体化できればと思う。

第一節　コペルニクス的「転回」？

アカデミー版カント全集の諸テクストには、コペルニクスに関わる語が『批判』序文の有名な二例を含めて全部で二八例 ── 管見の限りでは ── 認められる。[9] そのうち一三が名詞「コペルニクス〔Copernicus〕」、一五が形容詞「コペルニクスの〔copernicanisch〕」であるが、[10] 目立った使い分けはなく、いずれも「体系〔System〕」（一二例）、「世界体系〔Weltsystem〕」(四例)、「仮説〔Hypothese〕」(四例) などの語とともに用いられている。[11] 序文の用例の解釈に際してしばしばいわれる「コペルニクスの仮説」ないし「コペルニクス的転回」(「コペルニクス的革命」) という語句は、クロスやハンソンの指摘のとおり『批判』本文には認められない。[12]『批判』以外の著作・著述も含めてみると、前者の「コペルニクスの仮説」は『諸学部の争い』『ブロンベルク論理学』などに見出される。[13] しかし、後者の「転回〔革命 Revolution〕」ないしそれに類する語を伴う用例は皆無であり、これがカント自身による表現でないことが改めて確認される。

ただし、文字通りの形で《コペルニクス的転回》とはいわれていないにしても、カントが『批判』第二版序文で「コペルニクス」の語を「思考様式の転回」ないし「転換」といった語句との一定の連関において用いていることは事実である。そして、その点だけみれば、解釈上《コペルニクス的転回》という語句を使用することに別段不都合はないようにも思われる。

『批判』第二版序文の記述をカントは、現に「学の確かな歩み」を進めている理論的認識の先例である数学および自然科学を引き合いに、「学としての形而上学」の可能性を問うというかたちで進めている。そのいうところにしたがえば、いずれの学もいまだ学とは呼びえぬ「そぞろ歩き〔暗中模索 Herumtappen〕」の状態から確実な学へ転じるうえで、「思考様式の転回〔Revolution der Denkart〕」を成し遂げてきた。[14] 具体的に、数学(幾何学)の思考様式とはギリシア人(の誰か)の着想による数学的対象(図形)の「構成」という考え、すなわち、「概念そのものにしたがってアプリオリに考え入れ、描写す」るという仕方をいう。[15] また、(経験的原理に基づく)自然科学のそれはベーコンによって提案され、ガリレイ、トリチェリ、シュタールらによって実現されたいわゆる《実験的投げ入れ》、すなわち、単に経験観察に終始するのではなく理性の先導する原理とそれに応じた実験でもって自然に相対する仕方をいう(―― この点は次章で検討する)。[16]

さて、翻って形而上学の現状はというと、カントのみるところこれはいまだ「そぞろ歩き」の段階にとどまっている。そこで、「学の確かな歩み」へともたらすべく、数学および自然科学の例を模して形而上学についても思考様式の転回を試みてはどうか。すなわち、形而上学は従来「われわれの認識はすべて対象にしたがわねばならない」という想定のもとで「対象についてアプリオリに、われわれの認識が拡張されるであろう何かを概念を通じて形成」することに失敗してきたが、これとは逆に「対象がわれわれの認識にしたがわねばならない」と想定することであるいはうまくゆくのではないか。[17] そうカントは提案し、そしてこのことは「コ、ペ、ル、ニ、ク、スの最初の思いつき〔der ersten Gedanken des Copernicus〕」、つまり、コペルニクスが「全星群が観察者の周りを回転していると想定したときには天の運動の説明がうまく進展しなかったことをうけて、観察者を回転させ、逆に星を静止させるならば、もっとうまくゆかないものかどうか試みた」こととまさしく同じ事情にあるという。[18]

以上の叙述からみて、ここでコペルニクスの名前が「思考様式の転回」に関連して持ち出されていることは間違いない。それゆえ問題は、そのうえで「コペルニクス」と「転回」ないし「転換」の結びつきに重きを置いて読むことがカントの意に添うものかどうかである。そもそもカントは自らをコペルニクスに擬えることを意図してこの類比を行っているのだろうか。この固有名詞が含みもつきわめつけ豊かな歴史的イメージからして、《コペルニクス的転回》という語句は不可避的に一定の哲学・形而上学史観を伴うことになる。しかし、それらははたして哲学・形而上学(史)にとって、あるいは『批判』の読解にあたって有益な論点だろうか。カント自身の意図に即してこの類比のイメージを限定するためにも、いったん用例に戻って「コペルニクス」が他のどのような人物との関連においで捉えられているかをみることにしよう。

第二節　コペルニクスとアリスタルコス、ティコ、およびニュートン

『批判』序文の文脈と今日の科学史理解から連想されるイメージにしたがって、カントの《コペルニクス的転回》はしばしばベーコンやガリレイ等の実験的方法や、プトレマイオスの地球中心説との関係において語られ意味づけられてきた。しかし、そうした予断を排してテクストに即してみるならば、それがカント自身のコペルニクス観と少しく異なっていることがわかる。実のところ、コペルニクスと関連づけられる人物は次の三組に限られている。

第一は、アリスタルコス（ないしピロラオス）という古代の太陽中心説提唱者との組み合わせである（全四例）。例えば『ブーゾルト論理学』（一七九〇年）のプロレゴメナで「先入見〔Vorurtheil〕」について論じるにあたってカントは次のようにいっている。

> 古代を優遇する先入見は、本来は古代の文筆家の講読に携る学者の間でとくに支配的である。――さて、この人たちは新たな発見が既に古代の書物の内に見つけられると信じている。しかし、概して彼らはそれらの発見が同じであることを既にそれらが発見されてしまってから初めて見出すのである。かくして、アリスタルコスは既にコペルニクスの〔Kopernikanisch〕体系を有していた、ということになる。(19)

おそらくは一八世紀の新旧論争を念頭にここでカントが試みようとしているのは、「先入見」の批判である。「コペルニクス」と「アリスタルコス」（ないし「ピロラオス」）の名前は、その具体例として太陽中心説（地動説）の学説体系に関わる新旧の評価と関連して持ち出されている。この対比に即してカントは何であれ古代人に優位を置く古典学者の先入見を指摘し、両体系を同一視することを戒めており、それゆえ、ここからまず「コペルニクス」の

「体系」が古代の太陽中心説と比して優れたものとして了解されていることが読みとられる。[20]——しかし、それでは「コペルニクスの体系」が旧来の体系より優れたものであるとして、それはどのような観点においてか。

第二の対比項であるティコ・ブラーエの位置づけは、この点できわめて示唆的である（全五例）。ここでカントは先のような古代と近代という大きな時間枠ではなく、近代の枠内でコペルニクスと彼より後のティコとの比較を行っている。以下の『諸学部の争い』（一七九八年）の用例は「コペルニクス」に関する用例としてしばしば引き合いに出されるものであるが、問題はそこでの対比の論点である。

もしかすると、自分たちが人間の事柄の進行を見る観点〔der Standpunkt〕をわれわれが間違って選択するということもあって、こうした事柄の進行がそのように不合理に〔widersinnisch〕思われるのかもしれない。諸惑星は、地上から見ると後退したり静止したり前進したりする。しかし、観点を太陽の方から取ると——このことは理性にのみなしうる——、諸惑星はコペルニクスの〔Kopernikanisch〕仮説にしたがって絶えずその規則的な進行を続ける。しかるに、余のことなら賢明でないわけでもない若干のひとびとは、頑なに自分の現象の説明様式や自分がいったん取った観点に留まることを好む。そのためにティコの〔Tychonisch〕大円と周転円に巻き込まれて不合理な結果に至るとしても彼らはそうするのである。[21]

『批判』を念頭に置いてみるとき、ここでまず目を惹くのは「地上から」と「太陽から」という二通りの「観点」の選択という論点だろう。『批判』序文の「転換」の用例との関係からいっても、それはごく自然なことではある。しかしながら、カントの「コペルニクス」観に焦点を合わせてみる場合、むしろ見過ごしえないのは「コペルニクス」と「ティコ」との対比によって具体的に語られるその（いわば）選択基準である。ひとは理論・仮説の選択に際してともすると「自分の現象の説明様式や自分がいったん取った観点」を優先しがちであるが、現象の説明が「規則的」になされうるためには「先入見」を排してあくまで「理性」につく必要がある。その点で「コペルニクスの仮説」は、旧来の観点に固執して「補助仮説」を用いることで却って「不合理な結果」をもたらす「ティコの大円と周転円」に対して、理性にしたがう規則的・統一的な理論をもたらすという利点をもつ。——これがここでのカントの理解である。

そしてまた、こうした一連の理論的関心をより具体的に指し示すものとして、第三に、コペルニクスとニュートンとの対比がある。一例として『フィリッピ論理学』をみると、そこで両者は「根拠」という点を軸に次のように対置されている。

> 認識の諸根拠を伴った認識がある。そのようにしてコペルニクス〔Copernikus〕はわれわれの太陽の世界を認識し、認識の諸根拠を得た。彼は現に生じていることを示した。しかるに事柄の根拠を伴った認識もある。そのようにしてニュートン〔Newton〕はコペルニクスの〔copernikanisch〕体系を認識したが、同時にまた事柄の諸根拠をも示した。つまり、どうして天体がこのように運動するのかを、その重力の体系によって示した。[22]

次節でみるように、同様の論点は序文のもうひとつの用例にも認められるが、ニュートンとの対比に関わるこれらの用例に共通しているのは、コペルニクスの体系を静止した太陽を廻って諸惑星が運動するという宇宙像を最初に提示したもの、そしてニュートンの重力論をそうした宇宙像を実在的に確定したものとして、両者を認識の進展の過程において捉える視点である。例えば『批判』の「フェノメナとヌーメナ」の章には「星の輝く天空の単なる観察を論述する理論的天文学」と「(例えばコペルニクスの〔copernicanisch〕世界体系、あるいはそのうえさらにニュートン〔Newton〕の重力法則にしたがって説明するような)観想的天文学」とを対比する叙述がみられるが、後者の記述からもコペルニクスとニュートンがひとつの学の枠内で捉えられていることが見て取れるだろう。[23]

繰り返すように、カントがその著作においてコペルニクスと関連づけている人物は以上の三組に限られている。そして、そこでの焦点は、コペルニクスの「体系」ないし「仮説」を軸として、それぞれ「先入見」の批判（アリスタルコスとの対比）、現象についての「合理的な説明様式」の重視（ティコとの対比）、理論の根拠の段階区分（ニュートンとの対比）に合わせられている。つまり、こうした一連の対比から浮かび上がってくる「コペルニクス」の人物像とは《天体現象の説明に関して、先入見に抗してより確実な体系・仮説を提示した》といった程度のもので、いわゆる《コペルニクス的転回》のイメージからするとかなり控え目なものといえる。――おそらく、《天動説の転覆者》なり《科学革命の先駆者》なりといった（今日）広く共有されているコペルニクス像を基準にみれば、このことは物足りなく感じられもしよう。しかしながら、そうしたイメージに沿うようなプトレマイオスやガリレイといった人物との対比がカントのテクストに見出されないことは厳然たる事実である。

そもそも、「プトレマイオス」を名指して「コペルニクス」と対比するような用例はカントのテクストには認められない。[24]「プトレマイオス」単独で用いられる場合も、「誤った認識」の例（『論理学のレフレクシオーン』[25]）、ないしは「記号と事象の混同」の例（『実用的見地からの人間学』（以下、『人間学』））として言及されるにとどまっている。[26]たしかに、近・現代の天文学・科学史記述によってプトレマイオス（天動説ないし地球中心説）とコペルニクス（地動説ないし太陽中心説）の対比はわれわれに馴染みのものとなっている。――《コペルニクス的転回》という解釈（およびその当否をめぐる論争）もそうした常識に依拠している。しかし、そのような天文学・科学史観をカントもまた持ち合わせていたということは無条件に前提しうる事柄ではない。科学史家のいう《コペルニクス的革命》と重ねて『批判』の用例を解釈することは後世の読み込みである。

同様に、コペルニクスをガリレイ等の近世の科学者と並置し、その先導者として位置づけるような解釈もテクストからは導かれえない。なるほど、『批判』序文の「転回」の用例だけみれば、これはコペルニクスをベーコン、ガリレイ、トリチェリ、シュタールらの近代自然科学・実験科学という枠組みのもとに位置づけるもののようにも思われる。しかし、そうした用例は他には認められない。「プトレマイオス」の場合と違ってカントはこれらの人名を肯定的な意味で用い、なかでもベーコンとガリレイにはコペルニクス以上に頻繁に言及しているが、にもかかわらず両者が共通の枠組みのもとで語られることは一切ない[27]。カントにおいて「ガリレイ」その他の実験とは文脈を異にし、「コペルニクスの体系」とはあくまで天文学に属するものであり、基本的に、経験科学・実験科学に関わる「ガリレイ」その他の実験とは文脈を異にする。もちろん、カントが暗にこれ以上の科学史理解をもっていた可能性は残るが、テクストから読み取れるのはここまでである[28]。

しかし、そうはいっても、『批判』序文でカントが「コペルニクス」を「転回」との関連において、しかも、それをガリレイ等による「実験」を語る文脈につながるような仕方で用いているのは事実である。そうであるとすれば、《コペルニクス的転回》(ひいてはそれと重ねられる《実験的投げ入れ》)という解釈は、たとえ後世の科学史観に依拠する読み込みであっても、カント自身の意を汲んで発展させたものとして積極的に評価されうるのではないか。以上の文献的事実を踏まえても、なおこうした反問はなされうるだろう。それゆえ、次節以下ではカントがコペルニクスに言及する「文脈」に焦点を合わせて、そこから改めて『批判』序文の類比の意図を探ってゆくことにしよう。

第三節　コペルニクスの「逆説」および「仮説」

ここで再び「コペルニクス」の語の用例について、今度はその出典に焦点を合わせて全体像を確認しておく。全二八例の内訳は『批判』三例（序文の二例を含む）、『諸学部の争い』一例、『イェッシェ論理学』一例、『論理学のレフレクシオーン』に一例、『形而上学のレフレクシオーン』に二例、人間学講義録に四例、論理学講義録に一五例、『ダンツィヒの物理学』一例である。[29]

以上の用例分布にも示されるように、カントが直接に天文学や形而上学に関連してコペルニクスに言及することは実はそう多くない。天文学に関わるのは先の『批判』の「フェノメナとヌーメナ」の章の一例のみであり、『批判』序文を除けば形而上学関係のテクストにもそれ以外にもカントが自らの「批判」をコペルニクス的なものとして位置づけようとした形跡は認められない。むしろ、コペルニクスの学説や体系は主に人間学講義録や論理学講義録で何らかの概念の説明に際して、その例として言及されるのが通例である。

まず、人間学講義録では「逆説〔Paradox〕」の効用を説明する際に決まってコペルニクスが引き合いに出される（四例中三例）。例えば『ムロンゴウィウス人間学』（一七八四／八五年）では次のようにいわれている。

> 知性で以って敢えて誤謬の危険を冒してする判断を逆説という。〔……〕逆説家は嘲笑される危険を冒すが、彼はその逆説によって事象をまったく別の側面から考察することで他者にも裨益する。逆説的な判断は感官の最初の見かけに反して進行するから、いわば感覚に反する〔widersinnisch〕。〔……〕逆説はわれわれに認識の拡張を示すので喜ばしく好もしい。しかしいつでも逆説的に判断しようとするのはいけない、それでは学の冒険家になる。――それがアイルランドのクロインの僧正バークリであった。〔……〕現実に真なる逆説的命題もある、例えば太陽の周りを地球が廻るというコペルニクス〔Copernicus〕の命題がそうである。[30]

『批判』序文でコペルニクスに言及するときカントがこうした人間学の文脈を念頭に置いていただろうことは、序文の第二の用例からも明らかである。「コペルニクス」に関わる第一の用例の後、カントは《対象が認識にしたがう》というテーゼを敷衍し、『批判』の論旨を先取りして語っている。そのいうところにしたがえば、このテーゼの検証は感性と知性の区別に応じて直観と概念それぞれについて行われるが、その際、対象は現象と物自体という二重の観点から考察される。これにより形而上学の第一部門である分析論においては現象・経験に関して確実な学的認識の可能性が、他方、第二部門である弁証論では超経験的対象に関する理論的認識の不可能性が示され、そうして理論的認識の限界が画定されることで、次に実践的認識の可能性が問題となるという。[31]——このような一連の記述の後、その末尾の註でカントは再びコペルニクスを次のような仕方で登場させている。

> 同様に天体の運動の中心法則はコペルニクス〔Copernicus〕が最初ただ仮説としてのみ想定したことを決定的に確実なものとし、同時に世界構造を結合する不可視の力（ニュートンの引力）を証明したのだが、この力は、前者〔＝コペルニクス〕が敢えて感覚に反している〔widersinnisch〕が真なる仕方で、観察される運動を天の諸対象にではなくその観察者に求めなかったとすれば、依然として隠されたままだったろう。私はこの序文では『批判』で講述される件の〔＝コペルニクスの〕仮説に類比的な思考様式の転換〔die Umänderung der Denkart〕を、やはりただ仮説として立てるが——もっともこの転換は論文そのものでは、空間と時間についてのわれわれの表象の性質および知性の要素概念に基づいて仮説的にではなく必当然的に証明されるが——、これはただ、いつでも仮説的であるようなそうした思考様式の転換の最初の試みに注意するためにだけそうするのである。[32]

『批判』序文の第一の用例同様、ここでも「コペルニクス」の名は「思考様式の転換〔die Umänderung der Denkart〕」——第一の用例では「思考様式の転回〔Revolution der Denkart〕」——ということを類比によって説明するために引き合いに出されている。そのことは間違いない。ただし、そのうえでまず明らかにされるべきは、こうした語句の連関をカントがどのような文脈のもとで、どのような意図をもって行っているかである。このとき、とくに注目すべきものとして、以上の二つの引用中で共通して用いられている widersinnisch という語が浮かび上がってくることになる。前節の『諸学部の争い』からの引用中にもみられるこの語は通常「不合理な」「背理の」等と訳されるが、「コペルニクス」の「判断」ないし「命題」をそのように形容することでカントが強調しようとしているのは、「感官〔Sinn〕の最初の見かけに反する〔wider〕」にもかかわらず別の側面からすれば「真」なるものとして主張されうるというこの「命題」ないし「仮説」の性質である。つまり、ここで問題になっているのは感覚・見た目に馴染んだ旧来の考えと、一見不合理な新たな仮説・命題との角逐であって、新旧の理論の「転換」とはその結果であるにすぎない。——この意味で「コペルニクス」の仮説・命題とは、あくまで「逆説」という思考様式の具体例・成功例として理解されるべきものといえる。

しかし、「コペルニクス」が「逆説」の事例として理解されるべきものであるとして、『批判』序文でカントがこれを持ち出す意図はどこにあるのか。ひとまず、自らの形而上学の仮説・命題の「逆説」的性格についてあらかじめ読者に注意を喚起すること、あるいは、敢えて誤謬の危険のあるテーゼを提示する自らの意気込みを示すことなど、修辞上の機能という点でこれは一定の興味を引くものではある。とはいえ、まさにカント自身が——『ムロンゴウィウス人間学』において——「逆説」を弄して「学の冒険家になる」ことを戒めていることをみても、そこに中心的な意義を読み取ることは難しい。冒険に終始しないためには、それは無根拠な場当たり的なものとしてではなく、一定の基準に基づいて行われる必要がある。

そこで改めて注目されるのが、「コペルニクス」に関わるもうひとつの文脈としての「仮説」である。論理学講義録の用例は先にみたピロラオスやティコとの対比も含めて幾つかの論点にまたがっているが、それらの共通の背景として見出されるのが仮説論である。「最も有名な仮説のひとつがコペルニクスの仮説である〔Eine der Berühmtesten Hypothesen ist die Copernicanische〕」というように[33]、ここでカントは仮説の例として繰り返しコペルニクスのそれに言及している。論理学講義録の一五例中七例がこれに関わり、また『諸学部の争い』『イェッシェ論理学』『ダンツィヒの物理学』『論理学のレフレクシオーン』の用例も仮説論との連関を示している。

用例の集中の仕方だけみてもカントのコペルニクス理解が論理学的な仮説概念と深く関わっていることは明らかであるが、それにとどまらず、これは『批判』序文の用例解釈にとって本質的な意義をもつ事柄でもある。[34]というのも、「逆説」という人間学講義録の論点がいわば心理学的な注意を喚起するものであったのに対して、ここでの「仮説」という論点は、論理学というものの性格からして学の一般的「方法」に関わるからである。端的にいえば、『批判』序文のカントの意図は、その代表例であるところの「コペルニクスの仮説」を介して、論理学的な「仮説」を形而上学のドグマを扱う『批判』の方法として位置づけることにあったと考えられる。『批判』序文で「私はこの序文では『批判』で講述される件の〔=コペルニクスの〕仮説に類比的な思考様式の転換を、やはりただ仮説として立てるが〔……〕、これはただいつでも仮説的であるようなそうした思考様式の転換の最初の試みに注意するためにそうするのである」といわれていることからも、こうした理解は支持されうるように思われる。

しかしながら、そうすると問題になってくるのは、『批判』の同じ用例でカントが「ニュートン」を引き合いに自らの理論の必当然的性格を強調していることとの整合性である。――このことは二重の意味で《方法としての仮説》という解釈に困難をもたらす。すなわち、第一に、「必当然的」証明という点で、これはその性質上どこまでも蓋然的であるはずの仮説とは相容れぬもののように思われる。また第二に、「ニュートン」の方法は哲学・科学史上しばしば仮説を排すべきことを標榜するものとして受け止められてきたという事実があるが、カントも『批判』第一版序文などでは、経験的な内容にも関与する自然科学とアプリオリな形而上学（ひいては「批判」）の峻別に基づいて仮説を斥ける旨を語っている。[35]そうしてみると、やはり「仮説」は批判的方法の本質的契機とはいわれえないのではないか。

このことを考えるためにも、節を改めて、カントが「コペルニクスの仮説」について語るところを論理学講義録の記述に即して確認しておくことにしよう。

第四節　方法としての「コペルニクスの仮説」

「コペルニクス」の名は諸々の論理学講義録で仮説概念の説明に際して繰り返し持ち出されているが、文脈からして当然ながら、その場合の重点は「仮説」の側にある。例えば『ブロンベルク論理学』の次のような記述もその一例である。

> 最も有名な仮説のひとつがコペルニクスの仮説である。コペルニクス〔Copernicus〕は、太陽が静止し、そして惑星が太陽を廻って自ら運動するものと想定し、これに基づいて天体の全現象が説明されうるか否かをみた。[36]

内容上の類似性や著述の前後関係からも、先にみた『批判』序文の用例——「全星群が観察者の周りを回転していると想定したときには天の運動の説明がうまく進展しなかったことをうけて、観察者を回転させ、逆に星を静止させるならば、もっとうまくゆかないものかどうか試みた」——において、論理学講義録の文脈を念頭にカントが自らの理論の仮説的性格を強調しようとしているということはそれなりの根拠をもっていえるかと思う。ただし、そうであるとして、問題はその場合の「仮説」の意味である。

まず、基本的な事柄から確認しておくと、仮説はカントにおいて本来いわゆる「一般論理学」の枠内に位置する概念である。とくに『批判』で仮説が超越論的弁証論・方法論において特定の形而上学的「理念」との関連で語られていることもあって、研究・解釈上、カントの仮説観はともするとそうした特殊な仮説使用をモデルに捉えられがちであるが、他の多くの方法概念と同様、カントの基本了解が具体的規定を伴って示されるのは一般論理学――したがって依拠しうるテクストとしては論理学講義録と『イェッシェ論理学』――においてである。必要に応じて定義めいたことも語られるにせよ、[37] 基本的に『批判』の記述は論理学講義録等での一般論理学的な説明の適用であると考えられる。[38]

では、そこでのカントの仮説理解とはどのようなものだったのか。これについて例えば『ブロンベルク論理学』では次のようにいわれている。

仮説は世界の諸現象を説明することにではなく、ただ一般に或るもの〔etwas〕――それが理性に、あるいは経験に、あるいは現象に発するにせよ――を説明することにのみ役立つ。[39]

カントのいう一般論理学とは内容を捨象して論理的な形式のみを扱うもので、そのうちで捉えられる認識様式の一例として、ここで仮説もやはり認識領域の別なく一般的に考察されている。[40] 下って今日では仮説はとくに自然科学の文脈に特有のものと考えられ、それ以外の用法はそこからのアナロジーとして理解されがちであるが、古代の数学・論理学的伝統にしたがう仮説（ヒュポテシス）理解に片足を残すかたちで、一八世紀のカントは依然として仮説を「或るもの」一般の「説明」のための方法として捉えていた。――それゆえ、その限りでは仮説は形而上学に関わる『批判』にも開かれていることになる。その課題である形而上学的認識の可能性が仮説によって説明されるということ、すなわち、「アプリオリな総合的認識」の可能性が《対象が認識にしたがう》という仮説によって説明されるということは、その意味では別段不自然ではない。

ただし、一方でカントは仮説という認識様式の性質とその適用分野との関係によって、その適否を区別してもいる。具体的に仮説とは、「より先なるものから〔a priori〕或るものを、その根拠ゆえに真とみなす」ような「意見〔臆見Meinung〕」に対して、「ある根拠に対して帰結が十分であることに基づいて根拠を認める」、つまり、「より後なるものから〔a posteriori〕」の意見として定義される。[41] この帰結から根拠へという進み行きゆえに仮説は単なる意見に比して積極的な意義をもつわけであるが、ただ、そのことは同時に別の仮説が存在する可能性を排除しえないということでもある。「例えばコペルニクスの〔Copernicanisch〕体系という仮説において、そこから引き出されえないような観察にただのひとつも行き当たることはな」く、「見出された限りの現象がすべてコペルニクスの体系から引き出される」ことで「必当然的確実性に接近し」うるとしても、[42] 結局のところ必当然的確実性へと達することはできない。そして、そこからカントの認識領域区分にしたがって仮説の適否は次のように捉えられることとなる。

いかなる仮説も必当然的に確実ではない。ここから帰結するのは、形而上学にはいかなる仮説もなく、自然学〔物理学Physik〕にはこれに対して仮説を要するということである。[43]

その認識様式に由来する蓋然性ゆえに、仮説はその認識に関して必当然的確実性が要求される形而上学から排除される。その是非はともかく、これがカントの公式的立場である。ここから《対象が認識にしたがう》という『批判』の基本テーゼに関しても同様に、「この転換は〔……〕、仮説的にではなく必当然的に証明される」として、カントはその「証明」の必当然的確実性を強く主張することとなる。――この意味ではたしかに仮説は『批判』から排除される。

しかしながら、以上の記述によって同時に明らかにされるように、カントが仮説を形而上学に関して不適当であるとするのはあくまで「証明」という局面においてのことである。つまり、「学としての形而上学」へと至る全過程に関して仮説の役割が否定されているわけではない。結論からいえば、仮説は形而上学に関する『批判』にとってもその原理の「発見」という点で不可欠の契機をなすはずのものである――そしてカント自身そのように理解していたと考えられる——が、そのことをテクストに即して浮き彫りにするためにも、最後に、カントが「ニュートン」に事寄せて語る証明法についてみることにしよう。

第五節　コペルニクスの仮説と「ニュートンの方法」

先に（本章第二節で）確認したように、『批判』序文第二の用例をはじめ各所でカントは「ニュートン」を引き合いに学問的認識のあり方について論じている。なかでも一七六四年の『判明性』論文は自然科学におけるニュートンの方法を導きに哲学・形而上学の方法を考察している点で注目されるものであるが、そこでの「仮説」の捉えられ方は『批判』序文の「コペルニクスの仮説」の意義を考えるうえでとくに重要である。

まず、その緒論でカントがいうのは「自然科学におけるニュートン〔Newton〕の方法が、物理学の仮説〔die physische Hypothesen〕が勝手気儘にしている状態を経験と幾何学にしたがう確実な手続きに変えた」ということである[44]。'hypotheses non fingo' という言葉によってニュートンが『自然哲学の数学的諸原理』（以下、『プリンキピア』）で自らの自然哲学の方法を語っていることはよく知られるとおりであるが、しばしばそう解されたように、もしこれが仮説の全面的廃絶を説くものであるとすれば、『判明性』でのカントの意図も形而上学からの仮説の排除ということにあったといえるだろう。しかしながら、以下の記述からも明らかなように、実際にはカントのニュートン観はそうした反仮説的・実証主義的な解釈とは少し異なっている。

形而上学の真の方法は、根本において、ニュートン〔Newton〕が自然科学に導入し、そこでたいへん有益な結果をもたらした方法と同種のものである。そこ〔＝自然科学〕でいわれるところでは、ひとは確実な経験によって、おそらくは幾何学の助けを得て、それにしたがって何らかの自然現象が生じる規則を探究するべきである。たとえ現象の第一根拠が諸々の物体の内に洞察されないとしても、にもかかわらず、それらの物体がこの法則にしたがって作用することは確実であり、そうして、混み入った自然の諸事象は、それらがこの十分に実証された規則に含まれる仕方が判明に示されるならば説明される。このことは形而上学においても同様である。すなわち、確実な内的経験、つまり直接で一目瞭然の意識によって、何らか普遍的な性質に関する概念の内に確実に存する徴標を求めよ、そうすれば、事象のまったき本質を知らないとしても、それでも君たちは事物の内の多くのことをそこから引き出すためにその徴標を確かに利用することができる。(45)

ここで下敷きにされている（とみられる）『プリンキピア』の一般的註解にしたがえば、「実験哲学〔Philosophia Experimentalis〕」が行うべきは、重力の原因を「現象から導き出されない」ような「仮説〔Hypothesis〕」によって説明することではなく、ひとえに、「命題」を「現象から導き出」し、そして「帰納によって一般化」することにある。そうしてニュートンは、「重力が真に現実存在し、われわれに開示された諸法則にしたがって作用し、そして天体とわれわれの海の運動すべてにとって十分であれば足りる」という。(46) これは「仮説」に焦点を合わせていえば、学の原理については「仮説」としてその説明を棚上げしておいて、現象の規則・法則の分析的発見とそれに基づく総合的説明に徹するということであるが、カントが『判明性』において提案している哲学・形而上学の方法も基本的には —— 分析の内実を外延的な「帰納」ではなく内包的な概念分析と捉えるという違いはあるにせよ(47) —— これと別のものではない。つまり、このことによってカントが斥けようとしているのは形而上学の原理の仮説性ではない。(48)

ところで、具体的な歴史的文脈に即してみるならば、まず、形而上学の原理が仮説的性格をもつということは、従来の「物理的影響」と「機会原因」に対して新たに「予定調和」を提示するなかでライプニッツが明示的に語っていた事柄である。[49]そして、まさに『判明性』が論難の対象としている（いわゆる）ライプニッツ-ヴォルフ哲学のドグマ的方法とは、そうした形而上学的な「仮説」を天下り的に援用するかたちで体系を総合的に展開してゆこうとするものだった。[50]その口火を切ったのはヴォルフであるが、注目すべきことに、その体系は独自の心身二元論に基づいて「表象力」と「運動力」という「要素」から「魂」と「物体〔身体〕」へ向けて定義を総合的に積み上げ、最終的に両者の相関を「予定調和」によって――「モナド」に基づくライプニッツの一元論的なそれとは異なる仕方で――あくまで蓋然的な「仮説」として説明するという形をとっている。[51]つまり、こういってよければ、ヴォルフにとって「予定調和」とは心身二元論を説明するためのアド・ホックな仮説でしかなかった。翻って、『判明性』のカントは「まだ形而上学において総合的手続きをとる時ではない」として、概念の「判明かつ周密〔deutlich und ausführlich〕」な理解を目指した分析の必要を説くが、[52]このことはヴォルフ以降に生じた形而上学の原理に関するヴォルフ学派内部の（それぞれ「予定調和」と「物理的影響」を奉じる形での）分派状況や、原理の証明に関するヴォルフ学派といわゆる通俗哲学の間での（ドグマティズム対懐疑論、あるいは合理主義対経験主義という）論争状況を背景としてみることでより具体的に理解されうるものである。そうしたなかで、原理については懐疑的に判断を保留し、ひとまず分析に徹するべきであるというのが『判明性』の段階でのカントの状況判断であった。

そこで改めて『批判』とその序文における「コペルニクス」の意味である。学としての形而上学の確立に向けてカントがまず行うのは「直観」と「概念」それぞれの要素の分析であり、その点は基本的に『判明性』の「分析」構想にしたがうものといえる。具体的にカントは直観概念について、「ある概念に帰属するものの判明な（周密ではないにしても）表象」でありかつ「アプリオリに与えられた」ものとして、時空概念を形而上学的に「究明〔Erörterung〕」し、他方また知性の概念について、その純粋な諸要素として、カテゴリーを判断の一般的形式から形而上学的に「演繹〔Deduktion〕」してゆくことになるが、これらの手続きはあくまで必当然的な分析的導出として理解されている。(53) これに対して、しかし、コペルニクスの仮説と類比的に《対象が認識にしたがう》といわれるとき、それはもはや分析の域にとどまるものではない。あらゆる直観および思考に関して純粋な要素が見出されるという分析的な認識を踏み越えて、カントはそもそも対象がそうした要素にしたがって構成されているということを総合的に主張するに至っている。(54) つまり、形而上学的な原理を仮説として敢えて提示することをしている。

問題は、要するに、形而上学の原理を仮説的に提示することそのものにあるわけではない。『批判』序文で「思考様式の転換の最初の試み」が「いつでも仮説的〔allemal hypothetisch〕」であるといわれるように、必当然的確実性が求められる形而上学であっても、その原理は手続き上まず「仮説」として導かれるより他ない。斥けられるべきは、むしろ、そのことに無自覚に所与の仮説を天下り的に用いるような姿勢である。文脈に即していえば、ヴォルフは形而上学の原理を自覚的に「仮説」として捉えていたが、その取り扱い方は、形而上学的な心身二元論をアプリオリに前提し、その二元の相関に関してのみライプニッツの「予定調和」の仮説を用いるというアド・ホックな——その意味ではティコ・ブラーエのそれに擬えられるような——ものであった。これに対してカントはまず所与の認識の分析から出発し、そのうえで、所与の仮説群——「物理的影響」「機会原因」「予定調和」——を間に合わせ的に用いるのではなく、諸学の現状に照らして従来の諸々の立場を《認識が対象にしたがう》という観点から捉え、いわばボトムアップ的に、自ら新たに《対象が認識にしたがう》という仮説を提示する。(55)『批判』序文のコペルニクスとの類比の意義はこの点にこそ存する。

自然科学の原理がそうであるように、形而上学の原理もまた仮説として設定される。(56)『批判』の原理は確実性や必当然的論証という側面から語られがちであり、それに応じて原理に対するカントの姿勢もスタティックなものとしてイメージされがちである。しかし、以上みてきたことが確かであるとすれば、それは結果としてそうであるにすぎない。カントがことさらに「仮説」を斥けようとするのは、その時代の形而上学の仮説の対立状況を意識してのことである。そのうえでカントはこれを調停して「学としての形而上学」を新たに打ち建てようとするわけであるが、そのために提示されるアプリオリな原理もさしあたり旧来の形而上学の原理と横並びの仮説であることに違いはない。すなわち、《対象が認識にしたがう》というテーゼは、その出発点においては《認識が対象にしたがう》という旧来のテーゼと同様さしあたり蓋然的である。「コペルニクス」の名によって自らの『批判』の構想を語るとき、カントはそのことに十分自覚的であった。—— 翻って、カントの《コペルニクス的転回》ということを口にするとき、はたしてわれわれはそのことに十分意識的であるだろうか。

註

（1）B XXII.

（2）F・A・ランゲは一八六六年の『唯物論史』第一版の第二部冒頭（「カントと唯物論」）で、カントをフリースとアーペルトと並べてそれぞれケプラー、ニュートン、ラプラスに擬えるM・J・シュライデンに対して、「カントは自分の事業〔That〕をコペルニクスのそれに比した」(Lange 1866: 234) として、『批判』第二版序文の記述を踏まえながら次のようにいっている。「まったき客観性とは一言でいえば絶対的客観性ではなく人間とひょっとして〔人間に〕似た有機体にとっての客観性でしかない。他方、現象界の背後にあって諸事物の真の本質、「物自体」は見通しえない闇に包まれている」(ibid.)。カントと「コペルニクス」の類比の解釈はこの後、ヴィンデルバント、ラスク、コーエン、カッシーラー等の後期新カント派の諸家によってそれぞれに特徴的な仕方で展開されることとなる —— これについては高坂（一九二九）による手際のよい紹介がある —— が、前後の事情から考えて、初期新カント派の代表的著作であるランゲの『唯物論史』がその（最も有力な）火付け役であったというのはかなり確からしいことのように思われる。

（3）ケンプ-スミスにしたがえば、英語圏ではヒュームの自然主義的哲学が「コペルニクス的」とみなされ、翻ってカントはしばしば「プトレマイオス的」であると解釈された (Kemp Smith 1923^2 / 2003: 23)。そうした解釈の一例として挙げられている一八八三年のTh・H・グリーン『倫理学序説』ではカントは次のようにいわれている。「読者はおそらく「知性が自然を作る

〔the understanding makes nature〕」というカントの格言にお馴染みだろう。疑いなくそれはカントが自ら導入したと信じ、そしてコペルニクスの理論〔the Copernican theory〕によって地球と太陽の相対的位置についての人間の概念に引き起こされた変化と比較した哲学における革命〔the revolution in philosophy〕に対していくぶん驚くべき表現を与えるものである。〔……〕」(Green 1883 / 1969: 15)。「プトレマイオス」の名が挙げられているわけではないが、「知性と自然」の関係を「地球と太陽の相対的位置」との類比において捉える点でこれはたしかにケンプ-スミスの指摘するような傾きをもつ解釈といえる。——ここでは萌芽的であった「コペルニクス的革命〔Copernican revolution〕」と「プトレマイオス」という観点はS・アレクサンダーによる一九〇九年の論文「宇宙における精神の位置についてのプトレマイオスとコペルニクスの見解」で全面的に展開されることとなる(cf. Alexander (1909) ; Kemp Smith 1923^{2} / 2003: 23)。

(4) 口火を切ったのはケンプ-スミスである。《対象が認識にしたがう》というカントのテーゼは地球中心=人間中心的であり反コペルニクス的であるとみなす旧来の解釈に反対して、コペルニクスの『天球の回転について』の記述を踏まえつつ、ケンプ-スミスは「コペルニクスの仮説」との類比の主眼が天体そのものの運動(ないし不動性)と観察者による見かけの運動との対比にあることを示した(Kemp Smith 1923^{2} / 2003: 22–25)。当該箇所の解釈としてこれはまったく適切なものであったが、B・ラッセルの『人間の知識』の序論での次のような煽動的な言によって《プトレマイオス/コペルニクス》論争は永らえることとなった。「世界を記述するには、主観性は一つの害悪である。カントは、自分が一つの「コペルニクス的革命」をもたらしたと語ったが、かれは、もし、自分が「トレミー的反革命〔Ptolemaic counter-revolution〕」をもたらしたと語ったなら、いっそう正確であっただろう。なぜなら、カントは、人間を、コペルニクスがそこからひきおろした宇宙の中心へひきもどしたからである」(Russell 1948: 9 [鎮目訳一〇])。——これはテクスト解釈としては端的に誤りであるが、その誤り方は興味を引かないでもない(前掲註(3)参照)。

(5) 一九三七年の『マインド』誌のdiscussions欄でクロスは「実際にはその語句はカントの中には見出されないのに「コペルニクス的革命」という言い回しに言及することがイギリスのカント解釈者たち〔……〕の間のきまりごとになっている」(Cross 1937a: 214)といい、文献学的な調査を踏まえてその批判を行っている。とくに前年に出版されたH・J・ペイトンのコメンタリー(『カントの経験の形而上学』)を念頭に置いてのものとみられるこの議論は、同誌上でのペイトンその人による反批判(「コペルニクス的革命」という言い回しの擁護)を受けてさらに進められることとなった(cf. Paton (1937) ; Cross (1937b))。ヴォルフによる記述なども援用しつつ、もっぱら『批判』の記述に即してクロスは「コペルニクス的革命」という言い回しがカントその人のものではないことを示すとともに、「カントにとってコペルニクスの名前はとくにその成功した仮説制作と結び付けられている」(Cross 1937b: 477) と主張しているが、本論の目的はこれを方法の上でも主張内容の上でもさらに先に進めることにあるといえる。

ところで、カントの《コペルニクス的転回》《コペルニクス（的）革命》解釈に関わって通常言及されるのは一九五九年の *Journal of History of Ideas* 誌の Notes 欄に掲載されたハンソンの論であるが、取り扱う文献に関しても主張内容に関してもこれはクロスのそれを基本的に踏襲したものとみられる。そうした文献学的事実の確認を通じてハンソンがいうのは、「彼ら〔＝カントとコペルニクス〕はいずれも既存の理論が不十分であるとわかったことをうけてオルタナティヴな仮説を試みた」(Hanson 1959: 278) ということであるが、このように「オルタナティヴな仮説」の意義が強調される背景には、カントの《コペルニクス的革命》をめぐる伝統的解釈の再検討の要請もさることながら、同時代の科学史家・科学哲学者による「科学革命」をめぐる一連の議論のなかでの立場表明という意図もあったと考えられる。——H・バターフィールドの『近代科学の起源』の新版とTh・クーンの『コペルニクス的革命』が出版されたのは一九五七年のことで、ハンソン自身も翌一九五八年に『科学的発見のパターン』を世に問うている。

(6) 例えばF・カウルバッハは序文におけるコペルニクスの意義を仮説やメタファーにとどまらず、「われわれの自然な認識状況によって与えられた地平を越えて自由とそのパースペクティヴという無拘束の立場への移行を遂行した思考の行為」(Kaulbach 1973: 34) として、理論哲学・実践哲学全般を視野におさめた解釈を試みている。また、Kerszberg (1989) はとくにコペルニクスおよび（やはり序文で言及される）ニュートンの宇宙論における「視点の変更」に着目し、カントの批判哲学との類比関係を論じている。

(7) 例えばハルトマンはアプリオリな原理の探求に関わる「超越論的方法」の本質を、所与のものからその制約を遡行的に推論し想定する「仮説的方法」にあるとしている (Hartmann 1912: 128)。「超越論的方法〔transzendentale Methode〕」という表現はカント自身のものではないが、『概念史辞典』における Baum (1980) の報告にしたがえば、A・リールの『哲学的批判主義』第一版（一八七六年）およびコーエンの『カントの倫理学の基礎づけ』（一八七七年）以降のものであるという。下って一八八五年の『カントの経験の理論』第二版でコーエンは新たに一節を割いて（緒論第一二節）「超越論的方法」について論じている——それは「批判的方法」とも言い換えられる——が、「ニュートン的自然科学の認識価値と確実性の根拠を検証し徴づける」(Cohen 1885^2: 66) という課題に応じて、コーエンはそれを現に与えられている学の前提をなすアプリオリな形而上学的前提（仮説）を確証する手続きとして説明している (Cf. Cohen 1885^2: 74, 76)。この後、いわゆるマールブルク学派を中心にこうした方法理解が広範な影響力を振ったことは Adickes (1921) などによってもうかがい知れるとおりである。——こうした事情について英語圏の解釈は、クロスやハンソンも含めてとくに何も語っていない。下って、例えばEngel (1963) はケンプースミスによる議論などを参照しつつコペルニクスを持ち出す際のカントの意図が「転回」ではなく「科学的方法」としての「仮説」にあるとしているが、議論の枠組みはローカルなものにとどまっている。

解釈の地域性という点では《実験的方法》(ないし《実験的投げ入れ》)も同様である。高坂(一九二九)に由来するこの解釈は、ドイツの諸家によっていわれる超越論的方法――高坂は「先験的方法」(後に「超越的方法」)と呼ぶ――を自然科学を模して「コペルニクス的仮説」を自然に対して投げ入れることによって実証する「実験的方法」と捉えるもので、この後、岩崎(一九六五)の影響力のある研究書に受け継がれ、さらに両者に批判的に応答するかたちで黒積(一九七六)、高峰(一九七九)、量(一九八四)、川島(一九八八)、岩田(二〇〇〇)、西村(二〇〇二)などがこれに続いている。『批判』の方法としての「実験」を主題とする研究は他の地域にもみられるが(本書第三章を参照)、序文の「コペルニクス」の解釈と一体にこれを《実験的方法》とする点は日本のカント研究に特有のものといえる。――もっとも、鈴木(二〇〇七)も指摘しているように、《実験的方法》という語句を用いた序文解釈にはコペルニクス(「仮説」)とベーコン、ガリレイなど(「実験」)のそれぞれの文脈を混同させる傾向がある。「方法」としての役割を明確化するためにも、両者をいったん区別して検討しておく必要がある。

(8) 『批判』序文の二例以外にカントによる「コペルニクス」の語の用例として言及されるのはせいぜい『諸学部の争い』『論理学のレフレクシオーン』『イェッシェ論理学』程度である(cf. Kaulbach 1973: 33; 石川一九九六:一九九、一四二―一四三)。カントの仮説観に関してはButts (1961); ―― (1962) という先駆的な研究があるが、それぞれ『批判』の方法論と『イェッシェ論理学』を対象とするもので、史料の制約もあってカントの仮説観を「コペルニクス」の用例との関係において具体的に検討するまでには至っていない。「コペルニクス」と「仮説」の関連を強調するCross (1937a)、Hanson (1959)、Engel (1963) ら英語圏の論者および高坂(一九二九)以来の日本の《実験的方法》解釈についていえば、その「仮説」観は同時代の共通了解に終始している。――こと英語圏では一九六〇年代後半以降、懐疑主義の回避・論駁ということを焦点とする(ストローソン由来の)「超越論的論証〔transcendental argument〕」の流行によって(cf. Stern (1999))、理論・原理の発見に関わる「仮説」という論点の影はかなり薄くなっているように見受けられる。合理的再構成による解釈の流行り廃りはそれとして、歴史的再構成という点でテクストへの密着がなおいっそう求められる所以である。

(9) アカデミー版の巻別に頁数三桁(一部四桁)、行数二桁の数字五桁(一部六桁)の表記によって一覧しておく。III 01209, 01435, 21308 (= IV 16720); VII 08325; IX 08602; XVI 46817; XVIII 02814, 07713; XXIV 22106, 22210, 22211, 37233, 37236, 39234, 42231, 42233, 55916, 64302, 64711, 87830, 88734, 88802, 95217; XXV 25420, 87913, 122532, 147233; XXIX 10322.

(10) 前註の引用一覧の網掛けが形容詞。表記は Copernicus, Copernikus, Kopernikus, Copernick（およびその形容詞形）など揺れに揺れている。

(11) この他に「最初の思いつき〔der ersten Gedanken〕」（B XVI）、「学説体系〔Lehregebäude〕」（XXIV 422）、「命題〔Satz〕」（XXV 1225）各一例。

(12) Cf. Cross 1937a: 214; Hanson 1959: 274.

(13) VII 83, XXIV 222, XXIV 887, XXV 879.

(14) B XI, B XII, B XIII.

(15) B X–XII.

(16) B XII–XIV.

(17) B XIV–XVI.

(18) B XVI–VII.

(19) XXIV 642–643, cf. XXIV 878, XXIV 952, XVIII 77 [Refl. 5064].

(20) 例えば『形而上学のレフレクシオーン』では、概念の（形式的）分析と（具体的）総合の事例として、ピロラオスが提唱した「地球が自ら運動している」（XVIII 77）という事柄をコペルニクスが証明したともいわれている。

(21) VII 83, cf. XXIV 559, XXIV 887–888, IX 86, XVIII 28 [Refl. 4918].

(22) XXIV 372.

(23) A 256 / B 313.

(24) Cf. 石川一九九六：一四二。

(25) 「それ〔＝誤った認識〕は主観的であるが客観的ではない認識をいう。例えばプトレマイオスの世界構造〔Ptolemei weltbau〕」（XVI 237）。また『ブーゾルト人間学』（一七八八／八九年冬学期）の次のような用例からは、カントがコペルニクス以前の天体論・宇宙論をそもそも学として認めていないことが読み取られる。「星の占星術的解釈もまた、人間の運命を形成するのに役立つ。ひとは最初われわれの地球を宇宙の中心として考察し、他の天体はすべてその地球のために現実存在しなければならないと信じていた。われわれの地球を重視するこうした観念〔Idee〕は、コペルニクスの体系によって廃棄されることとなった」（XXV 1472）。

(26) 「〔プトレマイオスの体系〔Ptolemäischen System〕にしたがえば〕七つの惑星がある」（VII 194）。

（27）ベーコン、ガリレイ等へのカントの言及例については、第三章註（19）を参照。

（28）「コペルニクスの仮説」についてのカントの情報源として、Cross（1937a）以来しばしばヴォルフの『普遍学綱要』（一七四一年）が挙げられてきた。これはカントが一七五九／六〇年の力学の講義に用いたとされるもので、天文字を扱うその第五巻第九章においてコペルニクスの仮説はケプラー、プトレマイオス、ニュートン、ガリレイの名とともに語られている（cf. Wolff 1741 / 2003: 484–485）。また、カントの天文学関係の蔵書として確認される一七冊のうちには、コペルニクスの著書やプトレマイオスの著書こそないものの、天文学史に関連しそうなものとして次の二点が目につく（cf. Warda 1922: 31–32. 以下、書誌情報は原文表記にしたがう）。Hevel Johann, prodromus astronomiae ... Gedani. 1690. fol.; Gassendi Peter, instivtio astronomica iuxta hypothesis tam veterum, qvam Copernici, et Tychonis. Eivsdem oratio inauguralis iterate edita. Parisiis. 1647. 4^0. おそらく、物理学関係の蔵書にある以下のガリレイとニュートンの著作もカントの科学史観の形成に少なからず寄与しているだろう（cf. Warda 1922: 34–35）。Galilaei Galilaei, systema cosmicum. Accessit altera hac editione ... ejusdem tractatus de motu ... Lugduni Batavorum. 1699.; Ejusdem discursus et demonstrationes mathematicae circa duas novas scientias pertinentes ad mechanicam et motum localem ... Lygdvni Batavorvm. 1699. 4^0.; Newton Isaac, philosophiae naturalis principia mathematica. Editio ultima auctior et emendatior. Amstaelodami. 1714. 4^0.; ——, optice sive de reflexionibus, refractionibus, inflexionibus & coloribus lucis, libri tres. Latine reddidit Samuel Clarke, S. T. P. Editio secunda, auctior. Londini. 1719. 4^0.

（29）論理学講義録における用例の内訳は『ブロンベルク論理学』三例、『フィリッピ論理学』五例、『ペーリッツ論理学』一例、『ブーゾルト論理学』二例、『ヴィーンの論理学』三例、『ホフマン論理学』の断片一例。

（30）XXV 1225, cf. XXV 254, XXV 879.

（31）B XVI–XXII.

（32）B XXIIn.

（33）XXIV 222.

（34）「コペルニクス」のこうした位置づけはクルージウスやランベルトにも見出される（cf. Crusius 1747 / 1965: 692, 707; Lambert 1764 / 1965: 363）。また、『論理学のレフレクシオーン』で編者のアディケスによって引かれているマイアー『理性論』（一七五二年、三〇二頁以下）の次のような記述は、カントの序文の用例との関連をより直截に示すもののように思われる。「太陽が静止しているということ、そして惑星が太陽の周りを運動しているということを、最初のコペルニクス派〔die ersten Copernicaner〕は確実には認識していなかったが、今日あらわにそれについては確実に確証されている」（XVI 462）。

（35）A XV–XVII.

（36）XXIV 222.

（37）A 770 / B 798.

（38）『批判』方法論と『イェッシェ論理学』の仮説論の相関については前掲註（8）のButts（1961）；——（1962）、『イェッシェ論理学』と講義録との相関については岩波版カント全集の訳者解説（湯浅（二〇〇一））など参照。

（39）XXIV 220, cf. XXIV 558, XXIV 886.

（40）この点ではカントのいう「仮説〔Hypothese〕」は、古代のディアレクティケーに発し論理学や数学（そしてプトレマイオスの数理的天文学）において前提・公理というほどの意味で用いられてきた伝統的「仮説〔hypothesis〕」理解に連なる（cf. Szabó（1960–62）；——（1974））。こうした伝統的理解がコペルニクス以降、実在についての蓋然的想定という今日的意味へと転換してゆく過程はBlake（1960）に詳しい。

（41）XXIV 220, cf. XXIV 439, XXIV 558, XXIV 647, XXIV 746, XXIV 886.

（42）XXIV 887–888.『フィリッピ論理学』では、「帰結の正しさから認識の正しさが推論されるのはただ概算によってである。しかるに、それは論理的明証性をもたない。そうしたものがコペルニクスの体系及び他のすべての仮説で、その正しさは真なる帰結の集合に基づいて推論される」（XXIV 392）といわれている。また、『ブーゾルト論理学』にも「例えばコペルニクスの体系は仮説でしかない。与えられた帰結に基づいてわれわれは一定の根拠へと確実に推論することはできないが、それは帰結が唯一の根拠から出てくることが示されえたとしてもそうなのである。—」（XXIV 647）とある。

（43）XXIV 647, cf. XXIV 559, XXIV 746, XXIV 887.

（44）II 275.

（45）II 286.

（46）Newton 1726^{3} / 1972: [II–]764.

（47）ニュートンは『プリンキピア』でも現象からの「帰納」ということを語っているが、その立場はより一般的には『光学』第III篇第I部の「疑問三一」で「分析の方法」と「総合の方法」という伝統的な概念対に即して次のように論じられる。「数学と同様、自然哲学においても、難解な事柄の研究には、分析の方法〔the method of analysis〕による研究が総合の方法〔the method of composition〕につねに先行しなければならない。この分析とは、実験と観測をおこなうことであり、またそれらから帰納によって一般的結論を引き出し、この結論に対する異議は、実験または他の確実な真理からえられたもの以外は認めないことである。なぜなら、仮説は実験哲学では考慮されるべきではないからである。実験と観測から帰納によって論証することは一般的結論の証明にはならないが、しかもなおそれは事柄の性質からみて許される最良の論証の仕方であり、帰納が一般的なものであればあるほど、有力とみなすことができよう。そしてもし現象から何の例外も生じなければ、その結論は一般的に成立するといってよい。この分析の方法によって、われわれは複合物からその成分へ、運動からそれを生じる力へ、一般に、結果からその原因へ、それも特殊な原因からより一般的な原因へと進むことができ、ついには最も一般的なものに到達して論証は終る。これが分析の方法〔the method of Analysis〕である。そして総合〔the Synthesis〕とは、発見され、原理として確立された原因をかりに採用し、それらによってそれらから生じる諸現象を説明し、その説明を証明することである。／この『光学』の最初の二篇で、私はこの分析的方法によって、屈折性、反射性、および色に関する光の射線の固有の差異を〔……〕発見し、証明しようとした。これらの発見は、ひとたび証明されると、今度はそれらから生じる諸現象を説明するために、総合的方法において採用することができる」(Newton 1782 / 1964: 263–264〔島尾訳三六五–三五七〕)。これに対して、カントは『判明性』でも論理学の講義録等でも「分析」を「帰納」という観点から説明することはしていない (cf. XXIV 291, 481, etc.)。――カントにおける「分析」と「総合」の位置づけについては第四章一二二頁も参照。

(48) 『プリンキピア』の一般的註解における"hypotheses non fingo"について松山壽一はこれを「私は仮説を捏造しない」と訳したうえで、『光学』も含めて「仮説の拒否が唱えられているのは、仮説一般の拒否ではけっしてなく、端的にはデカルト自然学を典型とする演繹体系における形而上学的前提に対する拒否としてなのであり、それはむしろ積極的に仮説演繹法の提唱となっている」(松山一九九七：四六)としている。――これはおそらくカント自身のニュートン観でもあった。本文にみたように、カントは自然科学にとって仮説は不可欠と考えているが、そのうえで『自然科学の形而上学的諸原理』(一七八六年、以下『原理』)では、ニュートンが拒否したのは「物質の普遍的な引力の原因についての問いに答えようとする」物理学的ないし形而上学的仮説で、数学的に現象を説明するための前提として引力やエーテルなどを仮説として想定することは否定していないといっている (cf. IV 514–515)。

(49) ライプニッツは仮説について例えば次のようにいっている。「(一五)『本当のところこれらの見解はわざと拵えたものであり、これらの説はただ何かある原理を救うために後から捏ね上げたものにすぎないことは、誰にでもわかりはしないか』という言葉のなかに含まれた非難が、何を意味するか私にはわからない。すべて仮説〔les hypotheses〕というものはわざと拵えたものであり、すべて説というものは後から出てくるもので、現象すなわち現れを救うことを目的としている。しかし初めから私の頭に滲み込んでいるといわれまた私が救おうと思っているといわれるのが、どの原理のことであるか私にはわからない。

／（一六）もしそれがそのうえアプリオリな理由もしくは何かある原理によって私があの仮説を採るようになったという意味ならば、実際そのとおりであってあの仮説の讃辞にこそなれ非難ではなくなってしまう。普通、仮説〔une Hypothese〕というものは現象を満足に説明するものであるからアポステリオリなものでいいことになっているが、そのうえ別に、しかもアプリオリな理由があればなおさら結構である」（Leibniz 1695 / 1978b: 496〔河野訳一一七–一一八〕引用にあたって歴史的仮名遣いは現代仮名遣いに、副詞・助詞・助動詞等は一部ひらがなに改めた）。――「仮説」も含めてライプニッツの自然学・形而上学の方法については宗像（一九八八）を参照。

(50) ライプニッツ以後のドイツにおける仮説受容については Tonelli（1974: 1264–1265）を参照。

(51) 『合理的心理学』においてヴォルフは心身の相関を説明する哲学的仮説として「物理的影響」「機会原因」「予定調和」を順次検討してゆくが（cf. Wolff 1740^{2} / 1994: 451 [§. 530], 484 [§. 564], 535–536 [§. 608]）、「物理的影響」と「機会原因」を斥けたうえで最終的にいうのは「予定調和は相当程度に蓋然的である〔systema harmoniæ præstabilitæ admodum probabile〕」（Wolff 1740^{2} / 1994: 579 [§. 685]）ということである。ヴォルフの二元論とそこでの「予定調和」の限定性については Fabian（1974: 32–47）、その心理学（霊魂論）については山本（二〇一〇^{二}：三六二–三九五）が啓発的である。

(52) II 290.

(53) B 38, A 79–81 / B105–107, etc.

(54) 結果として、本章の解釈はリールの次のような見解と相重なる。「形而上学的演繹から超越論的演繹への移行はまだ認識されてはいない」（Riehl 1924^{3}: 372）として、リールは『批判』第二版序文の「コペルニクスの仮説」をめぐる用例を引き合いに、カントが「超越論的演繹に対する根本思想をさしあたり仮説として把握していた」（ibid.）といい、さらに「アプリオリな諸概念とその適用を導く諸原則とは経験の可能性のアプリオリな諸制約として認識されなければならない」として、その原理を「批判的仮説〔kritische Hypothese〕」（Riehl 1924^{3}: 373）と名づけている。

(55) この点でしばしば引き合いに出されるのは『学として出現しうる将来のあらゆる形而上学のためのプロレゴメナ』（一七八三年、以下『プロレゴメナ』）における分析的方法と総合的方法の位置づけである。ここでカントは「ある学をできれば現実性へともたらすため」の「準備」（IV 274）として、分析的に「求められているものから、あたかもそれが与えられているかのようにして出発し、そのもとでのみそれが可能である諸制約へと上昇する」（IV 276n.）といっている。内容を補って説明すれば、これは既に知られている確実な学的認識（純粋数学と純粋自然科学）を手掛かりとして、学としての形而上学をひとまず与えられているものとみなし、そこから《対象が認識にしたがう》というテーゼによって代表される形而上学の原理が仮説的に導かれるということである。そして、そのようなものとして、こうした発見的手続きは「知られているものを説明するのみならず、同時に〔……〕多くの認識の範囲を呈示しもする」(II 275)。

(56) そもそも形而上学という学の性質上、その原理は内容的にアプリオリである必要があるにしても、数学のように直接に与えられるものではないため、手続き上、その発見・導出は自然科学と同様に仮説的に行われざるをえない。実際、カントは形而上学に関してある種の事柄についてはむしろ積極的にその仮説性を認めてもいる。例えば六〇年代前半の『ブロンベルク論理学』では「形而上学には多くの仮説がある。神の現実存在の証明は何より仮説である」(XXIV 222) といわれている。また、九〇年代の『ドーナ-ヴントラッケン論理学』でも「形而上学も仮説をもつ。——もっとも、理論的観点においてではなく実践的観点においてではあるが」(XXIV 746) というように、批判哲学を経て改めてカントは形而上学の仮説を捉え直してゆくこととなる。

第三章　《実験的投げ入れ》と「実験」

『批判』第二版の序文で自身の著作構想を語るにあたって、カントは幾度となく「実験」の語を用いている。この自然科学的な実験に関わる記述は、前章にみた「コペルニクスの仮説」との類比ともども、『批判』第一版の蒙った無理解を踏まえてカントが自らの方法と意図を事後的に解説したものとして、カント研究において重視されてきた。とりわけ、そこにみられる「投げ入れ〔Hineinlegen〕」という言い回しに重きを置いて、いわゆる《コペルニクス的転回》を近代科学の《実験的方法》に類比的な《実験的投げ入れ》とする解釈が、日本のカント研究において有力な伝統を形づくってきたことはよく知られているとおりである。(1)

本論もまたカントの「批判」という方法を、やはり『批判』第二版序文の「コペルニクス」と「実験」の記述に即して、具体的に「仮説」と「実験」という観点から明らかにしようとするものである。今一歩踏み込んでいえば、カントの方法を形而上学の原理に関する仮説的探求とその実験的検証として特徴づけることがここでの課題であり、その点で伝統的な《実験的方法》解釈と揆を一にする。(2)ただし、その際、従来の解釈の多くがそうしてきたように「投げ入れ」に焦点を合わせて《実験的方法》といわゆる《コペルニクス的転回》とを重ね合わせることはしない。「コペルニクス」がカント自身において論理学的な仮説の代名詞として捉えられていたことは前章にみたとおりであるが、そのうえで本章では『批判』序文にみられる「実験」の用例の逐条的検討によって、その要点が「投げ入れ」よりは「検証」にあることを示すことになる。

このために具体的に採り上げるのは『批判』第二版序文に見出される都合七例の「実験〔Experiment〕」の語の用例である（Versuch というドイツ語もしばしば実験の意で用いられるが、便宜上、ここでは Experiment の方に焦点を合わせることとする）。この数が既にカントにとっての実験の重要性を物語るものともいえるが、いわゆる「投げ入れ」についていえば、それが表立っていわれるのは第一の用例に限られている。――それでは、用例を全体としてみた場合、「投げ入れ」も含めてカントが実験を語る意図はどのようなものか。以下では同時代の議論に照らして「投げ入れ」というカントの実験理解の限界を見定めたうえで、[3]「投げ入れ」以外の六例を順次検討してゆくこととする。これによって、仮説的に設定された形而上学の原理についての実験的な「検証」を中心課題とし、それを一定の道具立てと前提に拠って実行に移そうとする『批判』の方法論的立場を浮き彫りにできればと思う。

第一節　「投げ入れ」とカントの実験理解（用例一）

『批判』第二版序文の行文において最初に現れる「実験」の用例は、いわゆる《実験的投げ入れ》に関わるそれである。カント研究のみならず実験概念の歴史を語る際にもしばしば引き合いに出されるこの実験は、学としての形而上学の成否を問うための先行モデルとされる数学と自然科学における「思考様式の転回〔Revolution der Denkart〕」

のうち、[4]とくに後者との関連において語られている。カントはそこでベーコンによる提言、それからガリレイ、トリチェリ、シュタールらによる個々の具体的実践に言及した後、その意義を次のように説明している（用例一）。

彼ら〔＝ガリレイら〕が掴み取ったのは、理性はただ自身が自らの構想にしたがって産出するものだけを洞察するということ、理性は不変の法則にしたがう自らの判断の諸原理を手にして先行し、自然に自らの問いに答えるよう強制しなければならず、ただただ自然にいわば歩行バンドで連れ歩かれてはならないということである。〔……〕理性は自らの諸原理 —— それらにしたがってのみ一致する諸現象は諸法則に妥当しうる —— を一方の手にもち、そして理性がそれらの原理にしたがって考え出した実験〔Experiment〕をもう一方の手にもって自然に立ち向かわねばならず、なるほどそれは自然によって教えられるためなのであるが、とはいえ教師の望むすべてを鸚鵡返しにいわされる生徒という資質においてではなく、証人に対して自ら提示する問いに答えるよう強制する任命を受けた裁判官という資質においてそうするのである。[5]

改めていうまでもなく、この実験は《対象が認識にしたがう》という批判哲学の中心思想に関わる。それは右の引用に続けて、「そしてこのように物理学でさえ、その思考法のきわめて有利な転回をひとえに理性自身が自然の内に投げ入れる〔置き込む hineinlegen〕ものにしたがって、理性が自然から学ばなければならないもの、しかも理性が自分自身ではそれについて何も知らないであろうものを自然の内に求める（自然になすりつけるのではない）という着想に負わねばならない」といわれることからも明らかである。[6]『批判』の内容に即せば、このとき投げ入れられる原理とは純粋直観および純粋知性概念というアプリオリな形式ということになるが、ここでカントはそれらと自然（対象）との関係を「実験」ひいては「投げ入れ」という言葉によって説明している。
《対象が認識にしたがう》というカントの中心思想を《実験的投げ入れ》とみることは、以上の限りでは、たしかに妥当な解釈のようにも思われる。しかし、仮にそう呼んでよいとして、そのうえで問題は《実験的投げ入れ》という観点にどのような意義があるかである。《教師-生徒》ひいては《裁判官-証人》という比喩によってカントが語るのは、理性と自然という相当大きな枠組みのもとでの事柄である。その枠内で「投げ入れ」ということが強調されているのはそのとおりであるにしても、はたしてこれは科学における実験という営みの理解、あるいは『批判』の方法の理解に何らか寄与しうるものだろうか。過剰な読み込みを避けるためにも、いったん同時代の文脈に立ち返ってカント自身の実験理解を確認しておく必要がある。

このときまず注目されるのは、ヴォルフによる実験概念の定義である。その『ドイツ語形而上学』の第三二五節で「経験」の定義と関わって、ヴォルフは「実験」を以下のように位置づけ説明している。

> われわれの諸感覚と魂の諸変化に注意することによってわれわれがそこへと達する認識のことを、ふつうわれわれは経験〔Erfahrung〕と呼んでいる。そして、諸感覚が自ら到来する場合、それを通常の経験〔gemeine Erfahrungen〕と呼び、これに対して、われわれが自らの骨折り〔unsere Bemühung〕によってそこへと達する場合、実験〔Versuche〕と呼ぶ。例えば、天はわれわれの助けなしに自ら雲を纏っており、われわれは前もってそれを見ようと意図することなくどんよりとした雲を見ている。それから私は自分が見ているものに注意を向け、天がどんよりした雲を纏っていたことを意識するならば、これは通常の経験である。これに対して、私が大きな銅製またはガラス製の球から空気をポンプで吸い出し、その球が空気でいっぱいのときよりも重さが少なくなっているかどうか見ようとする場合、これは実験である。〔……〕[7]

ところで、これは体系区分という点では経験的心理学のなかに位置する記述であるが、ヴォルフの後年のラテン語著作のひとつである『経験的心理学』（初版一七三二年、新版一七三八年）になると実験概念は「観察と実験の差異」（第四五六節）という観点から改めて——より厳密に——以下のように定義されることになる。

観察〔observatio〕とは、われわれの骨折り〔nostra opera〕なしに捉えられる自然の事実をめぐる経験〔experientia〕である。実験〔experimentum〕とは、まったくわれわれの骨折りを介して捉えられる自然の事実をめぐる経験である。[8]

このように「実験〔experimentum, Versuch〕」は、ヴォルフにしたがえば、「経験〔experientia, Erfahrung〕」を上位概念として、「われわれの骨折り」の有無に照らして「通常の経験」や「観察」との対比において定義される。それだけみればこれはいかにもスコラ的と感じられる説明ではあるが、そのようなものとして、ヴォルフ学派の哲学者たちに受け継がれ、一八世紀のドイツの哲学者が実験概念について語る際の基本的な枠組みとなっていた。[9] いまその系譜を詳細に跡づける用意はないが、クヌッツェン、クルージウス、テーテンスなどにも同様の記述が認められることは、カントの実験理解について考えるにあたって注意しておくべき事実である。[10]

そこで改めてカントの実験理解であるが、テクストに即してまず確認されるのは、実験概念そのものの主題的考察の乏しさということである。「実験」「実験的物理学〔自然学〕」「観察と実験」など語句レベルでの使用例はかなりの数にのぼるが、[11] しかし、そもそも実験とは何かということは公刊著作でも講義録でもほとんど語られていない。かろうじて見出されるのは一七八五年の——つまり『批判』第二版の執筆期にあたる——『ダンツィヒの物理学』の断片的な記述で、そこでカントは「経験」を「誰の目にもつく」ような「通常の経験」と、望遠鏡など人為を介して見る「人為的な経験」とに区別し、後者をさらに「観察〔Beobachtungen observationes〕」と「実験〔Versuche experimentum〕」に区別したうえで、[12] 実験について次のようにいっている。

われわれは物体をひとりでにそうはならないであろう何らかの状況に置く〔setzen〕。研究する対象をこの状態のもとで観察するべく変化させる場合、例えばひとが空気ポンプのもとでの動物の諸変化を知りたい場合には。ここから帰結するのは、太陽、月、星については観察は行われえても、実験は——それらがわれわれに対して影響をもたないがゆえに——行われえないということである。というのも、それらはいかなる技術によっても変化させられないからである。
実験〔Experiment〕に際してわれわれは物質の状態を変化させ、そうしてその帰結に注意する。[13]

実験が「われわれの骨折り」を要する経験であるということはヴォルフ以来の共通了解であったが、基本的にはそれを踏襲しつつカントは「骨折り」の実質を「物体を何らかの状況に置く〔setzen〕」というように表現している。——カントのテクスト全体のなかでのごく限られた用例ではあるにせよ、これは『批判』序文にいわれる（理性自身による）「投げ入れ〔置き入れ hineinlegen〕」という事柄の解釈にとってかなり魅力的な記述であるように思われる。記述内容そのものは『ダンツィヒの物理学』の典拠であるW・J・G・カルステンの『自然の公益的知見のための手引き』（一七八三年）にみられる定義の（やや粗雑な）引き移し——それがカント自身によるものか講義録の筆記者によるものかはともかく——ではあるが、[14] そのような仕方でカントが実験を一般に「投げ入れ」として理解するに至ったというのはありそうなことといえる。

しかし、ひとまずそのように解釈しうるとして、「投げ入れ」というカントの実験観が時代のなかで突出したものであったかといえば、これはやはり疑問であるといわざるをえない。例えば「われわれが諸状況を集め揃える〔zusammenordnen〕」というクルージウスによる定義や、[15]「それ自体そのものでは一緒になってはいないような諸物を配列し関係づけること、または、それ自体集まっているものを分離すること」というランベルトの定義と比較対照してみても、[16] 経験的な方法としての実験に向ける意欲の差は明らかである。そもそものヴォルフの定義に引き戻してみても、『ドイツ語形而上学』のそれはライプニッツ由来の「記号結合術〔die Verbindungs = Kunst der Zeichen〕」についての考察（第三二四節）に続くものであり、また『経験的心理学』でも直後の節で「アポステリオリな発見法〔ars inveniendi a posteriori〕」が採り上げられているというように、実験概念は独自の論理的・経験的な発見的探究法の一環として実質的な役割を担わされるべきものであった。[17] その延長線上でクルージウスもランベルトも方法論を扱った自らの主要著作において実験を積極的に位置づけており、とくにランベルトは経験・観察・実験の規定を踏まえて、望遠鏡・顕微鏡観察の実例、空気ポンプの実験、火薬の発見とそれを承けての実験といった具体例を交えつつ、実験について質量ともに充実した議論を行っている。[18] ―― この点でカントは明らかに遅れをとっている。

このように、同時代の諸家が経験的な観点から実験的方法を詳細に論じているのに対して、カントはそうした問題関心を伝えるような記述をほとんど残していないが、『批判』という書物の性格を考えるならば、これは理解しえないことではない。というのは、実験の内実を観察との対比において現実的な「経験」に内在的に論じるヴォルフ以下の諸家と違って、『批判』のカントの主題はそうした差異を度外視した「可能的経験」といういわばメタレベルの実験にあると考えられるからである。「投げ入れ」についても、それを経験に際しての認識主体の積極的関与・準備という意味において理解するならば、このことは多かれ少なかれヴォルフ以下の諸家によって論じられてきた事柄であり、カントの言い回しが突出しているわけではない。『批判』序文のそれも含めてカントの説明は通り一遍である。そうした一連の事情を勘案するならば、「投げ入れ」ということによってカントが経験的自然科学における実験的方法の具体的解明を意図していたとはどうも考えにくい。[19]

もちろん、カントは『批判』序文で「投げ入れ」に重ねてさらに《裁判官-証人》(ひいては《教師-生徒》)の比喩を用いて、経験に関与する主体として「理性」を際立たせ、その関与・準備を理性の原理にしたがう自然の強制として捉えることもしている。しばしば引き合いに出されるように、これがいわゆる近代自然科学に関する興味深い問題提起を含む発言であることは確かである。十分な事実認識に基づいて行われるならば、この一連の比喩を手掛かりに近代自然科学の性格を論じることも可能だろう。―― しかし、それによって意味される《理性にしたがって対象が構成される》という事態を『批判』序文の文脈に即してみれば、この「投げ入れ」としての実験が元来の観察と実験の〔経験の下位区分における〕差異を捨象したメタレベルにおけるそれであり、もはや経験科学の実験を具体的に語るものではなくなっていることもまた明らかである。結局のところ、その場合「投げ入れ」は内容的には《対象が認識にしたがう》というテーゼのパラフレーズでしかないことになる。序文での実験との類比の全体像を考えるならば、おそらく、そのように同時代的によく知られた実験観とのアナロジーによってカント独自の形而上学の仮説を導入するということこそが最初の実験の用例におけるカントの意図ではなかったかと思われる。

いずれにせよ、この用例を「投げ入れ」として単独に主題化する前に、これに続く六つの用例を一通り検討しておくことがテクスト解釈上の常道だろう。以下、節を改めて『批判』序文の実験との類比をさらに読み進めてゆくことにしよう。

第二節　「純粋理性の諸命題の検証」のための実験（用例二・三）

『批判』第二版序文の「実験」の第一の用例は経験的自然科学における「思考法の転回」に関わるものだったが、この後カントは数学と自然科学の先例を模した形而上学におけるそれへと ―― 具体的には前章でみた「コペルニクス」との第一の類比を用いつつ ―― 話を進めてゆく。こうしてアプリオリな対象認識としての数学と自然科学に共通して認められる「思考様式の変革された方法〔die veränderte Methode der Denkungsart〕」、すなわち、「われわれ自身が諸物の内に置き入れるものだけをわれわれはアプリオリに認識する」という考え方にしたがって、[20]形而上学に関して具体的に《対象が認識にしたがう》という ―― つまり「投げ入れ」という ―― 仮説をカントは提示することになる。

そこで次に問題になってくるのはこの仮説の当否であるが、序文の第二の実験が姿をみせるのもまさにここにおいてである。形而上学の対象の特異性を考慮しつつカントは、「単に理性によってしかも必然的に思考される——しかし（少なくとも理性が思考するとおりには）決して経験において与えられえない——諸対象に関しては、それらを思考しようという諸々の試み〔Versuche〕」が、後に「思考様式の変革された方法として想定することの見事な試金石を付与することになるだろう」として、その註で次のように「純粋理性の諸命題の検証」ということをいっている[21]（用例二・三）。

この自然研究者を模倣した方法とはそれゆえ次のこと、すなわち、純粋理性の諸要素をある実験〔ein Experiment〕によって立証ないし論駁されるものの内に求めることにある。さて純粋理性の諸命題の検証〔Prüfung〕のためには——とりわけそれらが可能的経験の全限界を敢えて越え出ていわれる場合には——いかなる実験〔Experiment〕もその客観について（自然科学におけるようには）なされない[22]。

この「検証」のための実験が、「投げ入れ」の内容に関していわれるような実験とレベルを異にするものであることはまず明らかである。以上の文脈から読み取られるとおり、ここでの実験とは形而上学におけるそうした「投げ入れ」の当否についての実験的検証を意味する[23]。端的にいえば、これはいわゆる《実験的投げ入れ》（という仮説）に関する《実験的検証》を唱導するものである。——しかし、そうであるとして、「客観」について行われるのではない実験とはいったいどのような実験か。

この点に関してしばしばいわれてきたのは、カントの実験が「思考実験」であるということである[24]。通常の経験的なそれとは水準を異にする実験を特徴づけるものとして、こうした解釈は一見それらしく思われないでもない。とはいえ、ここでの実験の説明にとってはこの思考実験という概念は以下の二点からして不適当である[25]。思考実験という事柄の意味するところは論者やモデルとされる科学史上の事例によって一様ではないが、ひとまずマッハ、ポパー、クーンといった代表的な論者の理解に即せば、これが理論の検証・正当化の文脈よりは、理論の発見の文脈に属する事柄であるということはいえる。[26] これに対して――まず一点目として――いま問題のカントの実験は、引用中の「検証」という語も示すように、理論の検証・正当化を第一の目的としており、その点で後世の思考実験とは区別される。[27] また、思考実験とは――二点目として――現物実験との対照においていわれるものであるが、その場合も基本的に現物実験と連続的な経験の枠内の事柄として理解される。カントに関してもその自然科学関係の著作でいわれる実験であれば（むしろ積極的に）思考実験と呼ばれえようが、[28] いま問題の『批判』の実験は「可能的経験の全限界」を越え出るようなものについての実験であるから現物／思考という区別は意味をなさない。

カントのここでの実験は当時一般的にいわれた実験とも、また、後世の思考実験とも異なる。それはある意味当然のことで、全経験を越えた対象に関する命題の検証・正当化の方法としての実験というのは、実験概念と経験概念の元来の結びつきを考えるならば形容矛盾である。しかしながら、そのことはカントにも意識されていたはずであり、そうであるとすればまず明確にされるべきはそうした逸脱の意図だろう。敢えて形而上学に関して実験ということをいうとき、カントは具体的にどのような理由に基づいて、そしてどのような水準においてそれが行われるべきであると考えていたのだろうか。

既に何度かみてきたように、自然科学の方法を模してあるべき形而上学の方法を考えるというのが『批判』第二版序文のカントの基本方針である。しかるに、自然科学における実験的方法に着目して哲学にそれを導入しようという企図そのものは、先立つロックやヒュームによって既に提示されていた事柄であった。その際、「実験」は必ずしも「経験」と区別されておらず、ここでのカントの用例のように明確に検証という機能に特化していわれているわけではないが、[29] ひとまず、自然科学的な実験を哲学に応用し、観念・表象レベルにおいて表現される哲学的認識の限界規定・批判を行うという点は共通している。

そのうえで両者とカントが異なってくるのは、自然科学の実験的方法との類比のあり方という点においてである。例えばヒュームの場合、外物を対象とする「自然学」から心を対象とする「精神学」という――自然学（自然哲学）と倫理学（道徳哲学）という伝統的区分に連なる――学問区分に即して類比が行われる。[30] これに対してカントは、経験的な自然科学とアプリオリな（超経験的な）形而上学という学問区分に即して類比を設定している。つまり、諸学の連関を見越して実験を企図するにあたって、ヒュームがいわば並行軸において自らの新基軸を打ち出しているのに対して、カントは垂直軸においてそれを行っていることになる（――この違いはそれ自体としては常識的なものであるが、一九世紀中盤以降のイギリスのカント解釈とドイツのカント解釈の問題関心の差異にも繋がってくるという意味では一考に値するものと考えられる）。

しかし、そもそもどのような理由でこうした実験が必要であるというのだろうか。「実験」をめぐるヒュームとカントの差異の評価は《自然学‐倫理学》と《自然学‐形而上学》という二つの伝統的学問区分の捉え方次第で異なってくるが、ひとつの有力な見方として現代の認識論（知識論）の観点に拠れば、これは自然主義（ヒューム）と基礎づけ主義（カント）という対立関係において捉えられることになる。[31] そうしてみた場合、カントの立場はいかにも旧弊であるように思われる。しかし、ひとまずカント自身の見解にしたがうならば、その実験の課題は何より形而上学的認識の取り扱いに関わる。そのことは第二版演繹論で書き加えられたロックとヒュームに対する以下のような論評および問題提起において述べられているとおりである。

> この二人の名高い人（＝ロックとヒューム）のうち前者は狂信に手をつけかねはびこるにまかせたが、それというのも、理性は一度権能を自らのものとすると、もはや漠然とした中庸の勧めに甘んじて自制することはないからである。後

者は懐疑論に身を委ねたが、それは彼が一度、かくも一般的に理性とみなされているわれわれの認識能力の欺瞞を発見したと信じたがためである。―― われわれはいまや概念においてひとつの試み〔実験 Versuch〕をなさねばならない、すなわち、はたして人間理性にこれら二つの岩礁の間を首尾よく通過させ、その画然とした限界を指し示し、それでいてその合目的的活動の全分野を理性に対して開かれたものにしておけるかどうかの試みを。[32]

ロックとヒュームの企図に対してカントが指摘する問題点は、片や狂信、片や懐疑論というように方向を異にするが、その根は共通している。カントが両者と立場を異にするのは、何より経験を超えた場面での理性認識の扱いに関してである。もちろん、この引用の直前でも本来アプリオリな起源を持つ純粋知性概念をロックとヒュームはそれぞれ経験から導出したとしてカントは両者を論難しており、[33]この点で形而上学の実験が《経験的/アプリオリ》という ―― 後世あまり評判の芳しくない ―― 二分法と深く関わりをもつことは確かである。とはいえ、そうした区分はあくまで右のような『批判』の課題、すなわち、その本性からして経験を越え出てしまう人間理性の諸認識に関して、狂信と懐疑論をともに回避しつつそれに相応しい場所を確保するという課題にしたがって捉えられるものであって、その逆ではない。[34]

問題はしたがって、まずはそうした超経験的認識をどのように取り扱うかというところにある。扱われる認識が経験の枠内におさまっている、あるいはそこにおさまりうるものである限りでは、ロックやヒュームの立場も有効だろう。しかしながら、経験を踏み越えて判断を下すということが人間の自然的性向であるとするならば、その対応としてロック、ヒューム式の実験では ―― モラルとしてはともかく理論としては ―― 不十分である。つまり、現に経験を超えた事柄についての判断を下せてしまうという事実に対して、経験の内に留まるべきことを主張するだけでは有効な批判にはなりえない。そのためには当の事柄に関わる能力(としての理性)の陥る困難を明らかにし、それによって人間の認識能力の限界を指し示しうるような問題設定を要する。カントが「人間理性」ひいては「アプリオリな認識」なるものを際立たせることで捉えようとしているのは、何よりこうした形而上学的認識特有の問題性である。『批判』序文の実験との類比に意義があるとすれば、それはこの点においてより他にはない。

第三節　形而上学の実験の「設定」（用例四・五）

それでは、カントのいう形而上学の実験的検証はどのような手続きにしたがって進められるというのだろうか。「純粋理性の諸命題の検証のためには〔……〕いかなる実験もその客観について（自然科学におけるようには）なされない」という先の――前節に見た用例二・三での――記述に続けて、『批判』序文は次のような類比を示している（用例四）。

> それゆえ実験は、ただわれわれがアプリオリに想定する諸概念と諸原則についてのみ、それらを次のように設える〔調整する einrichten〕ことで、すなわち、同じ諸対象が一方で感官と知性の対象として経験に対して、他方でまた単に思考されるだけの対象として、おそらくは孤立化され経験の限界を超え出てゆく理性に対して、したがって二つの異なる面から考察されうるように調整することで実行可能となる。そこで、諸物がそうした二重の観点から考察される場合に純粋理性の原理との一致が起こり、しかるに一種類の観点のもとでは理性の不可避的な自己矛盾が生じるならば、その実験〔das Experiment〕は先の区別を正しいものと決することになる。[35]

さしあたり仮説として想定されている自身の形而上学の諸概念と諸原則を、自然科学の場合と同様に、実験的検証が可能であるような形に「設える〔調整する〕」とカントはいう。[36] このとき、まず、検証されるべき仮説である「われわれがアプリオリに想定する諸概念と諸原則」についていえば、それが具体的に（『批判』本論の超越論的感性論において導かれる）時空概念および（同じく超越論的論理学の分析論で導かれる）純粋知性概念と両者の相関協働による諸原則にあたることは容易に見て取れる。また、とくに形而上学の実験が「二つの異なる面から考察されうるように調整することで実行可能となる」とカントはいうが、この「二重の観点」が具体的に「現象」と「物自体」という独特の対象概念対によって確保されるというのは序文本文でも語られるとおりである。[37] さらに、「経験に対して」および「経験の限界を超え出てゆく理性に対して」調整されるこの二重の考察が、『批判』本論の「超越論的分析論」（感性論も含む）と「超越論的弁証論」という二大部門によってそれぞれ担われるということも、この引用直後の本文でその「試み〔Versuch〕」の得失を形而上学の「第一部門」と「第二部門」という区別に即して語るカントの言葉から読み取ることができる。[38] 要するに、実験的に検証される仮説とその検証のための条件設定、そしてその検証を行う部門については比較的明瞭である。

よくわからないのは、このような実験的検証が何を基準としているのかということである。カント自身は、二つの側面から考察するならば「純粋理性の原理との一致」が生じるが、ひとつの側面だけでは「理性の不可避的な自己矛盾」に陥るといっている。しかし、もしこの「一致」や「矛盾」が単に理論内部の整合性・論理的無矛盾性という程度の意味であるならば、わざわざ自然科学的な実験を引き合いに出すほどのことではないだろう。というのも、それは多かれ少なかれあらゆる理論が共通して課題としていることだからである。敢えて「実験」というからには、そもそも自然科学の実験が理論の成否を経験に問うように、形而上学のそれも単なる内的整合性以上の何かを基準とするのでなければならないはずである。はたして、経験科学の実験における経験の役割を担うような何かが形而上学の実験に際しても認められるのかどうか。

実験との類比に際してこの点をカントは必ずしも十分明確に説明しているわけではないが、手掛かりがないわけでもない。やはり序文でいわれる次のような実験、すなわち、先の形而上学の「第一部門」と「第二部門」の区分に関わる実験についての次のような叙述がそれである（用例五）。

> しかるに、ここにまさしくあの実験〔das Experiment〕が —— われわれのアプリオリな理性認識のあの第一〔＝形而上学の第一部門〕の評価の結果、すなわち、われわれのアプリオリな理性認識はただ現象にのみ関わり、それに対して諸事物自体そのものを、それ自身としては現実的なものではあってもわれわれには知られないものとして置いておくということ、そのことの真理性を再吟味する〔eine Gegenprobe der Wahrheit〕—— 実験がある。〔……〕そこで以下のことが明らかになるならば、すなわち、われわれの経験認識が物自体そのものとしての諸対象にしたがうと想定される場合には無制約者〔das Unbedingte〕は矛盾なしには決して思考されえないということが、これに対して、われわれに与えられるがままの諸物の表象が物自体そのものとしての諸物にはしたがわず、そうではなくて却って現象としてのこれら諸対象がわれわれの表象様式にしたがうと想定される場合には矛盾が解消するということが〔……〕明らかになるならば、われわれが初めてただ試みに想定しただけのものが根拠づけられていることが示されたことになる。[39]

注目されるのはここで ——「以下のことが明らかになるならば」として語られる ——「無制約者」の位置づけである。これは定義的には「われわれを必然的に経験およびすべての現象の限界を超え出て行くよう駆り立てるもの」を指し[40]、具体的には「神、世界、および不死性」という形而上学的概念として定式化されるが[41]、引用に示されるように、カントはこの無制約者についての「思考」が現に可能であるということを形而上学の実験の検証基準として位置づけている。というのは、まず、これら無制約者は『批判』本論で縷説されるところにしたがえば、「認識」不可能ではあるが、その際も「思考」はされうる（また現にされている）。それゆえにこそ、われわれの理性は不可避の矛盾（弁証論的仮象）へと巻き込まれることにもなる。しかるに、これは逆からみれば、その認識不可能性にもかかわらず、そうした超経験的なものについての思考そのものは否みがたい事実としてあるということでもある。

そして、そのようなものとして、形而上学的対象の思考可能性は、自然科学的認識にとって経験がそうであるように、当該領域における認識の原理の実験的検証の基準としての役割を担いうる。つまり、この「事実」を矛盾なく説明できるか否かという点が形而上学の原理の可否を判定する基準となる。(42)

もっとも、これは「第二部門」の実験についていわれていることではある。これに先立ってカントは、「アプリオリに認識するわれわれの能力の演繹」に基づいて、《対象が認識にしたがう》という件の仮説にしたがって「アプリオリな認識の可能性がまったく十分に説明され、そしてそれ以上のこととして、アプリオリに経験の対象の総括としての自然の根底にある諸法則がその円満な証明を伴って了解される」ことで、「アプリオリな諸概念を扱う「第一部門」は「学の確かな歩みを約束する」としている。(43) これが分析論(演繹論および原則論からなる)の内容を指すことはまず明らかであるが、実験という点からみれば、このとき検証の基準とされているのは確実な学的認識の存在(という事実)である。そうすると、《対象が認識にしたがう》という仮説の検証には二重の基準が設定されていることになる。

カント自身の説明にしたがえば、この第一部門の実験結果——現象・経験の領域での妥当性——を承けて、その「再吟味の実験」として第二部門の実験は位置づけられる。だが、なぜ「再吟味」が必要なのか。また、そもそも「確実な学的認識」と「無制約者の思考」という検証基準は——経験科学の実験における経験に対して——形而上学の実験におけるどのような「事実」として位置づけられているのか。さらに立ち入って、この点についてみることにしよう。

第四節　実験の「手続き」とその条件としての「全体」（用例六・七）

『批判』序文の自然科学的な実験との類比は、「投げ入れ」という観点によって形而上学の原理を緩やかに導入することから始まって、次第にその原理の「実験」的検証の手続きの具体相へと進んでゆく。こうした一連の叙述の掉尾を飾るものとしてカントが最後に持ち出してくるのが、それぞれに検証実験が行われる形而上学の二つの部門の統一性に関する次のような「化学者」の実験との類比である（用例六）。

純粋理性のこの実験〔Experiment〕は化学者たちの――彼らはしばしば還元の実験〔Versuch〕と呼んでいて、一般には総合的手続きといわれる――実験とかなり似たところがある。形而上学者の分析は、アプリオリな純粋認識を二つのまったく異種的な諸要素、すなわち、諸現象としての諸物の認識とそれから諸物自体そのものとしての諸物の認識に区別した。弁証論は両者を再び無制約者の必然的な理性理念との一致へと結びつけ、そしてこの一致が決して先の区別による以外には生じてこず、それゆえこれが真の区別であることを見出すのである。(44)

「還元の実験」や「総合的手続き」という点は、化学者の方法――化合物の要素・元素への分解とその再結合に携わる――についての当時の常識的理解に沿うものとして、(45)とくに困難なく受け取ることができる。そのうえで問題は、「純粋理性のこの実験」がカントのいうようにこれと「かなり似たところがある」かどうか、化学者の分解・再結合の手続きに擬えられるような実質をもつかどうかである。順を追って考えてみよう。

まず、要素への分解と再結合という一連の手続きによってカントが目指すのは、右の引用末尾でいわれているように、現象と物自体の区別――ひいてはその根底にある《対象が認識にしたがう》という仮説――を「真の区別」

として証明することである。このことは、第二版序文の終末部で『批判』の成果を先取りして、「純粋理性の最小の諸要素から全体への出立においてと、全体(というのも、この全体も単独に実践的なものにおける純粋理性の究極意図によって与えられているので)からあらゆる部分への還帰においてとの結果の等しさの実験〔das Experiment der Gleichheit des Resultats〕」が自身の体系の「不変性」の「明証」をもたらすといわれていることからも見て取れる(用例七)[46]。そして以上から、先の「再吟味」がどうやらこの実験、すなわち、分解された諸要素の「再結合」による実験と相通じるものであることもうかがえる。

そこで次に問われるべきは、このとき形而上学に関して具体的に何が「全体」をなし、「部分」にあたるものとどのような連関をもつかである。ここで部分をなす「要素」は、「アプリオリな純粋認識」の要素としての「諸現象としての諸物の認識」と「諸物自体そのものとしての諸物の認識」として語られている。この両部分がそれぞれ「確実な学的認識」と「無制約者の思考」の可能性を検証基準とすることは前節にみたとおりであるが、しかし、それではこうした認識に即して考えられる「純粋理性の最小の諸要素」とはいったい何であり、それは具体的にどのような仕方で検証にかけられるというのか。

よく知られているように、『批判』第二版序論においてカントは、このような「アプリオリな純粋認識」の可能性をめぐる問いを分野ごとに個別化して提示している。すなわち、「**いかにしてアプリオリな総合判断は可能か**」「**いかにして純粋数学は可能か**」「**いかにして純粋自然科学は可能か**」「**いかにして自然素質としての形而上学は可能か**」「**いかにして学としての形而上学は可能か**」という五つの問いがそれである[47]。これらの答えは、緒論で提示されるアプリオリな総合判断という一般的なモデルにしたがって――『批判』の体系区分に即せばおおよそのところ――感性論(純粋数学)、分析論(純粋自然科学)、弁証論(自然素質としての形而上学)、方法論(学としての形而上学)でそれぞれ与えられはずのものである。

結論からいえば、カントの企図は純粋数学、純粋自然科学、形而上学という「アプリオリな純粋認識」に基づく個々の「学」をそうした「要素」とみなし、それを「アプリオリな総合判断」という判断・認識モデルに照らして検証することにあると考えられる。言い換えれば、「実験」という課題を軸にみた場合、カントの有名な「アプリオリな総合判断」は、実験の遂行のために考案された一種の道具・器具と解されうるということである。主語‐述語の包含関係を前提として設定されているカントの「分析判断／総合判断」（および「アプリオリ／経験的」）という区別そのものの是非はともかくとして、[48]カント自身の診立てにしたがえば、そうした認識モデルにしたがって捉えられる「学」は——課題である「学としての形而上学」を別として——いずれも現に成立しており、その意味で、それに即して仮説の成否が検証されうる「事実」とみなされる。[49]つまり、それ自体さしあたって仮説である《対象が認識にしたがう》というテーゼや、その具体的な表現である純粋直観や純粋知性概念の客観的妥当性という事柄については、「いかなる実験もその客観について（自然科学におけるようには）なされない」が、「学」というそのメタレベルにおいて客観を取り扱う仕方を適切に定式化しうるならば、類比的な意味においてではあれ、純粋数学や純粋自然科学という現に成立している個別の学に即して「実験」を行うことができる。

このように、もし「全体」としての「アプリオリな純粋認識」が「アプリオリな総合判断」としてモデル化されうるとすれば、「形而上学者の分析」による実験的検証は、たしかに「部分」にあたる「諸現象としての諸物の認識」と「諸物自体そのものとしての諸物の認識」のそれぞれを担う学の可能性を問うという仕方で進められることになるだろう。つまり、「アポステリオリな総合判断」というモデルにしたがって、経験的自然科学が「現実的経験」の領野で個々の経験の「客観」に即してその原理の検証を行うことと類比的に、「アプリオリな総合判断」というモデルを導きに、形而上学は「可能的経験」という領野を舞台として、そうした経験の可能性と限界とを示す個々の「学」に即して自らの原理を検証することができる。したがって、『批判』の仮説の検証手続きは、この場合、自然的な観察事実のかわりに形而上的な学の事実に基づく一種の帰納的証明として解釈されうるということになる。

そこでしかし、改めて注意されるのは「全体」の位置づけである。先にみたように、数学・自然学・形而上学のそれぞれに即して検証される自らの形而上学の原理に関して、最終的にカントはそれが「再び無制約者の必然的な理性理念との一致」へともたらされるともいっていた。序文の「化学者」との類比はこのことを語るものであり、そのなかで『批判』の弁証論は、「還元の実験」といわれるように、理性の一分野に関するものであるにとどまらず、「再び無制約者の必然的な理性理念との一致へと結びつけ」るもの、つまり理性認識の「全体」へと還帰させるものとしても設定されている。すなわち、カントは「この〔＝純粋理性の〕全体も単独に実践的なものにおける純粋理性の究極意図によって与えられている」として、「最高善」を頂点とする理性の体系――経験に内在するものと経験を超越するもの、および理論的認識と実践的認識の二重の区別からなる――にしたがって、形而上学的認識を一個の閉じた円環として捉える。[50] そして「ただ最小の部分だけでも変化させようとする試み〔Versuch〕が単に体系のみならず普遍的な人間理性の諸矛盾を直ちに引き起こす」という。[51] 弁証論の「諸物自体そのものとしての諸物の認識」の実験が、分析論における「諸現象としての諸物の認識」の実験と相並ぶだけではなく、同時に、その結果が「全体」という観点からみて不都合がないか「再吟味」する役割も担わされるのはこのためである。[52] つまり、弁証論の――具体的には「純粋理性のアンチノミー」として実現されることになる――実験は、カントの形而上学の体系構成に関わる「全体」との結びつきゆえに二重の役割を担う特権的なものとなっている。

それゆえ、この点では形而上学の原理に関する実験は経験科学の原理についての実験とは根本的に異なる。経験科学においてもある種の全体――いわゆる自然の斉一性――は想定されるにせよ、それは個別の事例・法則を統制するものとしてであって、それ自身が与えられるわけではない。これに対してカントが形而上学についていう「全体」は、それ以上のものとして、個別事例にあたる諸学を汲み尽くした形で「純粋理性の究極意図によって与えられている」。いったん理論的認識と実践的認識を――あるいは「知〔Wissen〕」と「信〔Glauben〕」を――区別したうえで改めてそれを「理性」という観点から統一的に捉えようという批判哲学の問題関心に即してみれば、[53]これも意図としては了解しえないことではない。理論的認識の範囲を明確に限界づけるためには、「アプリオリな総合判断」というモデルにしたがって捉えられる個々の学（純粋数学・純粋自然科学）の諸認識のみならず、そうした諸学の全体についても必当然的な確実性をもって把握することが必要であるというのがカントの考えであったかと思われる。――しかし、そもそもの「批判」という姿勢とこのような学の理念とは無理なく折り合えるものだろうか。

第五節　第一部のまとめと結論

ここまで本書の第一部では『批判』の方法について、「批判」「仮説」「実験」という三つの概念に定位して歴史的再構成を進めてきた。その方法は何よりまず「批判」の語によって特徴づけられるが、時代の流行語でもあったこの語をカントが自らのものとして受け取り直してゆく過程を追うなかで明らかになってきたのは、所与のドグマを学の原理たらしめるべく認識の主体に引き戻して問い直すというその姿勢であった。すなわち、「批判」とはあくまでドグマティズムを排し、そのつどの学問状況に即して学の原理を認識者たる自己自身に立ち返って問い続ける不断の営みとして理解される。――ともすると『批判』はスタティックに原理の「正当化」に専心するものとして捉えられがちであるが、「批判」という語の意味に密着することで浮かび上がってくるのは、むしろ以上のような動的な性格である（第一章）。

『批判』第二版序文でかなり立ち入って行われる「コペルニクス」と「実験」とに関する類比もまた、それぞれの概念の用いられ方に密着してみるならば、現に変化しつつある諸学の状況に意識的に形而上学の原理の発見と正当化を行おうとするカントの姿勢を示すものということができる。まず、「コペルニクス」とは、既に達せられた「転回」（ないし「革命」）の意義をあげつらう売り文句ではなく、あくまでボトムアップ的に所与の事実から原理の設定へと向かう「仮説」という認識様式の代名詞として理解されるものだった。言い換えれば、それは既存の仮説を都合よく使いまわすのではなく、与えられた学問状況のなかで一からその発見に取り組むカントの姿勢をこそ示すものだった（第二章）。――同様のことは「実験」についてもいえる。コペルニクスのそれと類比的に提示される仮説と関連づけつつ、『批判』序文でカントは自然科学的な実験との類比に腐心しているが、それもこれも単に論理的な整合性をつけるのではなくあくまで諸学の状況に即した仮説の「正当化」を進めるためであった。要するに、自然科学が自らの仮説の発見と正当化に関して行っていることと形而上学がそれに関して行うべきこととの間に、手続き上、本質的な差異があるわけではない（第三章）。

もちろん、一方で、カントが自らの形而上学の原理の正当化にあたって自然科学のそれに求めうる以上の「確実性」を要求していること――そしてそれに応じて「純粋理性」というものの閉じた「全体」性を要請するに至っていること――はここまで折に触れて確認してきたとおりである。自らの「批判」を「超越論的批判」と特徴づけるカントのうちに原理の無時間的な正当化への欲求を見て取ることは難しいことではない。しかし、後世の読み手として共感する点が「批判」的探究にあるのであれ「超越論的」正当化にあるのであれ、言い換えれば、その課題とするところが個別的内在的なイデオロギー批判であれ全体的な超越論的基礎づけ（ないし限界規定）であれ、問題はそれを具体的にどのような手続きにしたがって実行に移すかである。この点でカントは自らに可能な範囲内で最大限「学」の生成変化に対して真摯であった。――「批判」という方法についての一連の考察はそのことを端的に示すものである。

既に明らかかとは思うが、「学」に定位したカントの「批判」により多く共感する者として、ここまで本書では変化に対するカントの（自覚的）対応を示すような概念に定位して『批判』の方法の歴史的再構成に努めてきた。以上のような着眼の背景には、カント以降の諸学の生成変化からして閉じた「全体」としての「理性」という想定はもはや維持しがたく、また、仮にその点を捨てても『批判』の方法には学ぶべきものがあるとの意見がある。――たしかに、現に書かれてある『批判』のあり方からすればこれは一面的な解釈には違いない。原理の究極的な正当化や世界の限界についての無時間的な思考に魅力を感じる人びともあろうし、そもそも形而上学がここにみたような手続きに適したものであるかどうかを疑われる向きもあろう。しかし、いずれにせよ、権威に基づくものであれ一定の方法に基づくものであれドグマティズムが斥けられるべきものとすれば、試みとしてであってもカントのこうした問題設定に応答してみる価値はあるだろう。そもそも、『批判』でカントが現に行ってみせているのもそれと別のことではないはずである。

註

（1）カントの《実験的方法》に関する邦語文献については第二章註（7）を参照。欧語文献で第二版序文の「実験」を何らかの形で主題としている研究としては、ひとまず Kalin (1972); Kaulbach (1973); Laserna (1982); Siegfried (1989); Hüllinghorst (1992); Bickman (1995); Gloy (1995); —— (1996); Köchy (2002) などが挙げられる。

（2）《実験的方法》解釈の意義は、その嚆矢をなす高坂（一九二九）の論に即していえば、カントの批判的方法についてしばしば――古くはマイモン、近くは田辺（一九二七）によって――指摘されてきた循環について、これを自然科学的な仮説とその実験的検証による積極的な循環として捉えた点に認められる。問題は、その際、同じ第二版序文の「コペルニクス」についての記述に引きずられて「仮説」と「実験」それぞれの固有性が軽視されたことで、両者の区別については鈴木（二〇〇七）が明確である。

（3）カント当時の実験理解に触れた研究として目についたのは Holzhey (1970) のみである。実験概念の歴史的変遷を踏まえてカントの実験的方法の得失を論じたGloy（1996）は、合理的再構成としては優れているが、歴史的事実の点ではあまり参考にならなかった。

（4）B XI, B XII.

（5）B XIII.

（6）Ibid.

（7）Wolff 1751[11] / 1983: 181.

（8）Wolff 1738[2] / 1968: 357.

（9）ヴォルフ周辺のダリエス、バウマイスター等による実験概念の定義についてはHolzhey（1970: 89–91）を参照。

（10）クヌッツェンはその『論理学』（一七四七）の第二八七節で次のように定義している。「経験〔Experientia〕とは諸感覚の助力によって獲得される認識である。例えば雪が白いということを経験は示す。しかるに〔経験は〕内感によって生ぜしめられるような内的経験 ― 例えば心が喜悦や悲嘆によって揺り動かされること ― であるか、あるいは諸々の外感の助力によって入手せられる外的経験 ― 例えば頃おいよく木々が花満開にはなやぐこと ― である。さてまた経験は通常の経験と人為的な経験、すなわち観察〔observatio〕と実験〔experimentum〕とに区分される。観察とはわれわれのはたらきから離れても生じ来る現象の経験である。例えば北方のオーロラ、あるいは彗星。実験とはわれわれのはたらきすなわち人為による、われわれの関与に左右される現象の経験である。例えば真空に関する実験は空気ポンプの助力によって整備実施される」（Knutzen 1747 / 1991: 180）。クルージウス、テーテンスの用例については後註（15）・（16）を参照。

（11）「実験」の用例に特徴的なのは、『活力の真の測定についての考察』（一七四九年、以下『活力測定考』）で言及される「マリオット氏」（I 168）、「リチオールス氏、スフラーフェザンデ氏、ポレニ氏、ミュッセンブルック氏」（I 176）の実験など、人名との結びつきである。「実験物理学〔自然学〕」の語は、論理学の講義録の緒論（XXIV 28, XXIV 343, etc.）および蓋然性についての項目（XXIV 146, XXIV 898, etc.）などで用いられている。「観察と実験」という決まり文句は最晩年の『オプス・ポストゥムム』に至るまで随所に認められる（V 461, XXII 18, etc.）。

（12）XXIX 102.

（13）XXIX 102–103.

（14）カルステンの著作の冒頭ほど近い第三節で「観察」と「実験」はそれぞれ次のように説明されている。「ある観察〔Beobachtung〕が行われるのは、物体がそれ自身によってわれわれの助力〔unser Zuthun〕なしにあるとき、その物体に生じることに注意が向けられる場合である。しかるに、ある実験〔Versuch〕が行われるのは、われわれが物体とその構成要素をそれらがわれわれの助力なしにはないだろうようなある別の状態に置き換える〔versetzen〕場合である。日蝕や月蝕をわれわれは観察することができ、しかるに空気ポンプについては実験が行われる」(Karsten 1783 / 1980: 188)。

(15) クルージウス『人間の認識の確実性と信頼性への方途』(一七四七年)における「実験」の定義は次のとおり。「われわれが経験〔Erfahrung〕ということで命題を理解する場合、われわれは〔経験を〕主語と述語の連関が直接に感覚されるようなものと思いなしている。われわれが諸状況を――経験を入手するべく――意図的に集め揃える〔zusammenordnen〕ならば、この努力はエクスペリメント〔Experiment〕すなわち実験〔Versuch〕と名づけられる」(Crusius 1747 / 1965: 829–30)。

(16) ランベルト『新オルガノン』(一七六四年)における「実験」の定義は次のとおり。「さて、事象を感覚しうるように準備がなされる場合、経験は実験すなわちエクスペリメントゥムと名づけられる。この準備とは、それ自体そのものでは一緒になってはいないような諸物を配列し関係づけること、ないしは、それ自体集まっているものを分離することにある」(Lambert 1764 / 1965: 352–353)。

(17) ヴォルフの「記号結合術」についてはUngeheuer (1986)、「発見法」についてはvan Peursen (1986) をそれぞれ参照。

(18) Lambert 1764 / 1965: 352–353. ランベルトの「結合法」については山本(二〇一〇:三一二–三一六)を参照。

(19) 《投げ入れ》としての実験に関連してカントは、ガリレイ、トリチェリ、シュタールについて次のように述べている。「ガリレイが彼の球を斜面に自分自身で選んだ重さで以って転げ落としたとき、あるいはトリチェリが空気にあらかじめ自分に既知の水柱の重量に等しいと考えていた重量を支えさせたとき、はたまたさらに時代を下ってシュタールが金属と石灰〔=金属灰〕から何かを取り去ったり元に返したりすることで、金属を石灰に、石灰を再び金属に変化させたとき、自然研究者すべてに光が射したのだった」(B XII–XIII)。この一節はカントの知名度も手伝って近世の実験理解の例としてしばしば引き合いにだされる。しかし、これは歴史記述としては当時の水準――例えばWolff (1741 / 2003)――からみてもごく部分的・一面的であり、それはカント自身が「私はここで、その第一の始まりも十分には知られていない実験的方法〔Experimentalmethode〕の歴史の脈絡に厳密にしたがっているわけではない」(B XIIIn.) と註釈していることからも見て取れるとおりである。――実験概念の歴史についてはFrey (1972) およびArabatzis (2005)、今日の自然科学における実験概念の研究についてはGooding, et al. (1989) を参照。

ところで、ベーコンへの言及は方々に認められるが、序文との関連では本文中で引用した『ダンツィヒの物理学』の記述に続く次のような説明が注目される。そこでカントは実験を通じての自然認識という事柄がベーコンによって示唆されたという事実に触れた後、「実験をするためには何らかの器具〔Instrumente〕——それを使用して然るべき効用を引き出すには観察者の才覚〔Witz〕にかかっている——が用いられる」(XXIX 103) としている。また、断片的ながら『ダンツィヒの物理学』にはカント自身による科学史記述もみられるが、やはり『批判』序文の右の実例との関連で興味深いのは、「自然科学の歴史」ということで、ベーコンに始まる実験的方法として、ボイル、ガッサンディ、デカルトとともに、とくにガリレイに言及していること (XXIX 107)、および真空実験に関連して、ボイル、オットー・ゲーリケとあわせて「トリチェリの真空化」(XXIX 137) に触れていることなどである。

　またガリレイとトリチェリは、遡って『負量の概念を哲学〔世知〕に導入する試み』(一七六三年、以下『負量の概念』)で、シュタールの代わりにホイヘンス、オットー・ゲーリケ、ニュートンとのとりあわせによって、次のような仕方で言及されてもいる。「ガリレイの斜面、ホイヘンスの振り子、トリチェリの水銀管、オットー・ゲーリケの空気ポンプ、そしてニュートンのガラスのプリズムは、大いなる自然の謎への鍵を与えた。〔……〕より幸運な後世——そのすばらしき時代をわれわれは見はるかす——は、いまのところまだ曖昧な連関において現れているものについて、きっとその一般法則を認識することだろう」(II 188)。ここで同じ実例を用いて語られているのが《一般法則の認識》であるということも、『批判』序文の用例の射程を測るひとつの材料となるだろう。

(20) B XVIII.

(21) Ibid.

(22) B XVIIIn.

(23) 第二版序文における「実験」の「投げ入れ」とその検証という二側面については既に高坂(一九二九)にその指摘がみられるとはいえ、多くの場合明確に区別されないまま議論が進められている。この二側面の区別に明示的に論及している数少ない例として川島(一九八八：二七三)および鈴木(二〇〇七：一三四)を参照。また、「形而上学の検証」ということに焦点を合わせて『批判』全体の合理的再構成を行った研究として量(一九八四)がある。——歴史的再構成を課題とするものとして概念の叙述方式などは少しく異なるが、「検証」という課題への着眼という点で本書はその論に多くを負うものである。

(24) Kalin (1972: 322–323)、Kaulbach (1973: 34)、高峯(一九七九：四八)、川島(一九八八：二七七)など参照。

(25) 『批判』序文にいわれる「実験」を思考実験とみることに批判的な解釈として Siegfried (1989)、岩田(二〇〇〇)がある。前者は「純粋理性の実験は〔……〕経験の可能性とその諸対象の超越論-論理学的制約としてのみわれわれの「考案」を確証することができ、経験の諸対象の可能性の「形而上学的」制約として、いわゆる思考実験(懸案事項についての間接証明)〔……〕

がするようなものとしてではない。要するにそれはガリレオ風の思考実験では〔……〕ないのだが、というのも超越論的諸命題というのは単に経験の諸対象についてのものではないからである」(Siegfried 1989: 342–343) としている。後者はカウルバッハによる解釈を手掛かりとしつつ、カントの「理性の理性による自己自身についての実験」が、「頭の中だけでする実験」や「ただ観念的に思考上の試み」としてなされる単なる思考実験ではなく、「〈思考法〉の実験的吟味」であるとしている (岩田二〇〇〇：一九一–二三)。両者ともにこれ以上立ち入った説明は行っていないが、本章での解釈は前者の強調する「形而上学」という観点、および後者の「実験的吟味」という観点をさらに展開するものということができるかと思う。

(26) マッハによる古典的な議論において、「思考実験〔Gedankenexperiment〕」は「現物実験〔physisches Experiment〕」との対比において導入されるが、この思考実験とは自然的・現物的な「事実の模写〔die Abbildung der Tatsachen〕」である「表象〔Vorstellung〕」を思考において変化させることによって行われるものをいう (Mach 1926^{4} / 1968^{6}: 186–187)。こうした模写関係ゆえにマッハは両実験を連続的に位置づけ、そこから次のようにもいう。「思考実験の結果として得られるもの、つまり思考のなかで一連の要因を変化させてみて、そこからひき出される推定は、本人には、もはや現物実験による検証が不必要に思われるほど、非常に確定的・決定的に見えることがある。もちろん、それが当たっていることも単なる一人よがりのこともある。思考実験の結果が不確定であればあるほど、思考実験の継続として、つまりそれを補足し、確定し、調整すべき当然の継続として、現物実験が促される」(Mach 1926^{4} / 1968^{6}: 188–189〔廣松編訳一〇八〕)。いずれにせよ、マッハのこうした議論の背景にあるのは「発見の方法〔die *heuristischen* Methoden〕が何とも許しがたい遣り口で覆いかくされている」(Mach 1926^{4} / 1968^{6}: 199〔廣松編訳一二二〕)という問題意識である。

マッハ以降ではポパーとクーンの議論もよく知られている。ポパーは『科学的発見の論理』の付録で、「自然哲学の歴史における思考実験」に関して、その使用法を「批判的〔kritisch〕使用」、「発見的〔heuristisch〕使用」、「弁護的〔apologetisch〕使用」に区別したうえで、前二者のみを有効なものとし、「弁護的使用」を斥けている (Popper 1971^{4}: 397–411)。また、クーンは『科学革命における本質的緊張』所収の「思考実験の機能〔A Function for Thought Experiments〕」において、「思考実験の機能は、それ以前の概念上における錯誤を訂正することに限られているのである」(Kuhn 1977: 252〔安孫子・佐野訳三二〇〕)、あるいは「科学史的にみれば、思考実験の果たす役割は、実際の実験室における〔actual laboratory〕実験や観察の果たす次のような一人二役的役割にきわめて近いものである。まず第一に、思考実験は、それまで支持されていた一組の予測に対して自然が適合し損なっていることを、明らかにすることができる。そのうえさらに、思考実験は、予測と理論の双方がそれ以後に改訂されねばならない特定の仕方を示唆することもできるのである」(Kuhn 1977: 261〔安孫子・佐野訳三三二〕)としている。いずれも直接に理論の検証・正当化を目的としていないという点ではマッハと同様である。思考実験一般については金子（一九八六）を参照。Gedankenexperiment という語はH・Ch・エルステズの一八一一年の著作に発する ―― mit Gedanken experimentieren という表現は遡って一七九三年のG・Ch・リヒテンベルクの著作に見出される ―― というが、その点も含めてマッハ以降今日に至るまでの科学哲学における思考実験の概念史として Aspasia et al. (2006) は有益である。

（27）カントは多くの場合「実験」の語を検証・証明と関連づけて用いている（cf. I 169, V 461, XXIV 178, etc.）。『ヴィーンの論理学』には今日の実験的方法理解にそのまま繋がる次のような用例も見られる。「哲学においては、仮説〔hypothese〕についていわれていることはすべて判明に説明され、しばしば非常に真で正しい諸帰結が仮説から導かれる。諸々の実験〔experimente〕を行うひとは誰も、これやあれやの実験〔Versuch〕がそうした帰結をもつだろうことを信じて、まず仮説を作る。失敗に終わった研究に際しても意気阻喪する必要はない、ちょうど錬金術師が金を作る仮説に依然として携わるように」（XXIV 889）。

（28）もしかするとカントは実地に器具を用いた実験を行った経験はないのかもしれない（その点への疑念ないし批判は松山（二〇〇四：八二–八三）を参照）。当時行われていたさまざまな実験への言及は各所に ―― 註（11）でも触れたように「～氏の実験」という形で ―― みられるが、自分自身の体験といえそうなのは、『活力測定考』でのいかにも間に合わせの次のようなそればかりである。「われわれの学説体系から導かれるのは、自由で一様に運動する物体がその運動の始めにはまだ最大の力をもたないということ、ある時間運動してからの方が力は大きくなるということである。思うに、誰しもこれを確証するような経験は身に覚えがあるだろう。私が自ら判断したところでは、ある猟銃を完全に同じように装塡し、その他の状況も厳密に一致しているときに、その弾丸は木に、私が目標から数歩のところで発射した場合の方が、目標からほんの数ツォル〔＝一ツォル≒二・五四cm〕のところで木に発砲した場合よりもはるかに深くめり込んだ。私よりも実験〔Versuche〕を行うのによりよい設備をもつ人はこれについてより厳密でよりよく測定された試験〔Probe〕をなしえよう」（I 153）。この意味ではカントの実験は、ほとんどすべて思考実験である ―― ただし自然学と形而上学の区別には関係なく ―― といえないこともない。実際、右の引用の末尾からも、カント自身が現場に疎いことを自覚したうえで「実験」について論じているということが読み取れる。

（29）ヒュームの「経験」ないし「実験」については神野（一九八四：三七–三八、四〇）を参照。

（30）Hume 1739–40 / 1978: xi, xvi–xvii.

（31）ヒュームの議論を単なる懐疑論としてでなく、人間本性に関する自然主義的理解を示すものとして積極的に捉えることはケンプ-スミス以来の（相対的に新しい）解釈動向であるが、それをさらに発展させるかたちで神野慧一郎は、「基本的原理または要素から出発して知識と言われるものすべてを正当化することを目ざす原理主義的認識論（foundationalist epistemology）」

（神野一九八四：二九三）に対して、ヒュームの自然主義的議論を「われわれが実際に信念をもち行動することの記述的分析ないし説明」（同：三七八–三七九）であり、その懐疑論はむしろ――クワインのそれにも擬えられるような――「彼の自然主義への玄関」（三八五）であるとしている。「自然主義〔naturalism〕」については『岩波 哲学・思想事典』の浜野（一九九八）による記事も参照。また、ここで「原理主義」と訳されている「foundationalism〔基礎づけ主義〕」については同事典の冨田（一九九八）による記事、および『観念史辞典』の Moser（2005）による項目を参照。これは「自然主義」よりもさらに新しい用語かと思われるが、いずれの記事でもカントはその代表格として言及されている。

（32）B 128.

（33）B 127.

（34）A VII.

（35）B XVIIIn.

（36）実験条件の整備・調整という実際上の手続きに関して、『負量の概念』には以下のような記述がみられる。カントはここで単に矛盾律にしたがう論理的対立とは区別される実在的対立について、その正負の極ということで、磁力、電気とともに、熱に関して次のような――文字通りの意味での――思考実験を行っている。「対立する熱の極を確かめる実験〔Versuche〕は、思うに容易に行われる。長さ一フィートのブリキ製の水平の管の、両端が数ツォル垂直に上へ曲がったようなものに酒精を満たし、その一方に点火し、他方の端に温度計を立てたとする。――そうすると私の推測〔Vermuthen〕では直ちに負の対立が示されるだろう。〔……〕実験の結末は必ずしも推測したことと一致するわけではない。しかし、実験が単なる偶然の事柄でないとすれば、それは推測をきっかけとして行われざるをえないのである」（II 186–187n.）。これは先の『活力測定考』での猟銃による実験とともに、実験の遂行・案出例として――その内容の素朴さも含めて――カントの「実験」理解についての有力な手掛かりのひとつであるといえる。

ところで、ここで「設える〔調整する einrichten〕」という語によって示されるカントの形而上学の実験法については、沢田（一九八一）による「現代において論理実証主義やカール・ポパーの主張する科学方法論と非常に似た側面をもっている」（沢田一九八一：四三）との指摘がある。前掲註（23）の量（一九八四）のそれとあわせて傾聴すべき論点かと思われる。

（37）Cf. B XX, B XXVII.

（38）B XIX.

（39）B XIX–XXI.

(40) B XX.

(41) B XXX.

(42) これはそもそも高坂が「理性の事実」ということで指摘していることでもある（高坂一九二九：六五七）。「理性の事実〔ein Faktum der Vernunft〕」とは、本来、『実践理性批判』で道徳法則の意識を指していわれるもので（V 31）、カント自身は無制約者の思考可能性などを「事実」の語によって論じてはいない。ここでは経験科学の実験との類比を論じるために、この語をカントの用法から少し広げて用いている。

(43) B XVIII–XIX.

(44) B XXIn.

(45) ここではシュタール、ラヴォワジエによる「化学」についての説明をそれぞれ挙げておく。

まず、シュタールの『化学の原理』（一七二三）の序文冒頭には「第一節　化学〔Chymica〕、ないしAlchymiaおよびSpagiricaとは、混合的、複合的、ないし集積的な諸物体を諸元素〔principia〕へと分離し〔resolvend〕、また諸原理から先のものへと結合する〔combinend〕術である」(Stahl 1723: 1) という定義が置かれ、これを承けて具体的に次のような説明が続けられる。「第二節　その素材〔subjectum〕は、分離可能で結合可能なすべての混合的、複合的、集積的諸物体である。そして目標〔objectum〕はそのものの分離と結合、ないしは破壊と生成である。実にどのようにしても目的〔finis〕に手段なくしては達せられないのであるから、この術にはやはり素材の多様性に応じてさまざまな手段が適合する。／第三節　この手段は一般に、質料的なもの、すなわち目的に達するのに隔たりのあるものと、形相的なもの、すなわちそれにより近いものとに区別されうる。前者は器具〔instrumentum〕、後者は操作〔operationes〕そのものである」(ibid.)。一方、ラヴォワジエの『化学原論』（一七八九）では、「化学では一般に、一つの物体の構成部分の性質を決定するために二つの方法がある。すなわち合成と分解〔la composition & la décomposition〕である。例えば、水と酒精つまりアルコールを混ぜて合成すると、その結果として蒸留酒の名で取り引されているリキュールを生成することから、蒸留酒がアルコールと水の化合物であることが結論される。しかも分解によってもまた、同じ結論に至る。一般に化学では、これら二つの証明を一致させることができるまでは完全に満足してはならない」(Lavoisier: 1789 / 1965: 34 [柴田訳三四–三五]) とされている。「還元」の説明を見出すことはできなかったが、以上の分解と結合という作業についての理解をカントが共有していることは文面から汲み取れるかと思う。

ただし、シュタールはカントのように諸要素の結合（ないし還元）と総合的方法とを重ねて位置づけることはしていない。シュタール自身は化学の学説を「理論的〔Theoretica〕」と「実践的〔Practica〕」の二部門に区別し、前者の説明に際して同方法

を ―― 分析的方法とあわせて ―― その伝統的な用法にしたがって次のように位置づけている。「第八節　前者〔理論的部門〕では、公理的かつ必当然的な諸規則に総合的方法〔methodo synthetica〕にしたがってアプリオリに〔à priori〕一般的なものの側において説明がなされ、しかるに分析的〔analytica〕方法にしたがってアポステリオリに〔à posteriori〕特殊なものの側において説明がなされる。一般的には最高類から転じて下位の種に降りゆき、特殊的にはその反対に進む」(Stahl 1723: 2)。

(46) B XXXVIII.

(47) B 19–22, cf. IV 271–280. 第四の問いは『プロレゴメナ』では「いかにして形而上学一般は可能か」(IV 280) となっている。

(48) カントの「アプリオリな総合判断〔synthetisches Urteil a priori〕」については、一般に、そうした区分が認識モデルとしてそもそも妥当であるかどうかと、それにしたがって数学や（純粋）自然科学が適切に理解されうるかという二重の問題がある。前者に関しては論理実証主義者たちによる「アプリオリな総合判断」に対する批判、さらにクワイン等による「分析的真理」と「総合的真理」の区別の批判がよく知られる。―― この点についてカントに好意的な解説として、ひとまず Höffe (1983: 54–65［藪木訳五〇–六二］) を参照。論理実証主義者に対するカント研究者の応答としては量（一九八四：二一一–三一四）が詳しい。

(49) 『実践理性批判』の「原則」―― これは前掲註（42）で触れたように「理性の事実」である ―― が「アプリオリな総合的認識」(V 46) とされていることも、形而上学の事実についての観察命題としての「アプリオリな総合判断」という解釈を支持するものと考えられる。

(50) 『形而上学の進歩についての懸賞論文』（以下、『形而上学の進歩』）でカントは、「形而上学の進歩」を『批判』の第一版序文や方法論に見られる三幅対に通じるドグマティズム、懐疑論、批判主義という三段階によって捉え、第一段階「理論的ドグマ的前進」、第二段階「懐疑的静止状態」に続く第三段階の説明に際して、「窮極目的」ないしその「意図」と絡めて理性の「全体」について次のような比喩を用いて説明している。「いまや窮極目的へ向けての純粋理性の進歩における形而上学の第三段階が記載される。―― これは円環を、すなわち、その境界線が自分自身へと立ち返り、そうして超感性的なものの認識の全体を取り囲み、その外にはこの種のものはそれ以上何もなく、とはいえこの理性の要求を満たしうるすべてに関わってはいるという円環をなしている。―― すなわち、理性は自らを、最初の二段階においてはなおも巻き込まれていた経験的なもののすべてから、また理性に対象を現象においてのみ表象した感性的直観の諸制約から解放し、自らを理念の ―― それに基づいて理性がその対象をそれ自体そのものにおいてあるものにしたがって考察する ―― 観点へと据えつけた後、理性はその地平を描くのであるが、その地平は超感性的ではあるが道徳の規準によって認識可能な能力である自由から理論的-ドグマ〔定説〕

的に始まり、まさに同じ点に、実践的-ドグマ的な、つまり世界において促進されるべき最高善という窮極目的に向けられた意図においても立ち返るもので、そこでその最高善の可能性は、神と不死性の理念、それに道徳性自身によって命じられたこの意図の達成への信頼とによって補われ、そしてそのようにしてこの概念は客観的にして実践的な実在性を与えられるのである」(XX 300)。

また、この第三段階に関連して、とくに理論的認識と実践的認識の両領域の統一性についても、「蝶番」とその「支柱」という比喩を用いた次のような説明がなされている。「さて、理性批判が、形而上学のすべての歩みを念入りに注意し、それらの歩みが最終的にどこに通じているかを考慮に入れるならば、形而上学の事情は現実的に次のとおりである。すなわち、それを廻って形而上学が回転する二つの蝶番があり、第一は空間と時間の観念性についての学説であり、これは理論的原理に関して、超感性的ではあるがわれわれには認識不可能なものに単に注意を喚起するだけではあるが、しかしその目標への途上――そこで感官の対象のアプリオリな認識に関わる――では理論的-ドグマ的である。第二は、認識可能な超感性的なものの概念としての自由概念の実在性についての学説であり、そこでは形而上学はやはりただ実践的-ドグマ的であるにすぎない。この二つの蝶番は、しかるに、いわば相互に従属しあうすべての制約の総体性おける無制約的なものについての理性概念という支柱に落とし込まれているのであって、そこにおいては仮象が――これは現象と物自体そのものとの混同から純粋理性のアンチノミーを引き起こし、この弁証論において感性的なものから超感性的なものへの移行の手引きさえ含む――取り除かれなければならないのである」(XX 311)。

(51) B XXXVIII.

(52) Gegenprobe の語をここでは「再吟味」と訳したが、この語については訳語に揺れがある。岩田(二〇〇〇)は、従来「間接〔的〕証明」(天野貞祐、安藤春雄、高峯一愚)と「再吟味」(篠田英雄、原佑)の二通りの訳語が並立していることを確認したうえで、「文脈からして」前者の「間接的証明」ないし「間接的に証明する」という意訳を採用するとしている(岩田二〇〇〇:六五)。カント自身は『批判』序文の他に――認めえた限りでは――『論理学のレフレクシオーン』で誤謬を発見する試金石ということと関連して「Probe, Gegenprobe.」(XVI 293)というのみで、用例からこの語の意味を探ることはできそうにない。内容のうえでは、『形而上学の進歩』の次のような記述が『批判』の用例との重なりをみせている。「いやしくも超感性的なものの概念たるもの、理性がそこに関心を向け、その関心ゆえに形而上学が、少なくとも試みとしては、一般に現実存在し、これまでも存在したし、これからも存在するだろうところのものであるが、この概念が客観的実在性をもつのか、それとも単なる虚構であるのかは、同じ原因に基づく理論的な方途においては、いかなる試金石によっても直接には決定されない。というのも、矛盾がその概念の内には見出されないにしても、現に存在し、また存在しうるものすべてが可能的経験の対象であるかどうか――したがって、超感性的なもの一般の概念がまったく空虚というわけではなく、感性的なものから超感性的なものへの思い任せの前進がそれゆえ、実のあるものとみなされてよいものとかけ離れてはいないかどうか――、このことは直接には、われわれが件の概念について遂行するようないかなる検証〔Probe〕によっても、証明も論駁もされないからである」(XX 319)。――みたところこれは「間接的証明」という訳語を支持するもののようにも思われる。しかしながら、Gegenprobeということでカントが、扱う対象の性質上、弁証論の証明が《実質として間接的証明である》ということではなく、あくまで《既になされた検証・吟味を別の観点からもう一度やり直す》ということをいうものと考えるならば、「再吟味」という訳は依然有効である。このことは同じ『形而上学の進歩』の次のような「実験」についての記述によっても支持されるだろう。「それゆえ、純粋理性のアンチノミーは不可避的にわれわれの認識のあの制限に立ち戻り、そして分析論で先にアプリオリにドグマ〔定説〕的に証明されたことは、ここ弁証論においては、いわば理性の実験〔ein Experiment der Vernunft〕――理性がその固有の能力に即して遂行する実験――によって矛盾なく確証されるのである」(XX 290–291)。それゆえ、この「実験」の意味なども汲み取りつつ、本書では辞書的意味にしたがって「再吟味」を訳語とする。

(53) B XXX.

第二部

「多様の総合的統一」という原理

第四章　「多様」の課題、または形式的観念論

「学としての形而上学」の可能性をカントは「アプリオリな総合判断」という認識モデルに即して問い、そして、そうした認識を可能にする原理として《対象が認識にしたがう》というテーゼを立てる。認識能力の二元的区別を背景として具体的に純粋直観と純粋知性〔悟性〕概念に即して捉えられるこの原理は、ここまでみてきたように、さしあたっては諸学の現状に照らして想定される仮説であり、そこから『批判』本論ではその正当性の証明——とりわけ後者の純粋知性概念の——が課題となってくるが、この点についてカントは次のようにいっている。

> われわれが知性と呼んでいる能力の根源を究めると同時にその使用の規則と限界とを規定するのに、私が超越論的分析論の第二章で「純粋知性概念の演繹〔die Deduktion der reinen Verstandesbegriffe〕」というタイトルのもとに行った研究以上に重要なものを私は知らない。〔……〕いくぶん深く設計されているこの考察は、しかるに、二つの側面をもつ。一方は純粋知性の諸対象に関わり、そのアプリオリな諸概念の客観的妥当性を示して理解可能にする。まさにそれゆえに、それは私の目的に本質的に属するものでもある。他方は純粋知性そのものをその可能性とそれ自身が基づく認

識諸力に関して、したがって純粋知性を主観的関係において考察することを目指す〔……〕[1]。

本書の第二部では、この演繹の「主観的」側面に焦点をあわせて『批判』の原理（が含みもつ意味）の概念史的な再構成を行う。テクストのどの箇所が「客観的」および「主観的」側面に対応するかは、当の「演繹」論が『批判』の第一版から第二版にかけて全面改稿されたこともあって厳密には画定しがたい。しかし、いずれにせよ、カントが自ら新たに提出する原理について、その正当化を純粋知性概念の「客観的」妥当性の証明として遂行し、その説明を具体的に感官、想像力、統覚という一連の認識能力による「多様の総合的統一」という「主観的」な作用連関にしたがって行っていることは確かである。以上の事実を踏まえて、とくに後者の一連の作用連関によって語られている事柄の意味を哲学史的に位置づけることがここでの課題である。

もっとも、カント自身が「客観的」側面を「本質的」といい、また解釈上の議論もその点に集中していることからすれば、こうした本書の着眼は奇妙に思われるかもしれない。実際、「多様の総合的統一」というはたらきを当時の経験的心理学に由来する一連の「主観的認識源泉」に基づけるカントの構想を「超越論的心理学」として斥け、アプリオリな概念の客観的妥当性の正当化のための論証を――必要とあればカントを「越えゆ」き――あくまで「論理的」に純化しようというのが近現代の演繹論解釈の一般的な動向であった[2]。しかし、その時々の合理的再構成にとってとくに演繹論の論証形式が問題であったとして、それで演繹論の「心理学的」内容がまったく無価値となるわけではない[3]。むしろ、まさに「主観的」であるがゆえに、そこに体現される主体観ひいては世界観は、『批判』の歴史的再構成にとって本質的な素材ともなりうる。仮に演繹が成功していなかったとしても、現に「主観的」な仕方でカントが語ってみせた事柄が哲学に深甚な変動をもたらしたことは疑いえない事実である。

そうであるとして、それでは、「多様の総合的統一」ということによってもたらされた変化とはどのようなものだったのか。いわれるように、これが形而上学に関する「転回」を意味するとして、それを根底において準備していたはずの諸概念はこのときどのような変容を経験することになったのか。——以上のような問いを導きとして、本書第二部では「多様」「統一」「総合」の順にカントの批判的形而上学の原理の概念史的分析を試みる。さしあたり個別的な概念史的研究として各々の分析の射程は限られるが、三つの観点の重ね合わせによって、諸々の概念によって織り成される西洋哲学の伝統のなかに『批判』を位置づけ直すための視座を探ってゆくことにしたい。

そこで、まず着手点となるのは「多様〔das Mannigfaltige〕」である。『批判』において「感性的直観の多様」という形で頻用されるこの概念は、カントの二元的な表象-能力論の一方の側面（感性）を具体的に表現するとともに、その二元の相関を基礎づける「アプリオリな多様の総合的統一」というはたらきの一契機をなすものでもある。そこから「多様」は、《感性によって与えられ》《直観のうちに含まれ》《知性によって結合され》《想像力（構想力）によって総合され》《統覚によって統一され》るというようにさまざまに語られる。それだけに、こうした位置づけに応じて、「直観」としての時空概念の「多」性の意味を無限や連続という伝統的問題系に照らして問うことや、また、「純粋直観」と関わっていわれる「アプリオリな多様」について当の「アプリオリ」性の内実を問うことはこれまでも相応になされてきている。[4]——ただし、そこでの焦点はどちらかといえば「直観」や「時空」の方に合わせられており、「多様」そのものの内実や特徴について十分な調査研究が行われてきたとはいいがたい。[5]

『批判』の形而上学構想のなかでこの概念には自然世界の多様性を表現するという役割が一手に与えられることになるが、はたしてカントは多様きわまりない対象世界をこの多様概念に即してどのように把握し分析（ひいては再構成）しようとしているのか。もっとも抽象的には「一」に対する「多」を意味するこの「多様」は、元来それとは独立に捉えられていた諸概念対を自らの内に組み込みつつ、右のような（重層的な）位置づけを『批判』において得るに至るが、その問題構成とは具体的にどのようなものだったか。通常、多様概念ということで問題とされるのが『批判』での位置づけの整合性・正当性であるのに対して、ここではいわゆる前批判期から『批判』にかけてのカントの思索の展開に即して多様概念を特徴づけてゆく。すなわち、これによって、「多様」を原理（の一契機）として展開されるカントの超越論哲学の課題について一定の展望を得ることが本章の目的である。あらかじめ見通しを述べておけば、そのことによって、一と多をめぐる伝統的な問題系に感性と知性の二元論を組み込んだ「形式的観念論」というカントの形而上学構想が際立たせられることになるだろう。

叙述は概ねカントの思索の進展にしたがって、まず、六〇年代のテクスト中の「多様」の語の用例の確認から始める（一）[6]。そのうえで、六〇～七〇年代にかけての論理学講義録に拠って、表象の判明性の秩序をめぐるそこでの議論のなかでの「多様」の位置づけをみる（二、三）。この多様の内なる秩序は一七七〇年の『形式と原理』でカント独自の表象−能力論に基づいて認識の「形式」として原理化され（四）、さらに『批判』ではそうした形式の可能性が「アプリオリな多様の総合的統一」というはたらきに基づけられることとなる（五）。以上の各段階における「多様」の確認を通じて、最終的に、そうした形式的原理にしたがって展開されるカントの形而上学構想が引き受けることになる課題を明らかにできればと思う（六）。

第一節　『証明根拠』の自然神学構想と「多様」の課題

「多様〔das Mannigfaltige〕」という語の用例はカントの最初期のテクストから認められるが[7]、とくにまとまったかたちで用いられるのは一七六三年の『神の現実存在の論証のための唯一可能な証明根拠』（以下、『証明根拠』）が最初である。その第一部では、「事物の可能性」の概念的分析を通じて「絶対に必然的な現実存在」としての神の現実存在を導く「アプリオリ」な証明法の根拠が論じられるが、一連の叙述の末尾でカントはこれとは逆の行き方をとる「アポステリオリ」な証明法に触れて次のようにいっている。

> さてまた経験によって知らされる諸事物の本質的特性を純粋に判定することで、われわれがそれら諸事物の内的可能性の必然的諸規定にさえ多様における統一〔eine Einheit im Mannigfaltige〕や分離における調和を認めるのであれば、われわれはアポステリオリな認識方途によってあらゆる可能性の唯一の原理へと遡源しうるだろうし、ついには自ら端的に必然的な現実存在という先の根本概念のもとにあることになるだろう。[8]

いま注目したいのは、「多様における統一〔eine Einheit im Mannigfaltige〕」という言い回しである。「諸事物の可能性〔die Möglichkeit der Dinge〕」に即して認められるというこの「多様」における「統一」は、語の用法からみても後の『批判』でのアプリオリな総合判断の可能性に関わる「多様の総合的統一」という課題との連関をうかがわせる。もちろん、ここでの多様「における」統一と、『批判』の――「経験の諸対象の可能性〔die Möglichkeit der Gegenstände der Erfahrung〕」の諸制約の探求に際して語られる――多様「の」統一とでは、議論の水準も多様（および統一）概念の内実も異なっているが、[9]とはいえ、『証明根拠』の用法がある意味で『批判』の課題を先取りするものであるということも一方でまた確かなように思われる。この点を確認するためにも、いま少し立ち入ってその異同をみておくことにしたい。

まず、『証明根拠』第二部第一考察でカントは「多様における統一」に関わる二つの基本的観点を提示している。それにしたがえば、第一に、「諸事物の本質の多様における統一は空間の特性に即して示される[10]」。そして第二に、「諸事物の本質の多様における統一は、運動法則における必然的なものに即して示される[11]」。

このとき「多様における統一」ということで念頭に置かれているのは、前者においては、「空間が一定点をめぐる直線運動によって囲い込まれる」ようにする「一様な〔単純な〕作図」によって、「秩序の偉大な諸規則に統御されるきわめつけ多様な事柄〔sehr viel Mannigfaltiges〕を推定」しうるという事態、つまり、作図された円に即してその無数の幾何学的諸性質を認識できるといったような事態である。[12] ここからカントは「空間の必然的諸特性において、最高度の多様性〔größte Mannigfaltigkeit〕のもとでの統一と、互いにまったく異なる必然性をもつかにみえるものの連関とに気づく」という。[13] 他方、後者に関しては、「単純できわめて一般的な自然法則がその本質の必然性によって秩序と調和に対してもつ関係」を示すものとして「空気の影響作用」が例とされ、「まさしく同じ空気の弾性力と重さ」が人間や動物の呼吸、ポンプ機械の可能性、地球の風や水の運動・交替現象といったきわめて多様な自然現象に適合していることがいわれる。[14] さらにまたモーペルテュイのいわゆる最小作用の原理に即して、それが「そもそも物質がそれにしたがって――平衡においても衝突に際しても、弾性体にも非弾性体にも、屈折において光を引き寄せる際にも反射において撥ね返す際にも――作用する最も一般的な法則さえひとつの支配的な規則に統御されている」とし、翻って、これにより「宇宙の無限の多様〔das unendliche Mannigfaltige〕の統一、盲目的必然性の秩序」が生み出されるともカントはいう。[15]

『証明根拠』での「多様」は、以上のように、幾何学的規則と一般的運動法則それぞれの「統一」に対して、これに適合しうる空間的諸特性や自然現象に関する数多の事象を指して用いられている。この点は後の『批判』も同様である。ただし、その際、『証明根拠』では多様概念の内実は論理学的な根拠に対する諸帰結という程度にしか捉えられていない。そのため、カントはこの「多様における統一」を手掛かりとする神の現実存在の「アポステリオリ」な証明と関連して、必然的諸規則・諸法則による機械論的説明の全面展開を旨とする「自然神学の改善された方法」を提案しはしても、[16] そうした幾何学および（純粋）自然学の対象の構造や生成がそれに即して具体的に記述・説明されるような概念として「多様」を考察するには至っていない。別の言い方をすれば、多様はいまだ認識論的な反省へともたらされてはいない。

にもかかわらず、後の『批判』の「直観の多様」の射程を考えるうえでは、この『証明根拠』の自然神学構想を確認しておくことは重要である。ここでカントは機械論的な説明を、「必然的」法則にしたがう幾何学的空間や物理学的自然のみならず、最大限可能な範囲内で「偶然的」な諸事物についても試みられるべきものとして[17]、動植物の諸器官の構造[18]、地球の山脈や河川の生成[19]、さらには宇宙の創成まで含めて、自然の秩序にしたがう限りでの全事物を射程に入れて議論を行っている[20]。『証明根拠』は、その意味で、カントの多様概念が自ら引き受けるべき広範な射程を先取りして指し示すものといえる。――あらかじめ見通して述べておくならば、この自然の多種多様な事物の体系的把握という課題は、批判期に改めて『批判』『原理』『判断力批判』『オプス・ポストゥムム』などの一連の著述によってより大規模に、かつ緻密に展開されることになるだろう。

カントにおいて多様の語は、このように自然世界のきわまりない多様性を具体的・体系的に説明するという究極の課題を自らの内に含む。しばしば論じられてきたとおり、『批判』の感性論や演繹論での多様は、数学者‐形而上学者間の無限や連続をめぐる論争やカントの理論に内在する《多様の総合的統一》という課題と深く関わるものであり、その限りでは問題解決のための任意の道具のように思われなくもない。しかし、こうした批判的探求を経て形而上学の体系の構築・展開へと向かう場面では、これは形而上学的な原理（の内的秩序）を担い、数学、物理学、化学、生物学、地理学、宇宙論、形而上学といったあらゆる事象領域を跨ぎつつ、しかもこれらを一貫した視点の下に説明するための概念たるべきものとして自然世界の多様性を一身に引き受ける。

問題は、そのうえで、こうした体系構想の展開のためにカントが当の「多様」をどのように理論的に捉え返してゆくのか、そして、それが構想にどのような変容をもたらすのかである。

第二節　論理学における表象の部分‐全体関係

そもそも、「多様」とはどのような理論的枠組みのもとで捉えられる概念なのか。このとき、根拠‐帰結関係を前提とした『証明根拠』での用法も含めて、出発点におけるカントの多様理解を伝える一連の論理学講義録の記述は重要である。その本論冒頭部での「表象」およびその「明晰判明性」についての説明は、後の『批判』の「直観の多様」にも引き継がれるカントの多様理解の基軸を示すものと考えられるが、例えば一七七二年の『フィリッピ論理学』本論冒頭部 ── その第一四節 ── で「多様〔das Mannigfaltige〕」の語は、「ひとつの表象」の「諸部分〔die Theile〕」と「全体〔ein Ganzes〕」という枠組みのもと、次のように位置づけられている。(21)

> 判明な認識とは秩序がその内部にある場合、非判明とは秩序がそこにゆきわたっていない場合、つまり、部分諸表象〔die theilvorstellungen〕が明晰でない場合をいう。秩序が存するのは多様〔das Mannigfaltige〕が自らに相応しい位置を占める場合である。(22)

これは直接には認識の明晰判明性という事柄を説明するものであるが、まず、その意味で「多様」は近世特有の観念・表象論的な ── いわゆる認識論的傾向をもった ── 論理学に棹差す概念といえる。そのなかで多様は、論理学的な表象概念の内的構造の説明に関して、《あるひとつの表象に関して、その「部分諸表象」となっているものの「全体」》を指して用いられている。ここには近世の観念・表象説のなかでもとりわけライプニッツの内包論理学的な説明の影響が色濃く感じられるが、カントはこの枠組みを一七六〇年代前半のものとされる『ブロンベルク論理学』── アカデミー版全集所収の論理学講義録のうち最古のもの ── から一貫して採用している。

ところで、ライプニッツの有名な「認識、真理、観念に関する考察」（一六八四年）にしたがえば、認識の明晰判明性は次のような語彙によって説明されるものだった。

> 表現されている事物をそこから認めうるような認識を私がもつとき、そういう認識は明晰であり、これがさらに、混乱しているか判明であるかのどちらかである。ある事物を他の諸事物から識別するのに十分な諸徴標〔notae〕をひとつひとつ枚挙できない場合には、たとえその事物の概念がそこへと分解されうるような諸徴標や要件を当の事物がもっていようとも、認識は混乱している。(23)

カントの多様概念との関係で注目されるのは、ここにみられる「諸徴標〔notae〕」の語である。諸徴標とは何らかの事物の認識の「内」に含まれるその概念的特性とでもいうようなもので、ライプニッツはそうした諸徴標の分解・枚挙の進行を認識の明晰判明性の進展と対応づけている。このような理論的枠組みが一八世紀ドイツの講壇哲学に広く受け継がれていたことはよく知られるとおりで、その点からいってもライプニッツの「諸徴標」とカントの「多様」の対応関係はまず明らかといってよいだろう。(24)

事実、いわゆるライプニッツ-ヴォルフ学派に数えられるマイアーの『理性論綱要』（一七五二年）をみると、ライプニッツが「諸徴標」によって語っていた事柄が——その第一四節で——まさしく「多様」の語によって捉え返されるに至っていることが確認される。(25)

> われわれはひとつの表象を意識する場合、それを単に全体において見て意識することで、表象そのものの内で何も区別しないか、あるいは、表象の内の多様〔das Mannigfaltige〕をも意識するか、そのいずれかである。前者の場合、われわれが手にするのは非判明な認識、または混乱した認識（cognitio indistincta et confusa）であり、他方、後者の場合、判明な認識（cognitio distincta）である。(26)

このようにマイアーは「多様」を、「全体」としての「表象」の内で区別される諸部分を意味するものとして、論理学的な議論の枠内で用いている。カント――この『理性論綱要』を論理学の教科書とした――の論理学講義録(の第一四節)にみられる多様理解は直接にはマイアーによるこうした説明を承けてのものと考えられる。[27]ということは、つまり、カントにおける「多様」は既にその出発点において表象とその部分-全体関係という枠組みへの一定の理論的コミットメントを含むということで、それゆえ、「多〔das Viel〕」という――「一」との対比における――論理学・形而上学的なカテゴリーとは水準を異にする。[28]多様は、まず何より近世の観念・表象説というパラダイムのもとで理解されるべき概念である。

もっとも、カントは表象の部分-全体関係の把握に関して、大枠としてライプニッツ以来の伝統にしたがいつつも、当の観念・表象論を形而上学的に基礎づける実体観においてはライプニッツ(ないしライプニッツ-ヴォルフ哲学)とは立場を異にする。そのため多様についても、『証明根拠』のような根拠-帰結関係を背景としたライプニッツ的な把握様式と並んで、「直観の多様」という独特の概念を提示することとなる。節を改めて、そこへと至るカントの歩みをみてゆこう。

第三節　直観と概念の論理的な区別

前節冒頭にみた『フィリップピ論理学』(一七七二年)の記述に続けて、カントは次のようにいっている。

われわれの直観するものにおいて判明たりうるのは、われわれがその各部分を明断に表象する場合であり、表象や思考において判明たりうるのは、自分の思考していることを私が分解する場合であり、判明性のためには概念が必要とされる。[29]

諸々の表象を直観的認識と概念的（ないし論弁的・記号的・抽象的）認識という伝統的区分に即して位置づける際に、例えばライプニッツのように前者を後者の極限と考えるのであれば、部分諸表象は一貫して概念的なもの、つまり、「徴標」ということになるので、[30]「直観の多様」なるものが独自の地位を占めることはない。これがカントにおいて問題となるのは、「直観」と「概念」の判明性の秩序、ひいては部分諸表象としての「多様」のしたがう秩序を異質なものとして二元的に区別するためである。すなわち、周知のように、『批判』において両表象はその源泉に関してそれぞれ感性と知性という認識能力に基づくものとされる。[31]——しかし、そうであればなおさら疑問となってくるのは、どのような観点から直観と概念の判明性を捉えることでカントが両者を感性と知性の二元的区別と結びつけるに至ったのかということだろう。

両表象の判明性は既に一七六〇年代前半の『ブロンベルク論理学』でも区別して捉えられている。多様概念の形成という点からみて興味深いことに、ここでカントはいまだ「徴標」の語を用いて後の「多様」にあたる事柄を捉えており、そのうえで「直観」と「思考」それぞれの判明性の特徴を語っている。それにしたがえば、「直観における判明性」とは「徴標を、われわれが直観しているものについてしっかり区別できる場合」に生じ、これには「さらなる注意による、総合による〔per Synthesin〕」ことが必要とされる。一方、「思考における判明性」は「われわれが明晰な諸概念および諸表象を直観と結合する場合」に生じ、これには「私が思考しているもの、既に現に思考において概念把握しているものの分析」が、すなわち「分析による〔per Analysin〕」ことが求められるという。[32]

注目されるのは、ここで直観と思考のそれぞれにおいて判明性に至る方法として位置づけられている「分析」と

「総合」という概念である。これはやはり伝統的な（古代の幾何学に由来する）方法概念であるが[33]、ここでカントは両者をそれぞれを「同位性」と「従属性」という――近くはバウムガルテンの『形而上学』において多用されている[34]――観点と対応づけ、表象やそれによって表される事物の性質を論じるための基本的概念対として以下のように整理している。


分析および総合は、同位性〔Coordination〕にしたがうか、従属性〔Subordination〕にしたがうか、そのいずれかである。

α）同位性の総合とは、諸部分を全体と結合することである。

β）同位性の分析とは、一方、全体を諸部分へと分解することである。

γ）従属性の総合とは、諸根拠をその諸帰結と結合することである。

δ）従属性の分析とは、一方、帰結をその諸根拠から導出することである[35]。


直観と概念の判明性はまさにこうした一連の概念区別に基づいて区別される。すなわち、両表象の部分-全体関係を「同位性」という共通の土俵に置いてみるとき、「直観における判明性」と「思考における判明性」は、それぞれ「総合」と「分析」――右の引用中の「α」と「β」に対応する――によるものとして捉えられる。カントの説明にしたがえば、例えば望遠鏡観察によって「銀河」の内に肉眼では区別されえなかった「恒星群」を見分けて「銀河が恒星群からなっていることを見る」場合[36]、われわれは「総合」によって直観的な判明性に達することになり、他方、当初は判然としない「道徳」という概念からそれを構成する諸々の徴標を取り出すことができるならば[37]、われわれは「分析」によって思考における判明性へと達することになる。

以上のように、近世哲学に広く共有されていた観念・表象の明断判明性――さらにはそれと表裏一体の形で位置づけられる単純・複合観念の区別――というデカルト、ロック由来の枠組みを踏まえつつ、カントはさらに、直観と概念という表象がその判明性の性格を異にするものとみて、「同位性」(および「従属性」)という観点から両表象の部分‐全体関係の差異を捉える。[38] 直観と概念の区別がカントの思想の展開のうえできわめて重要な位置を占めることはいうまでもないが、その区別が具体的に表象に内在する秩序を軸として右のような量的観点から行われていることは、『形式と原理』ひいては『批判』の哲学・形而上学構想の課題と射程を考えるうえで看過しがたい事柄であるように思われる。というのも、こうした定量的観点から捉えられた直観と概念の秩序・形式に即して、カントは『形式や原理』ひいては『批判』(のアンチノミー論)にみられるように、一方で連続と無限をめぐる数学的・形而上学的な問題の解決に取り組むとともに、『批判』から『原理』にかけての自然の形而上学の展開と関連して、原理による自然現象の形式的規定を進めてゆくことにもなるからである。

以下順を追ってこのことをみてゆくが、まず次節では『形式と原理』における「形式」と「質料」の位置づけと表象の量的秩序との相関を確認することとしよう。

第四節　感性と知性の区別/形式と質料の区別

直観と概念という表象はそれぞれ感性と知性という認識能力を源泉とする。この二元論的な表象‐能力論が、一七七〇年の『形式と原理』以降のカントの形而上学構想の基軸となる。表象概念の場合と同様、認識能力に関するこの区別に関しても、背景にはカントの一貫した形而上学的・認識論的態度――実体の相互作用という点での物理的影響説への加担と、人間知性の論弁性への確信――が認められはするが、[39] いまこの点に立ち入ることはしない。ここで確認しておきたいのは、カントが人間の認識に関わる受動的能力と能動的能力の内実をどのように理解し、そのうえで直観と概念それぞれにおいて多様が固有の秩序へともたらされる仕方をどのように説明するのかということである。

まず、直観の「同位性」──先の区分の「α」の「同位性の総合」──からみると、これは対象による「触発」のはたらきによるものとして次のように説明される。

> さて感官の表象の内にはまず質料と呼ばれるようなもの、すなわち感覚があるが、その他にまた形式と呼ばれうるもの、すなわち、感官を触発する多様〔varia〕が心のある自然的法則によって同位的に秩序づけられる〔coordinantur〕限りで現われる感性の形象もある。(40)

直観の源泉が「主観の受容性」としての「感性〔Sensualitas〕」であるというときカントが意味しているのは、それが「触発」、すなわち「何らかの対象の現前〔obiecti alicuius praesentia〕」による感官への作用によって主観の内に生じるということである。(41) 直観とは、カントにしたがえば、「個別的」な表象であり、その部分表象が同一の全体の「内」なる諸部分として捉えられ、(42) そして「連続量」をなすものであるが、(43)「触発」ということでカントはこうした一連の性格をひとえに対象との直接の関係性に基礎づけているものと解される。

そのようにして与えられる直観は、そのうえでさらに「質料」と「形式」という観点から区別される。このとき「形式」という点でまず注目されるのは、これが先の「同位性」という観点と重ね合わせる仕方で捉えられていることである。「質料」が認識内容としての「感覚」を指すのに対して、「形式」は認識様式あるいは能力そのものを表現するものであり、感性の形式として具体的には時間と空間が示されるが、そうした時空の秩序の実態は「同位性」として捉えられる。したがって、それによってもたらされる直観の個別性の内実もまたこうした同位性という量的観点を基軸とする。(44) ──このことはカントの「形式」の特徴として銘記しておく必要がある。

同様のことは概念の秩序とその形式についてもいえる。ただし、ここではその源泉である知性が二重のはたらきをもつとされることから、その位置づけは以下のようにいささか込み入ったものとなっている。

> 他方、知性認識に関して何にもましてよく注意されるべきは、知性すなわち心の上級能力の使用が二重だということである。その一方の使用により事物または関係の概念そのものが与えられる、これが実在的使用である。しかるに、その他方の使用によってはどこからか与えられたものがただ従属的に秩序づけられる〔subordinantur〕のみである、すなわち、下位概念が上位概念（共通の徴標）に従属せしめられ矛盾律にしたがって相互に比較対照されるのみである、これが論理的使用といわれる。(45)

こうした「知性能力〔Intelligentia〕（理性能力〔rationalitas〕）」の二重の使用に応じて「概念」（の形式）も二重の意味をもつ。まず実在的使用において、知性の概念は世界の可知的な秩序そのもの、具体的には――直観の形式としての時空に対して――「多数の実体が相互関係にある〔plures substantiae in mutuo sint commercio〕」ことを表現する。(46)すなわち、後の『批判』で「数多性」「実体」「相互作用」等の純粋知性概念（カテゴリー）として説明されるものが、ここでは知性に根差す概念の形式であると同時に事物そのもののあり方を示すものとして位置づけられていることになる。

このように知性の実在的使用が、一定の内実をもつ概念（の形式）によって直ちに「事物または関係の概念そのもの」を与えるはたらきとして理解されているのに対して、他方、その論理的使用は、所与の（直観的）表象の内に含まれている諸徴標を取り出してその「もとに」述語づける――前節の同位性と従属性の区別に即していえば「同位性の分析」を行う――概念一般に関するはたらきとして性格づけられている。このはたらきによって知性は所与の主語概念の内に同位的に包含されている述語概念を分析的に取り出し、そのうえで特定の述語概念の「もとに」主語概念を従属的に秩序づけてゆく。[47] そして「概念」は、知性のこうしたはたらきに応じて、「記号的」ないし「論弁的」な間接表象として、[48] また（例えば数の概念に代表されるように）単位量・分離量を担うものとして特徴づけられる。[49] 以上からも概念の形式が —— 対象との直接の関係に基づく感性の同位的形式との対照において —— 対象との関係の間接性を基礎として、「従属性」（あるいは「同位性の分析」）という点から捉えられていることが見て取れる。

しかし、直観と概念が「形式」の点で同位的秩序を担う感性と従属的秩序をなす（論理的使用における）知性によって捉えられるとして、それではそのような形式のもとにもたらされる「質料」はどのように説明されるのか。対象との関係性を示す主観的「能力」が直観と概念に秩序をもたらすとして、当の直観と概念に含まれる多様な内容をもたらすものとは何か。

『形式と原理』の表象‐能力論は、以上の「形式」についての説明からみて、知性の実在的使用によって認識される多数の事物によって感性が直接にはたらきかけられ（触発）、これにより直観の内に多様な内容がもたらされ（直観の多様）、そのような直観に即して知性が論理的に行使される（論弁的認識）、という三層からなるものと考えられる。その根底をなすのは多数の事物自体による触発であり、このことは「感官を触発する多様〔varia, quae sensus afficiunt〕が心のある自然的法則によって同位的に秩序づけられる」というように、[50]「多様」の語が触発の根拠ないし原因としての事物そのものを指すような仕方で用いられていることからも確かめられる。『形式と原理』では、感性が事物を「現象するがまま〔uti apparent〕」に表象するのに対して、知性はそれを「存在するがまま〔sicuti sunt〕」に表象する能力として捉えられており、[51] それゆえ、知性のこうした実在的使用によって事物が多様として認識されうるとすれば、これはたしかに表象の内にもたらされる多様な内容の根拠ということになる。[52]

そうであるとして、それではこうした「感官を触発する多様」としての事物そのもの —— 相互作用のうちにある多数の実体――は具体的にどのような性質をもつのか。また、この事物そのものの多様とその触発によってもたらされる直観の多様との対応関係、あるいはメカニズムはどう説明されるのか。さらに、直観の多様はどのような権利に基づいて概念の多様へともたらされうるのか。――以上のような疑問はなお残るが、ひとまず多様の質料・内容上の根拠という点では『形式と原理』の立場は明確である。ここでカントは現象としての同位的な時空的秩序を基軸とする自然世界に対して、その形而上学・存在論的な根拠として多数の事物そのものの存在を認識可能なものとして認めている。このように峻別されながらも相関し並立する可感的世界と可知的世界の位置づけに応じて、多様の質料・内容も、事物そのものと表象との間である種の均衡のもとに置かれている。

しかしながら、認識批判の先鋭化に伴って、『批判』では事物そのものの認識は不可能とされ、このことと表裏一体に、そうした事物そのものによる感性の触発ということも認識不可能な事柄とされることとなる。そのように知性のはたらきが捉え直されるなかで改めて概念と直観の相関が問題として焦点化され、そして、元来の系譜上の位置づけ――事物の概念の所与の内包的諸徴標――からすれば反転するようなかたちで、「直観の多様」が著しく前景化してくる。節を改めてその前提と意味とを確認しよう。

第五節 「直観の多様」と「アプリオリな多様の総合的統一」

『形式と原理』において知性はその実在的使用において「事物または関係の概念そのもの」を与えるとされていたが、これに対して『批判』ではその知性のはたらきは「機能〔Funktion〕」として捉え直される。すなわち、知性はその使用によって事物の存在を与えるものとしてではなく、与えられる直観に即してそれを統一するものとして、そのはたらきに関してより厳しく限界づけられる。(53) このことは当然ながら、知性のみならず感性の位置づけにも決定的な変化をもたらすことになる。

既にみたように、『形式と原理』において感性を触発する「多様」としての事物は、実在的に使用される知性のはたらきに応じて一定の内実をもって認識されうるものだった。『批判』感性論でも、「われわれは諸対象によって触発される〔wir von Gegenständen affiziert werden〕」というように、一見、触発に際しての事物の多性と表象の多様との相関が維持されているかにみえる。(54) しかし、事物そのものが認識不可能である以上、事物の多性と表象の多様のこうした形での対応関係はもはや積極的には主張されえない。『批判』第二版の序文でカントは、「現に現象するもののなしに現象〔Erscheinung〕が存在する」ということが「不合理」であるからには「物自体そのもの〔Dinge an sich selbst〕」は現象概念の根拠として思考されうるというが、(55) それも結局は「思考」でしかなく、当の物自体の実在的な性質（その形や構造や運動）を規定するものではないし、現象のうちに多様がもたらされるメカニズムを説明するものでもない。

ただし、このように知性の実在的使用による事物そのものの認識が不可能とされるとしても、それは知性の論理的使用――すなわち所与の表象の分析――への一元化・限定を意味するわけではない。斥けられているのは実在的使用そのものではなく、それが直ちに事物そのもの、物自体の認識を与えうるという解釈である。『批判』ではこれに替えて、実在的使用に関わる知性の概念を具体的にカテゴリーとして形式化したうえで、そうした知性の形式の感性に与えられる現象・直観に対する原理的な適合可能性が問題とされる。カントにしたがえば、知性が所与の表象から論理学的な分析（「分析的統一」）を進めることができるのは、その表象があらかじめ知性の形式によって総合（「総合的統一」）されているためである。(56) そこで、『批判』では所与の――したがってその意味において実在的・客観的であるとされる――現象・直観に対する知性の主観的形式の原理的な妥当性を示すという仕方で、知性の実在的使用の意味が捉え直されることになる。

ところで、以上のような知性理解、ひいてはそれと表裏一体をなす現象と物自体の区別は、究極的には自然必然性と自由という二様の因果性それぞれに処を得せしめるという目的をもつ。そのことは『批判』第二版序文等で明言されるとおりであるが、[57] ここで確認しておきたいのは、「直観の多様」がそうした課題のなかに占める独特の位置についてである。『形式と原理』から『批判』にかけての知性の実在的使用の捉え直しに伴って、一方で、多様が直観という表象の内にもたらされる機構、すなわち触発の内実はさらに希薄なものとなっている。しかし、他方で、その生成のメカニズムに関していわばブラックボックス化された直観の多様こそが知性の形式の客観的妥当性の保証ともされる。要するに、いまや世界の多様性はひとえに表象・現象であるところの「直観の多様」――その背後に置かれる事物そのものの多様ではなく――によって担われる。

では、このとき多様はどのようなものとして位置づけられるのか。これによってカントは世界の多様性にどのように向き合うことになるのか。その原理の基礎づけを行うのが『批判』演繹論であり、そこでは直接には思考の純粋形式の客観的妥当性の証明を課題としつつ、具体的に感性と知性の（両形式の）協働の産物として捉えられる対象概念に即して独自の存在論が提示されることになる。カントにしたがえば、この直観と概念の合一という事態、すなわち、対象認識のそもそもの可能性は次のような一連の主観的作用によって説明される。

> あらゆる諸対象のアプリオリな認識のためにわれわれに与えられなければならない第一のものは純粋直観の多様〔das Mannigfaltige〕である。想像力によるこの多様の総合〔Synthesis〕が第二のものであるが、これはまだいかなる認識も与えない。この純粋総合に統一〔Einheit〕を与え、ひとえにこの必然的総合的統一の表象において存立する諸概念が、立ち現れてくるある対象の諸認識のための第三のものをなし、これは知性に基づく。[58]

「あらゆる諸対象のアプリオリな認識」の可能性を示すものとして、このアプリオリな多様の総合的統一というはたらきはカントの形而上学の原理の位置を占める。それだけにこのはたらきの詳細やその理論的前提そのものについてはさまざまな議論がなされうるが、「多様」の諸相と課題を確認することがここでの目的であるから、いまはそこに焦点を絞ってこの概念の特徴と含意をみるにとどめる。――このとき注目されるのは、まず「純粋直観の多様」という語句である。より丁寧には「感性のアプリオリな多様[59]」、あるいは「純粋直観のアプリオリな多様」と表現されるこの多様は[60]、カントにしたがえば、空間と時間において「与えられる[61]」、あるいは、それらが「含む」ものである[62]。多様概念の基本的な位置づけ――触発というはたらきによって感性的直観の形式としての時空において与えられる――からして、この内容に関して一定の具体的な感覚が予想されることから、ここでそれが「アプリオリ」に「与えられる」といわれることは読者を少しく戸惑わせもする。しかし、表象の質料と形式の区別を踏まえて、その形式が一方で「表象」でもあるというカントの説明を認めるのであれば、これは別段不可解なことではない。よく知られているように、『批判』第二版演繹論でカントは「空間と時間は単に感性的直観の諸形式〔Formen〕であるだけでなく、（多様を含む）諸直観〔Anschauungen〕そのものでもある」としたうえで[63]、それを註釈して次のようにいっている。

> 空間は、（現にそれが幾何学において求められるように）対象として表象されるとき、直観の単なる形式より以上のものを含む、すなわち、感性の形式にしたがって与えられる多様をひとつの直観的表象へととりまとめることを含む。かくして、直観の形式は単なる多様を与え、しかるに、形式的直観は表象の統一を与える〔die Form der Anschauung bloß Mannigfaltige, die formale Anschauung aber Einheit der Vorstellung gibt.〕[64]。

表象の「形式」とはそもそも対象と関係する認識能力そのものの表現として――対象に応じたその内容である

「質料」との区別において――位置づけられるものだったが、このように、認識能力が関係しうる対象の対象性に焦点を合わせることで、それ自身一定の内容をもつものとして「表象」されうる。「アプリオリな多様」とは、したがって、そこにおいて経験的直観が与えられうる感性という能力そのものの「表象」である、ということができる。このことを「多様」を軸にしてみるならば、当初は表象についての論理学的な分析概念としていわれていた「同位性」という量的秩序が、まず、（具体的には空間と時間であるような）能力の「形式」として位置づけられ、そのうえでさらに「対象」として――「あらゆる諸対象のアプリオリな認識」がそれに基づいて可能になるものとして――捉えられることで、いわば存在論的な原理の位置を占めるに至っていることがわかる。

ただし、「純粋直観の多様」がこのように対象として、しかも「ひとつの直観的表象」として表象されるためには、引用中にいわれるように、それを与える「直観の形式」に加えて、与えられる多様をとりまとめ統一するはたらきが必要とされる。すなわち、想像力と統覚による「総合的統一」を要する。そこで翻って「純粋直観の多様」についてみるならば、これはそれ自体ではいまだ総合も統一もなされていない何物かということになる。――しかし、こうした未統一の多様が「与えられる」ということをどのように理解すればよいのだろうか。そうした多様について語りうるとすれば、それはどのような立場においてだろうか。

『批判』の論述形式――感性と知性をそれぞれ「孤立化させ〔isolieren〕」て扱う(65)――のゆえにか、カントは演繹論において「多様の総合的統一」を知性（とりわけ統覚）による「統一」の側に焦点を合わせて論じており、感性によって与えられる「多様」の統一以前のあり方について積極的に語ることをしていない。しかし、『批判』第一版演繹論の「直観における把捉の総合」の以下のような記述にみられるように、少なくとも、「多様の総合的統一」という主観の根源的なはたらきからして「多様」の与えられ方がどのように考えられねばならないかについては、カントの立場は明確である。

> あらゆる直観は自らの内に多様〔ein Mannigfaltige〕を含むが、この多様は、心が時間を諸印象の相互継起において区別しないとすれば、そのようなものとして表象されることはないだろう。というのも、ひとつの瞬間に含まれるものとしては、いかなる表象も絶対的統一〔absolute Einheit〕でしかありえないから[66]。

ここでカントは、あらゆる直観が多様を含むことを事実として認めたうえで、そうした多様性の条件として内的な時間継起を位置づけている。すなわち、心が対象から触発される際に、その結果としての印象を一連の継起する諸印象として、内感としての時間において区別しないとすれば、表象は「絶対的統一」、つまり、いかなる意味でも区別されえない一なるものということになり、この場合、直観は多様を含みえない。ということは、逆にいえば、現にあらゆる直観が多様を含むのはこの継起する時間意識のなかで諸印象が相互に区別されているからである、というのがカントの論旨かと思われる。

このような時間継起による多様の多性の区別がわれわれにどのような仕方で意識されるのか――しかもそれが「純粋直観の多様」であるとはどういうことか――ということはなお踏み込んで問われえようが、いまそれについては措く。ひとまず、ここでは多様の与えられ方がこうした時間意識を基底として捉えられ、それに即して「総合的統一」が遂行されるという点を確認するにとどめる。このことについてカントは、右の引用を端緒とする演繹論の論述に先立って、その「一般的註」として次のようにいっている。

> われわれの諸表象がどこから生じるにせよ――それが外的諸事物の影響による作用結果であれ内的諸原因による作用結果であれ、それらがアプリオリに生起したのであれ諸現象として経験的に生起したのであれ――、それらはやはり心の諸変容として内感〔innerer Sinn〕に属し、そしてそのようなものとして、われわれの諸認識はすべて結局やはり内感の形式的制約、すなわち時間にしたがう。われわれの諸認識はそこにおいて総じて秩序づけられ、結合され、そして諸関係へともたらされるのでなければならない[67]。

ここで「内感」という概念は外感と内感、経験的とアプリオリという区別を貫いた意味で、実質としては、そこにおいて心的内容・対象が捉えられる場所とでもいったようなかたちで用いられているが、「総合的統一」へともたらされるべき「アプリオリな多様」がまず姿を表すのはこの内感においてである。「直観の多様」として、その所与性は――具体的な内容も含めて――感性の触発というはたらきに負うが、感性の形式をなす空間と時間にしたがって秩序づけられうるそうした与件が「多様」として現に捉えられるのは、この内感としての時間（意識）においてであり、しかも、その限りではいまだ不定の多様は、その形式的制約のもとで統覚の統一にしたがってはじめて一定の直観（「形式的直観」）として形をなす。ここが多様概念をめぐるカントの一連の考察の最基底部である。

カントによる形而上学・存在論の認識論的基礎づけが展開されるいわば舞台として、この「内感」についてはさらに踏み込んで考察が行われる必要があるが、これについては章を改めて（次章で「表象」という観点から）扱う。それに先だって本章では、最後に、こうして原理として確立される「多様」ゆえにカントの形而上学構想が引き受けることになる二重の課題を確認しておくことにしたい。

第六節 『批判』の形式的観念論の二重の課題

「多様」という語は素朴には多種多様な世界の諸事物を指して用いられるが、ここまで順を追ってみてきたように、カントの形而上学構想の展開に応じて概念的に練り上げられ、最終的に『批判』において原理（の一契機）としての位置を占めるまでに至る。すなわち、カント固有の二元論的な表象‐能力論を基幹として、まず多様は論理学的な「判明性の秩序」という観点から捉えられ、直観と概念の判明性の秩序はそれぞれ感性と知性という能力による「形式」として原理化され、さらにその形式の可能性は「アプリオリな多様の総合的統一」というはたらきによって基礎づけられる。本章の初めにみたように、『証明根拠』では「多様における統一」ということで、「事物の内的可能性」に即して見出される自然の諸事象の法則にしたがう秩序が語られていた。これを踏まえていうならば、『批判』でカントは事物の可能性を認識主観による「経験の対象の可能性」という形で捉え直し、そのような対象の所与性の形式（「アプリオリな多様」）に対する思考の形式の原理的な適合性（「総合的統一」）を「アプリオリな多様の総合的統一」という主観的作用に遡って示すことを試みていることになる。

事物をいったん表象のレベルに置き直したうえで事物の可能性の原理を探求するということであれば、これは近世の観念・表象説の一般的動向といえる。しかし、カントにおいてはさらに、その原理が認識主観の能力・形式の側に位置づけられるため、通常は事物そのものに帰される性質――時空、延長、運動その他のいわゆる一次性質――は、（こういってよければ）それ自体「表象」ということになる。[68]『批判』演繹論を最深部に置くこうした基礎づけ構想は、その意味ではまぎれもなく観念論的である。カント自身もまたこの立場を自ら「超越論的観念論〔der transzendentale Idealismus〕」と称している。[69]ただし、その際、主観的な形式にしたがう「質料」ないし内容は、「触発」によるものとして表象ひいては心の外に括り出されている。この「触発」の機構は先にみたようにブラックボックス化されており、それゆえ、いましも消去されかねないようなあやうい均衡のもとにあるにせよ、カントの主観は世界の諸事物をその質料・内容に関して自己産出するものではない。

カントの立場は、以上のような意味で、より適切には「形式的観念論〔der formale Idealism〕」という語句――「外的諸事物の現実存在そのものを疑ったり否定したりする質料的観念論〔der materiale Idealism〕」との対照においていわれる――によって表現される。[70]この「形式（的）」という点こそが『批判』による形而上学の原理の基礎づけの核心をなし、そのようなものとして、カントの原理は体系的展開への緒につく。このことは『批判』第一版演繹論の結論部の次の記述からも見て取ることができる。

知性がそれ自身自然の諸法則の源泉である、それゆえ自然の形式的統一〔die formale Einheit der Natur〕の源泉であるということは、したがって、いかに大袈裟に、いかに不合理に聞こえようと、にもかかわらず、そのような主張はやはり正しく、対象すなわち経験に適合している。なるほど経験的な諸法則は、それ自体、自らの起源を決して純粋知性から導出しえないが、それはちょうど諸現象のはかりしれぬ多様性〔die unermeßliche Mannigfaltigkeit〕が感性的直観の純粋形式からは十分には把握されえないのと同様である。[71]

ここで強調されるように、『批判』演繹論は純粋知性概念がアプリオリな直観に対してもつ根源的な関係を示すことによって、知性の形式——感性の形式との協働における——がそれ自身「自然」の形式であることを明らかにする。この意味で、「諸対象はわれわれの認識にしたがうのでなければならない」[72]。ただし、同時に留保をつけていわれるように、それが示すのはあくまで自然の「形式」、いわば世界の諸事物が捉えられる最も一般的な枠組みにすぎない。この「形式」をカントはとくに量的な観点を基軸として特徴づけているが、そこから翻って、全体としての自然の多種多様な質は「経験」によってそのつど与えられる「質料」の側に委ねられる。

問題は、したがって、経験によって与えられる多種多様な内容が、『批判』のアプリオリな形式を原理としてどのような体系的連関において捉えられるのか、そして、そうした超越論哲学の体系は自然認識・自然諸科学の実態をはたして十分豊かに説明しうるのかどうか、である。——とはいえ、こうして『批判』原則論から『原理』へ、また、『批判』弁証論から『判断力批判』へ、そして最終的には『オプス・ポストゥムム』へと引き継がれる超越論哲学の体系的展開の実際の歩みについて立ち入った検討を行う用意はいまはない。ここでは、その課題が右の引用にいわれる知性の形式に対する「経験的な諸法則」と感性の形式に対する「諸現象のはかりしれぬ多様性」との二側面に応じて、二重の仕方で捉えられるということだけ確認しておきたい。

まず、後者の「感性の形式」に対する「諸現象のはかりしれぬ多様性」であるが、これに関して課題となるのは、こうした多種多様な性質を備えたものとして与えられる「質料」ひいては「物質」に向けて、そのアプリオリな「形式」を具体化してゆくことである。もちろん、こうした質料の諸性質は、それが経験によって与えられる限りは、経験的自然科学によってアポステリオリに、つまり、ボトムアップ的な仕方で取り扱われる。しかし、同時にそうした経験科学は、カントにしたがえば、「学〔科学〕」としての根幹をアプリオリな数学的原理に負い、そして究極的にはアプリオリな形而上学的原理を前提とする。この意味で、与えられる「質料」の「学問〔科学〕」的認識のための形式的諸制約は、『批判』において示される最も一般的な形式からトップダウン的に導かれうるのでなければならない。

この課題は、したがって、『批判』の形式の特徴に即して捉え直せば、最も一般的な量的秩序・枠組みを順次具体化してゆくことで、多種多様な性質をもって与えられる物質について、それが科学的に認識される限りでの形式的諸制約を明らかにすること、いわば物質を科学的対象として形式的に再構成することにあるといえる。(73) この歩みは具体的には時空とカテゴリーを出発点として、『批判』原則論から『原理』へ、(74) また、『原理』から『オプス・ポストゥムム』へと進められることになるだろう。(75) 質的なものを捨象した量的形式から改めて質的なものへと向かうこうした歩みは、一方で、はじめに設定された形式の内に改めて内容を取り込んでゆくという点で、カントの「アプリオリな形式」のありようについて再考を促すとともに、他方、ガリレイ、デカルトらに始まる近代自然科学の辿った(また同時代のラヴォワジエ等によって進められつつあった)歩みを形而上学的、つまりメタ自然科学的に捉え直し、ことによると先取りしようとする点で、歴史的にも今日的にもやはり興味をそそるものといえる。(76)

ところで、「感性の形式」に与えられる質料・物質への形式的構成を進めることと並行して、もう一方で課題となるのは「知性の形式」に対する「経験的な諸法則」の位置づけである。先の課題が感性の多種多様な所与を(感性の形式との協働における)知性の形式へともたらすことにあったとすれば、ここでの課題は、知性によって経験的に見出される多種多様な物質的諸性質・諸法則をいわば所与のものとみなし、そのうえで、その全体的な秩序を探求することにある。こうした「全体」は経験を越えており、それゆえ感性的な所与と同様の仕方では与えられえないが、人間理性がその本性からして不可避的に希求せずにはいられない「理念」でもある。そのようなものとして、「理性」の理念は対象の概念を「生み出す」知性の構成的原理とは峻別されるが、その一方でそうした構成にしたがう知性の諸概念を「秩序づける」統制的原理として、『批判』では次のように位置づけられることになる。

理性は、したがって、そもそもただ知性とその合目的的遂行のみを対象にもち、そして、知性が諸概念によって客観における多様〔das Mannigfaltige im Objekt〕を統一するように、理性はある種の集合的統一を知性のはたらきの目標に定めることで —— さもないと知性のはたらきはただ分配的統一に従事するのみである —— 諸理念によって自身の側において諸概念の多様〔das Mannigfaltige der Begriffe〕を統一する。[77]

自然のきわまりない多様性を統一的な原理にしたがって体系的に把握すること —— 『証明根拠』においてこの課題は、機械論的な自然哲学・形而上学構想に基づく自然神学という形で捉えられていた。『形式と原理』および『批判』による形而上学的原理の批判・限界規定を経て、この課題をカントは統制的原理としての理念によって捉え直し、いったんは排除した目的論的観点をそこに改めて位置づけることによって、『批判』弁証論「純粋理性の理念の統制的原理」の章、『判断力批判』[78]、さらには『オプス・ポストゥムム』へと理論的認識と実践的認識の全体にわたる超越論哲学の体系化の歩みを進めてゆくことになるだろう。[79] 究極的な統一(「神」)という問題と表裏一体をなす全体としての世界の多様性を表現するはずの概念として、「多様」は最後までカントの課題であり続ける。

はじめに触れたように、カントの多様概念をめぐる後世の議論は、通常、『批判』の演繹論の枠内で原理の基礎づけ・正当化の営みに即して行われる。しかし、それが批判哲学の核心に関わる事柄であるというのはそのとおりであるとしても、それ自体単独で自己完結的な論証として捉えられるべきものではない。当然ながら、原理は何ものかについての原理として、その内実と具体的展開とに照らして評価される必要がある。そのための材料を提供し、問題を問題として提示することを課題として、ここまでやや足早にカントにおける「多様」の語の位置づけの変遷を辿ってきた。こうした多様概念の評価は――その後の諸科学の進展に伴って既に歴史的なものとなっている部分も少なくないように思われるが――今後の課題として、ひとまず本章で明らかになった「形式的観念論」というカントの理論的立場に注目しつつ、次章以下では『批判』の前提と意味とを探ってゆくことにしよう。

註

（1）A XVI.

（2）「超越論的心理学〔die transzendentale Psychologie〕」というのはカント自身がいわゆる「合理的心理学」の批判に際して『批判』第一版の「純粋理性の誤謬推理」の章で用いている表現であるが（A 350, A361, A367, etc., cf. Winter（1989））、『批判』演繹論の解釈との関わりでまず注目されるのは、リッカートによる一九〇九年の論文「認識論の二つの途」における用法である。判断の「妥当」をめぐる心理主義と論理主義の対立を背景に、リッカートは「超越論的心理学〔Transzendentalpsychologie〕」を「現実的認識作用から出発して漸次超越的対象へと突き進」（Rickert 1909: 181）んでゆく方途として、「超越的意味」の理解に携わる「超越論的論理学」に対して消極的・補完的に位置づけ、そのうえでカントについて次のようにいっている。「カントの手続きは本質的に超越論的心理学的であった。そのためそれはたしかに心理主義的にも形而上学的にも誤解されることになっており、われわれには超越論的論理学的内容をまさにカントのもとではじめてその純粋性において浮き彫りにすることが課せられる。この点でやはりまたいわれうるのは、超越論的心理学が主としてただカント哲学の「字句」に数え入れられるのみで、「精神」には数え入れられないということである」（Rickert 1909: 227）。影響関係ははっきりしないが、下って戦後の英米圏のカント解釈に多大な影響を及ぼしたストローソンの一九六六年の『意味の限界』でも、「演繹」の二側面のうち「経験一般の概念に何が含まれているかに関する論証」(Strawson 1966 / 2004: 84 [熊谷他訳九六]) をこそ本質的なものとして、「経験を産み出す主観の諸能力が繰り広げる超越論的働きの記述」(ibid.) は「超越論的心理学という架空の主題 [the imaginary subject of transcendental psychology]」(Strawson 1966 / 2004: 32 [熊谷他訳二三]) ひいては「総合のおとぎ話」(Strawson 1966 / 2004: 32 [熊谷他訳二四]) としてにべもなく切り捨てられている。――以上に関して、判断論の枠内でのリッカートの議論の位置づけについては廣松(一九七一)、リッカート自身の思想の変遷については九鬼(一九八九)の第二章、またストローソン以降の英語圏の『批判』解釈の動向については近堂(二〇〇四)、認知科学の台頭に伴うカントの心理学の再評価の動きについてはHatfield (1992) をそれぞれ参照。

(3) 心理主義と論理主義という対立軸に『批判』演繹論の第一版と第二版がそれぞれ重ねられてきたこともあって、演繹論の論証形式に関しては第二版の方に注意が集中してきた。近くは、一九六〇年代のストローソンとヘンリッヒによる『批判』第二版の論証の再構成が今日に連なる有力な伝統を形づくっている。ストローソンをひとつの出発点とする「超越論的論証」をめぐる議論の流れはStern (1999) のビブリオグラフィーによって辿ることができる。ヘンリッヒの解釈 (Henrich (1969)) の巻き起こした諸々の議論についてはBaumann (1991–92) が詳細なサーヴェイを行っている。――翻って、『批判』第一版の論証形式の再構成としてはKemp Smith (1923^2 / 2003: 202–270) の古典的研究、また、はるかに下ってBarker (2001) による意欲的な試みを参照。

(4) 無限や連続との関係における「多様」については、三宅(一九四〇/一九七三)の第八章「カントにおける時間、空間および世界」に詳しい。「アプリオリな多様」や「直観の形式/形式的直観」をめぐる問題について、感性論を軸に論じているものとしてKemp Smith (1923^2 / 2003: 88–98)、演繹論(とくに第二版)の解釈を軸とした議論としてHenrich (1969)、Robinson (1984) を参照。

(5) 「多様」を表題に冠した先行研究としてはSagoff (1972)、Market (1982)、Robinson (1984) などが目につくが、いずれも『批判』感性論・演繹論に焦点を合わせており展望は限られている。管見の限りでは、三宅(一九四〇/一九七三)がこの点でも最も広い見通しを示しているように思われる。『形式と原理』から『オプス・ポストゥムム』への展開を視野におさめつつ三宅はカントの空間論を主軸に論じているが、そのなかで「多様」についても立ち入った考察を行っており、本章第四節以降の――『形式と原理』からそれ以降のテクストにみられる――多様概念の位置づけについてはこれに多くを負う。

(6) 『批判』以前のカントの「多様」の用例を扱った研究は限られているが、そのひとつであるMarket (1982: 263) でも、この語は『形式と原理』以降の演繹問題への取り組みに由来するものとして、それ以前の用法は度外視されている。各種事典に拠ってもこの語の概念史的系譜やカントにおける受容・形成の経緯について納得のゆく説明は得られなかった（cf. Konhardt (1980))。

(7)「多様〔das Mannigfaltige〕」と「多様性〔die Mannigfaltigkeit〕」の語はしばしば区別なしに用いられるが、後者はまず『活力測定考』（一七四七年）に「〔神の御業はそれがおさめうる限りの大きさと多様性〔die Größe und Mannigfaltigkeit〕すべてを有する」（I 25）、「自然の諸物体の大いなる多様性〔die große Mannigfaltigkeit der Körper der Natur〕」（I 57）という形で、また、前者は『地球は老衰するか』（一七五四年）や『天界の一般自然誌と理論』（一七五五年）等の五〇年代半ばの自然哲学・自然誌的論考に「多様な〔mannifaltig〕」という形容詞形で登場している（cf. I 199, 258, 427, 432, 451, etc.）。

こうした「多様」および「多様性」の用例は、テクニカルタームとして熟した形においてではないが、遡ってヴォルフの『ドイツ語形而上学』に見出すことができる。「諸々の単純な実体はひとつの力をもつ」との表題をもつその第一二五節でヴォルフは、「多様性」の語を用いつつ自らの実体観を次のように要約的に説明している。「諸々の単純な事物はそれ自体不可分であり（第75節）、度合いによる他には限定されえない（第100節）。しかるに、それ自体不可分であり度合いによって限定されるものはひとつの力〔eine Kraft〕をもつ。というのも、そのうちに種々なるもの〔mehrerley〕が見出されるものは諸部分の集合〔eine Menge Theile〕とみなされ（第24節）、それゆえそこからひとつの量が生じてくるため（第61節）、不可分なもののうちには一方でまさにそれによって度合いの量が示されるひとつのものがあると同時に種々なるものがあるからである。さて、この多様性〔Mannigfaltigkeit〕は単純な事物に基づき（第32節）、しかもそれ自体は変化しないものとして（第111節）端的に必然的ではないので、それは単純な事物の作用による他にはその現実性（第104節）に達しえない。しかるに、その作用はある不断に継続される努力によって生じるのであって（第119節）、それゆえある単純な事物はひとつの力をもつ（第117節）」（Wolff 1751^{11} / 1983: 65）。――実体の「力」に定位した一と多をめぐるこうした問題構成はライプニッツに由来するものとみられるが、そこからカントに至る経緯や相互の異同はここでは詳らかにしない。ライプニッツのmultitude概念に定位した個別研究としてはRutherford (1990)、その一と多をめぐる思想の全体像については三宅（一九四〇／一九七三）の第七章「モナッドと世界（ライプニッツ）」をそれぞれ参照されたい。ヴォルフによる用例には本章註で適宜言及する。

(8) II 92.

(9) A 158/B197.

(10) II 93.

(11) II 96.
(12) II 93–94.
(13) II 95
(14) II 97–98.
(15) II 98–99.
(16) II 125.
(17) II 126–127.
(18) II 107, II 114–115.
(19) II 127–131.
(20) II 137–151.
(21) XXIV 341–342.
(22) XXIV 342.
(23) Leibniz 1684 / 1978: 422.
(24) ライプニッツの哲学において「概念」のこうした内包的把握がもつ意味については石黒(二〇〇三)の第三章(とくにその「II　概念の包含」)を参照。
(25) マイアーは「徴標〔Merkmal〕(nota, character cognitionis et rei)」を、「認識ないし事物の内で、それがわれわれに認識されるならば、まさにそれゆえにわれわれがその認識ないし事物を意識する根拠であるもの、あるいは、認識や認識の対象を区別する諸部分」(Meier 1752 / 1914: 296–297)としている。
(26) Meier 1752 / 1914: 80.「多様」の語を用いて認識の「判明性」を説明する記述は、遡ってヴォルフの『ドイツ語形而上学』の経験的心理学を扱う部門にも見出すことができる。「どのように判明性は生じるか」と題してその第二〇七節冒頭部でヴォルフは次のようにいっている。「すなわち注意されるべきは、われわれの思想は常に多くのもの〔vieles〕を自らの内に含んでいるということである。さて、われわれがある事物について考え、われわれの思想がその諸部分に関して、すなわち、ある事物の内に見出される多様〔das mannigfaltige〕に関して明晰である場合、この明晰性から判明性が生じてくる」(Wolff 1751[11] / 1983: 115)。
(27) 「徴標」について、カントはこれを「部分表象」、すなわち、「ある物のひとつの全体的可能的表象のひとつの部分とみなされうるもの」（XXIV 532）と言い換えている。「多様」が《全体の内の諸部分》を意味することからして、多様とは表象の水準において徴標の集合体を担うものと考えられる。実際、『ブロンベルク論理学』ではいまだ「多様」の語は用いられておらず、それに当たる箇所では「徴標」（または「部分表象」）の語が用いられている（cf. XXIV 42）。

（28）「一〔unum, Eins〕」と「多〔multa, Viel〕」という概念の位置づけについては、バウムガルテン『形而上学』の第七二節〜七七節（Baumgarten 1747⁴ / 1926: 43–44）、およびそれに応じたカントの形而上学講義録等の記述（XXVIII 14）、『批判』第二版の第一二節（B 113–115）などを参照。——この一と多ということに関しては、三宅（一九四〇／一九七三）の次のような診立てが参考になる。「ライプニッツでは、多の存在そのものはあまり問題とされず、一からいかにして多が出て来るかが原理的に問われることはなかった。むしろ多の存在ははじめより当然のこととして認められ、多がいかにして互いに一致し調和するか、あるいは多が多でありながらいかにして一つの「世界」をなすかという点が考察の中心となっている」（三宅一九四〇／一九七三：二九〇–二九一）。これは認識批判に取り組む以前のカントの姿勢でもある。

（29）XXIV 342.

（30）Cf. Leibniz 1684 / 1978: 423.

（31）『批判』感性論ではカントは、「感性と知性的なものの区別は〔……〕単に判明性や非判明性の形式に関わるのではなく、その源泉と内容に関わる」にもかかわらず、前者の「論理的」区別に終始し、後者の「超越論的」区別を看過しているということを理由として、「ライプニッツ–ヴォルフ哲学〔die Leibniz-Wolffische Philosophie〕」（A 44/B 61–62, cf. II 395）を批判している。

（32）XXIV 42, cf. II 387–388, XXIV 342.

（33）近世における「分析」と「総合」の概念史的研究としては Engfer（1982）を参照。

（34）バウムガルテンの『形而上学』は、根拠–帰結（および原因–結果）関係を基軸に、それが「相並んで〔neben einander〕」いる場合を「同位性」、他方、それが「上下に〔untereinander〕」ある場合を「従属性」としている（cf. Baumgarten 1747⁴ / 1926: 32 [§. 28.], 95 [§. 315.]）。バウムガルテンとカントにおける「同位性」と「従属性」の位置づけの異同については山本（二〇〇一：四六〇、五七四–五七五）を参照。——こうした観点の直近の源泉はやはりヴォルフであると考えられるが、具体的に『ドイツ語形而上学』の第132節で「秩序」の定義に際して「多様」は次のように位置づけられている。「多種多様なもの〔vielerley〕がひっくるめてひとつのものとして考察され、それが隣接継起して〔neben und auf einander〕生じるのに応じてその内に何か類似したものが見出される場合、そこからひとつの秩序〔Ordnung〕が生じてくる。すなわち、それにしたがえば、秩序とはそうした前後相次ぐ帰結における多様〔das mannigfaltige〕の類似性に他ならない」（Wolff 1751¹¹ / 1983: 68）。

（35）XXIV 291. 分析と総合に関するこうした論理学的説明は、六〇年代前半の『ブロンベルク論理学』から九〇年代の『ドーナ–ヴントラッケン論理学』まで一貫して見られる。——ただし、記述は時期を追うごとに簡略化されていっている（cf. XXIV 481, XXIV 683, XXIV 783）。

（36）XXIV 41, cf. XXIV 511.

（37）XXIV 42, cf. II 395. 後年の論理学講義録では「徳〔Tugend〕」の概念もしばしば例とされている（cf. XXIV 512, XXIV 703）。

（38）表象（とりわけ直観）の「多様」に関する以上のような理解は、おそらく六〇年代から七〇年の『形式と原理』にかけての時空概念の考察と相俟って形成されたものと考えられる。いまその経緯を詳しく跡づける用意はないが、空間をめぐる考察と多様をめぐる考察の交錯を示す用例として、例えば『ヘルダー形而上学』（一七六〇年代前半）には、空間・時間直観に基づく現実存在する事物の「結合〔nexus〕」の証明と関連して、「非概念的空間はおそらく一における多様性〔die Mannigfaltigkeit in Einem〕の直近の帰結である」（XVIII 129–130）という記述もみられる。

（39）物理的影響説に対するカントの態度についてはWatkins（2005）、人間知性の論弁性の強調の背景にあるカントの能力理解についてはHeßbrüggen-Walter（2004）がそれぞれその変遷を詳論している。

（40）II 392, cf. II 393, II 402. ここで「形象」と訳したspeciesについては本書第六章を参照。

（41）Ibid.

（42）Ibid., II 396, II 397, cf. A 25/B 40.

（43）II 399, II 403n., cf. B 39–40.

（44）II 388n.

（45）II 393. 慣例として『形式と原理』のintellectusには「知性」、『批判』のVerstandには「悟性」の訳語があてられるが、これはラテン語のドイツ語訳を別個に日本語訳することから生じる差異であり、その系譜のうえでintellectusとVerstandが同じ概念を表現するものであることはいうまでもない。intellectusとVerstand（の訳語）をめぐっては坂部（二〇〇六）なども参照。

（46）II 407.

（47）II 397, II 399, II 402, cf. A 68–69/B 93–94, B 40.

（48）II 396. 『批判』ではもっぱら「論弁的〔diskursiv〕」の語が用いられる（cf. A 24–25/B 39, A 68/B 93）。

（49）II 388–389, cf. A 25, B 40. ここでは多様概念との関係から「同位性」と「従属性」という観点に焦点を合わせてみたが、カントにおける「量」の概念の位置づけについてより詳しくは三宅（一九四〇／一九七三）の第八章「一」を参照。カントの世界概念の把握を課題として、そこで三宅は分離量としての quantitas と連続量としての quantum をそれぞれ totalitas と totum という全体概念に重ねて捉え、近世の形而上学のなかでのカントの空間論の位置を論じている。

(50) II 392.『形式と原理』の同じ節内には「感官を触発する対象の多様〔varia obiecti sensum afficientia〕」(II 393) との語句もみられる。

(51) II 392.

(52) II 393.『形式と原理』での《事物そのものによる感性の触発》については森口（一九五三／一九七九：二〇五、二〇八–二〇九）に詳しい。ここでは「多様」を焦点として事物の側から感性と知性の関係をみたが、両者の相関は Sala (1978) のように知性の実在的使用を焦点として認識作用の側からみることもできるだろう。それにしたがえば、「われわれの知性の実在的使用」は「感性から始まって在るがままの存在、諸事物のもとで終わる使用」(Sala 1978: 7) として捉えられる。

(53) A 68/B 93.

(54) A 19/B 33.

(55) B XXVI–VII.

(56) A 76–79/B 102–105.

(57) B XXIV–XXI.

(58) A 78–79/B 104.

(59) A 76/B 102.

(60) A 77/B 102.

(61) A 77/B 103.

(62) A 77/B 102.

(63) B 160.

(64) B 160n.

(65) A 22/B 36, A 62/B 87. Cf. Paton (1997: [I–] 52, 93).

(66) A 99.

(67) A 98–99, cf. A 138/B 177.

(68) IV 289.

(69) A 491/B 519, cf. A 369, A 28/B 44, A 36/B 52, etc.
(70) B 519n.
(71) A 127.
(72) B XVI.
(73) カントの形式構想が孕むこうした課題については、つとに青木(一九五二)が「取り残された空間」の諸問題ということで「空間の質料的あり方」に焦点を合わせて、『批判』原則論から『原理』そして『オプス・ポストゥム』への展開に即して論じている。
(74) 『批判』原則論では感性と知性の両形式の協働からなる時空の量的秩序が示され、さらに『原理』ではそうした秩序のもとで「運動」や「力」をもってはたらく「物質」について、それが経験において与えられるということを前提として、当の概念のアプリオリな構成が進められる。『原理』におけるこの物質概念の独特の位置づけについては、プラース『カントの自然科学論』を参照(cf. Plaaß 1965: 83–90〔犬竹他訳一四一–一五六〕)。
(75) 『オプス・ポストゥム』では、「『自然科学の形而上学的諸原理』から物理学への移行」という題目のもと、「エーテル」ないし「熱素」を前提として、「物質の運動諸力」という観点から物質の化学的諸性質まで含めた形式的構成が課題とされる。——この問題構成についてカントは例えば次のようにいっている。「『自然科学の形而上学的諸原理』は空間において運動するものとしての物質を一般に対象とし、経験的なものすべてから独立に純粋に、つまりアプリオリに認識されうる限りでのそうした物質の運動の諸法則を含むものだった。——この形而上学は、しかるに、物理学へのある傾向をもつ、つまり、理性はその内に、自然科学におけるこれらの諸法則の経験の体系(philosophia naturalis)を目指すある規定根拠をもつ。これはまさしくアプリオリな諸原理にしたがって生じうるもので、というのも、もし仮に、ある体系について、等しくただアプリオリな諸原理にのみ基づけられうるような形式的諸制約を欠くならば、どのような諸原理に基づいて自然研究——それに基づいて諸知覚の全体としての物理学は生じうる——が行われうるのかわからないだろうからである。/しかるに、『形而上学的諸原理』から物理学への移行は物質についての諸概念の進展によって生じる。『形而上学的諸原理』において物質とは空間において運動するものだった。これに対して進展は物理学のために新たな概念を付け加え、物質はいまや運動力をもつ限りでの空間における運動するものである。この後者〔=運動力をもつ限りでの空間における運動するもの〕は経験的認識の対象を含むが、やはりアプリオリな諸原理にしたがって諸経験と結合している」(XXII 149–150, cf. XXII 264)。カントの原理のこうした展開はつとに三宅(一九四〇/一九七三)の論じるところであり、青木(一九五二)、犬竹(一九九三)がそれに続いている。

(76) 一七・一八世紀の自然科学のそうした歩みは「機械論的自然観から力学的自然観への転換」(山本二〇〇八：八四)との見通しのもと、山本義隆の詳述するところとなっている。そうした動きの只中で、とくにラヴォワジエによる「化学革命」を承けて『批判』および『原理』以降のカントが自らの旧来の化学観を更新していった経緯についてはFriedman (1992: 264–290) に詳しい。

(77) A 643–644/B 671–672.

(78) V 179–181, V 366–367, etc.

(79) 『オプス・ポストゥムム』のこうした位置づけについてはFriedman (1992: 242–264) を参照。「『自然科学の形而上学的諸原理』から物理学への移行」という課題と並んで、『オプス・ポストゥムム』でカントは――とくに最晩年のものとされるテクストでは――「超越論哲学の最高点」として、「神、世界、および自らの義務に適った世界の内なる人間」等の表題を掲げて、端的に「神とは何か」ということを論じる姿勢を示している (cf. XXI 54, 59, etc.)。そこに認められるのは、大雑把にいえば、原理を多なるものへ展開させるとともに一なるものへ収斂させようというカントの体系性への意志である。そうした『オプス・ポストゥムム』の全体像については福谷(二〇〇九：二〇七–二三五)が参考になる。

第五章　統一の前提、または「表象」

前章にみたように『批判』の形而上学構想の根幹をなすのは「多様の総合的統一」という一連の作用連関であるが、この「統一」に関してカントは具体的に「直観の多様はすべて統覚〔Apperzeption〕の根源的‐総合的統一の制約にしたがう」として、(1)「私は考える〔Ich denke〕」という自己意識――「根源的統覚」や「純粋統覚」、さらに「超越論的統覚」ともいわれる――のはたらきを軸に考察を進めてゆく。(2) 端的にいえば、この「私は考える」という意識作用に即して対象の思考の可能性、ひいてはその認識（の対象）の可能性を限界づけることがカントの目論見であり、後世、さまざまな解釈がこの自己意識（ひいては自己認識）モデルによる『批判』の基礎づけ構想の成否をめぐってなされてきていることは周知のとおりである。

しかし、それは本章の主題ではない。ここで問題にしたいのは、むしろ、そうした『批判』の構想がどのような前提に基づいて可能となっているかということである。「総合的統一」という思想に関してカントが統覚のはたらきに即して論じている事柄は、自己意識（ひいては自己認識）という一般的な問題としてみれば、一見無時間的な妥当性をもつ——一八世紀当時の文脈から容易に切り離しうる——もののようにも思われる。(3) しかるに、そもそも『批判』の議論の枠組みを形づくっているのは、主観的な「表象〔Vorstellung〕」として導かれたアプリオリな形式的原理の客観的妥当性の証明という問題構成である。「私は考える」という「統覚」のはたらきは、その枠組みのもとでそれ自身また表象として、時間をその形式的制約とする「内感」を舞台に、そこにおいて与えられる諸表象に即して遂行される。要するに、「総合的統一」という『批判』の構想は「表象」という歴史的性格の色濃い理論的枠組みの制約下にある。(4)

だが、この「表象」ということでカントはいったい何を理解しているのか。『批判』において表象概念が「現象」と「物自体」という(二重の)対象概念と、(5) その帰属先としての「心」ないしは「内感」という主観概念との両極に対して位置づけられるのはよく知られるとおりで、(6)『批判』の「超越論的観念論」(にして「経験的実在論」)という立場の解釈の核心に関わる事柄として、当の位置づけの整合性や意味については従来も盛んに議論されてきている。しかし、『批判』をその問題構成から受け取り直そうと思うならば、そもそもこうした表象理解がどのように導き出されたものかをまず確認しておく必要がある。近世の観念・表象説という大きな潮流のなかでのどのような舵取りによってカントの「形式的観念論」(超越論的観念論)は生じてきたのか、その点が明らかにされねばならない。(7) それゆえ、ここでは『批判』の「観念性」をめぐる諸解釈が出発点としているところをむしろ目標地点として、その手前にある(と考えられる)表象理解からカントの歩みの基本線を辿り直してみることにしたい。

具体的に出発点となるのは、論理学講義録にみられる「表象とは何かということはそもそも決して解明されえない」というカントの言葉である。本章では、まず、この表現の解釈を通じて「表象」(や「観念」)等の言葉が使用される際の基本前提を表立たせ(一)、そのうえで、一七六六年の『形而上学の夢によって解明された視霊者の夢』(以下、『視霊者の夢』)から七〇年の『形式と原理』を経て八一年の『批判』へと至る時期のテクストに拠って、カントの表象理解の変遷を再構成してゆく。時代の一般的動向と地域の特殊事情のもとで『視霊者の夢』のカントは一定の物心二元論の立場からそれに応じた形而上学の問題構成を進めているが（二）、これを踏まえて対象概念（物）と主観概念（心）の両契機に即して『批判』の表象理解の生成をみてゆくことで、前者に関しては不可知の「物自体」へと向かう二段階の形式化が（三）、そしてそれと表裏一体に、後者に関しては「内感」に優位を置くかたちでの表象概念の伸張が確認されるだろう（四）。議論はやや急ぎ足になるが、これによって、「観念」（つまり表象）という歴史的な概念がカントの「形式的観念論」構想に対してはたした役割をいくぶんなりとも明らかにできればと思う。(8)

第一節　出発点としての表象の定義不可性

時空の超越論的「観念」性というその特色ある主張からも明らかなように、「表象」は『批判』の問題構成の枢要を占める概念であるが、しかし、これに関してカントが『批判』で語る言葉はごく一般的でそっけない。改まった形で表象概念の説明がなされるのは著作も半ばをすぎて弁証論に入ってからのことであり、そこでも「表象〔Vorstellung〕（repraesentatio）」は――「理念〔Idee〕」という概念の位置づけのために――「知覚〔Perzeption〕（perceptio）」「感覚〔Empfindung〕（sensatio）」「認識〔Erkenntnis〕（cognitio）」「直観〔Anschauung〕（intuitus）」「概念〔Begriff〕（conceptus）」等の上位概念をなす「類」として一般的・形式的に語られるばかりで(9)、それ自体として表象が何であるのか（あるいは何でないのか）を表立って論じた記述はみられない。

ただし、だからといって、カントが表象概念をブラックボックス化してそこに居直っているわけではないのはもちろんである。『ブロンベルク論理学』から『フィリッピ論理学』や『ペーリッツ論理学』を経て『ヴィーンの論理学』に至るいずれの講義録でも、その本論冒頭で「認識」という概念の定義に際して、カントは「表象」の定義が不可能であることを論じている。『批判』が表象概念の表立った定義を欠く理由は、その記述をみればそれなりに納得されうるはずのもので、具体的に、講義の教科書であったマイアーの『理性論綱要』第一〇節の「表象〔eine Vorstellung〕(repraesentatio, perceptio)は魂の絵画的技巧が自らの内部に描く像〔ein Bild〕のような仕方で在る」との「定義」を踏まえつつ、[10] カントは例えば『ブロンベルク論理学』では次のようにいっている。

著者〔＝マイアー〕はこの節で表象について定義を与えようとした。しかし、それができなかったので、何も確実なことをいえない場合によくあるように、修辞上の勢いで急場をしのいだ。挙句に「表象とは魂の絵画的技巧が自らの内部に描く像〔Bild〕のようなものである」といっている。表象とは何かということはそもそも決して解明されえない〔was die Vorstellung sey, kan eigentlich gar nicht erkläret werden〕。表象とはわれわれが必然的にもたざるをえない諸々の単純概念〔die einfachen Begriffe〕のひとつである。人間は誰でも表象とは何かということを直接に知っている。[11]

問題はカントが表象を定義不可能であると主張する根拠であるが、まず「定義」ということと関わって注目されるのは、「表象」が「単純概念」であるといわれている点である。[12] ロックによる単純／複合観念の区別に淵源するものとみられるこの語句を、カントはここで ―― おそらくライプニッツ-ヴォルフ哲学経由で ―― 主語概念に内包的に含まれる諸徴標の分析を進めてゆくことで辿り着くはずの、それ以上分析されえない述語概念を指して用いている。[13] つまり、それが定義されえないのは、当の概念をより高次において述語づける概念が見出されえないからで、このことは『判明性』(一七六四年)の次のような記述によってより具体的に理解されうる。

哲学のあらゆるディシプリンにおいて、とりわけ形而上学においては、行われうるあらゆる分析がなんといっても必要である〔……〕。しかしながら、前もってすぐに、分析において分解されえない――それ自身そのものにおいてか、あるいはわれわれにとってそういうことになる――諸概念へとゆきつくことが避けられず、また、かくも大なる多様性についての一般的認識がごく少数の根本諸概念からのみ組み立てられるというようなことが不可能であるからには、そのような概念が並外れて多くあるだろうことが見て取られる。それゆえ多数の諸概念はほとんど分解されえない――例えば表象〔Vorstellung〕という概念、相並んでいることや相前後していることがそうであり、他の諸概念は空間、時間、人間の魂のさまざまな感情〔……〕などの概念のように部分的にのみ分解されうる。[14]

「表象」が概念的に定義されえないということは、このように、それが概念としてそれ以上（ほとんど）分解されえないということと同義である。しかし、仮に「単純概念」がわれわれの分析という営みにおいて「避けられない」――『ブロンベルク論理学』の言葉では「必然的にもたざるをえない」――ものであるとして、他ならぬ「表象」がまさにそうであるということはどのようにして知られるのか。「直接に誰でも知っている」というのが『ブロンベルク論理学』の説明（?）であったが、この点についてカントは『フィリッピ論理学』その他の講義録ではもう少し踏み込んで次のようにいっている。

著者〔＝マイアー〕は表象を解明しようと努力しているが無駄である。私が解明しようとするものについて私は表象をもたなければならない。したがって、仮に私が表象を解明しようというのであれば、私は表象についての表象をもたねばならないか、あるいはいかなる表象でもないような表象をもたねばならない。[15]

ここでのカントの主張を「表象」の語を用いずにいい直すとすれば、これは「何らかの事柄の解明を行いうるためには解明されるべき当の事柄があらかじめ何らかの仕方で受け取られていなければならない」とでもいうようなことになるだろう。そして、その限りでは、このことはわれわれの認識に関わるごく基本的な事実として、理論的立場の別なく了解されうる事柄であるように思われる。たしかに、どのような仕方においても与えられない事柄についてはそもそも解明のしようがない。それゆえ、こうしたいわばプリミティヴな事実の確認に留まる限りでは、受け取られる事柄を「表象」（あるいは「観念」）という言葉で呼ぼうと、他の何らかの概念——例えば「言語」や「現象」——で呼ぼうと同じことであるといえる。

こうした一連の議論におけるカントの意図が以上のようなものであっただろうことは、それがただ論理学（的分析）との関連においてみられる記述であるという事実によっても裏書きされる。『批判』で（一般）論理学は、表象内容にも関わる形式を扱う超越論的論理学に対して、内容を捨象した単なる形式にのみ関わるとされるが、[16]既に『ブロンベルク論理学』や『フィリップピ論理学』でも、カントは判明性の形式のみに携わる論理学と《表象と対象の関係》や《表象の起源》を論じる形而上学とを区別している。[17]つまり、論理学とは、「表象」の語によって呼ばれる何らかの認識内容の所与性を前提として、その形式的分析を行うものである。この点でカントの立場は時期を問わず一貫しており、そのことからみて、論理学の冒頭にいわれる《表象の定義不可能性》とはこの所与性という事態を語るものと理解することができる。[18]

しかし、そこで改めて問題は「表象」である。語られている事柄がプリミティヴな事実であるとしても、それを「表象」という一定の理論的内容をもつ概念によって——例えば「観念」や「言語」という概念によってではなく——語ることはもはやプリミティヴとはいえない。所与の事象の内在的な記述・分析を行うことと、その所与性という事態を俯瞰的に一定の概念によって捉えることは自ら別の事柄である。仮にそれが使用者によって十分意識されていないとしても、「表象」の語を用いることは既に一定の理論的コミットメントを含む。もう一歩踏み込んでいえば、カント自身の論理学講義録での言葉からも汲み取られるように、表象概念は一定の自然学・形而上学説を前提する。[19]

それでは、「表象」という概念を用いることでコミットすることになる理論とは具体的にどのようなものか。以下、節を改めて、カントの表象概念の哲学史上の位置を確認するとともに、『批判』へと至るその問題意識の進展を明らかにしてゆくことにしよう。

第二節 「死せる物質」と「内的な活動性」の二元論

「表象」と訳されるVorstellungというドイツ語は、改めて確認しておくと、(主に)デカルト以降、心の内なる「観念」の意味で用いられるようになったideaの訳語として、[20]ヴォルフやバウムガルテンの手でテクニカル・ターム化され、カントおよび同時代の諸家において定着をみた歴史的な概念である。[21]後世「認識論的転回」の語によって呼び習わされるように、一七世紀以来の観念-表象語法は先立つ伝統との対決を通じて新たな哲学・形而上学を生みだすべく採用されたもので、その論理の極限化のヴァリエーションとしてやがて唯物論や観念論(あるいは非物質主義)といったラディカルな主張もみられるようになるが、こと一八世紀のドイツでは敬虔主義とヴォルフ学派という相対的に新しい伝統の影響が根強く、議論はもっぱら物心二元論の枠内に終始していた。[22]——カントもまたそうした伝統のもとで自らの思索を進めている。

そのうえで、それではカントは物心の二元性をどのように捉え、そこから哲学・形而上学の課題をどのような形で定式化したのだったか。前章にみたように、『批判』でカントは現象と物自体の区別に基づいて時空の観念性を主張し、これによってある仕方——同時に経験のレベルでは実在論でもあるというかたち——で観念論へと踏み切ることになる。そうして物心二元論の止揚へと至るカントの思索の歩みは、結論からいえば、「外」なる「死せる物質」と「内」なる「自己活動的」な魂という二項対立を一貫して保持しつつ、両項の相関の原理についての把握の仕方を段階的に更新してゆく手続きとして理解されうる。このことを具体的にみてゆくために、まず、一七六六年の『視霊者の夢』の第一部第二章冒頭の記述に即してその物心二元論の実態を確認しておこう。

世界の空間〔宇宙空間〕を充たす死せる物質〔die todte Materie〕はその固有の本性にしたがって一様に慣性と持続性の状態にあり、その物質は固性、延長および形をもち、そして、これらの根拠すべてに基づく物質の諸現象は自然学的な ― 同時に数学的であり、併せて機械論的と称される ― 解明を許す。他方で世界の全体のうちの生命の根拠を含むような種類の存在者、それゆえ構成部分として生命なき物質の塊や延長を増やすのでも、そうした物質から接触や衝突の法則にしたがって作用を受けるのでもなく、むしろ内的な活動性〔innere Thätigkeit〕によって自己自身ひいては自然の死せる素材を活発化させるような種類の存在者に注意が向けられるならば、論証の判明性はなくても、少なくとも未熟ならざる知性の予感でもって、諸々の非物質的存在者〔immaterielles Wesen〕の現実存在が説得的に見出されるだろう〔……〕[23]。

デカルト以来の近世哲学の諸動向をみても明らかなように、一口に物心二元論といっても物と心が区別される観点は立場に応じてさまざまであるが、ここにみられるのは「死せる物質」と「内的な活動性」（としての魂）というかたちのそれである。文脈に即していえば、これは一方でデカルト的な物心二元論にしたがって物体を一般に機械として捉え、他方で魂に関してはライプニッツにしたがってその本質を表象力と考えるヴォルフの問題構成を背景として、広く一八世紀中葉のドイツの哲学者たちに引き継がれていた立場ということになる[24]。それに対してカントの『視霊者の夢』は、まさにこうした旧来の講壇形而上学のドグマティズムに揺さぶりをかけることを意図して著されたテクストであり、そのようなものとして、右の引用中での二元論はさしあたって「懐疑的」な留保を伴って提示されている。しかしながら、だからといって、その二元論的は「懐疑」から「批判」を経て完全に廃棄されるというわけでもない。むしろ、そこでの線引きは改めて『批判』の「超越論的観念論」（と「経験的実在論」）の枠内に位置づけ直されるはずのもので、そのことは例えば一七八四／八五年の『フォルクマン形而上学』の次のような記述によっても示唆されるとおりである。

「動物における生命の原理はいささかも表象力をもたず、それはただ物質の一般法則にしたがってはたらくのみである」と主張したのはデカルトであり、それを承けてマールブランシュもそうだったが、しかしながら、動物を機械として考えることは —— そうすると自然の類推からまったく逸脱することになろうから —— 不可能であり、また人間自身が機械であるという命題はまったく愚かしい。というのも、われわれは現に自らわれわれの諸表象自身を意識しており〔wir sind uns ja unsrer Vorstellungen selbst bewust〕、そして全自然科学は「物質はいかなる表象ももちえない〔die Materie keine Vorstellungen haben kan〕」という命題に基づいているからである。[25]

動物であれ人間であれ死物として捉えられる限りにおいてそれは「機械」であるが、「われわれが現に自らわれわれの諸表象自身を意識して」いるということからして、それとは別に「生命の原理」が考えられなければならない。こうした二元論に対して、同時期の英仏では一元論的に物質に思考可能性（表象能力）を帰属させる試みもみられたが[26]、先にも触れたように、物質とは区別される魂の自発性ひいては自由を重んじる伝統の色濃いドイツでは、むしろ、機械論と自由を二元論の枠組みのもとで調停することが改めて（新たに）ヴォルフ以来の一八世紀の講壇哲学の課題となっていた。この点では『批判』も同様である。たしかに、こうした枠組みを踏まえつつカントは認識の論弁性を強調し、感性と知性を二元的に区別する立場からライプニッツ‐ヴォルフ学派の一元的で認識可能な「根本力〔Grundkraft〕」としての「表象力〔vis repraesentativa〕」という前提を批判してゆくことになるが[27]、そもそも「魂」を内的な自己活動性として捉えるという点では伝統に忠実であった。

「表象」を基軸とした『批判』のカントの問題構成は、まずはこうした外的な（表象状態をもたない）「物質」と内的な（表象力をもつ）「非物質」の二項対立を出発点として捉えられるべきものである。[28]というのは、段階的に姿を変えてゆくことになるとはいえ、基本的にはこの二元の相関という点にカントにとっての哲学・形而上学の諸問題は収斂させられるからで、そのことは『視霊者の夢』を踏まえて書かれたメンデルスゾーン宛書簡の次のような一節が雄弁に語るとおりである。

私の意見では、すべては次の問題に対するデータを捜し出すことにかかっています。すなわち、「いかにして世界における魂は物質的自然にも自分と同種の別の自然にも現前するのか〔wie ist die Seele in der Welt gegenwärtig sowohl den materiellen Naturen als denen anderen von ihrer Art〕」という問題がそれです。それゆえ、そのような実体のもとに外的な作用の力と外から作用を受ける受容性が見出されねばなりません――人間の身体との合一はこのことの特殊な仕方であるに過ぎないのです。[29]

デカルト以来のいわゆる心身問題のひとつのヴァリエーションとしてまず目に映るであろうこの問いは、引用中に語られるように、本来的にはむしろ実体間の相互作用の原理に関する問いとして理解されている。それゆえ、その特殊例として「世界空間における魂の現前の仕方」を問うことは「誕生（形而上学的意味での）、生、死」を問うことであり、[30]こうした意味でカントは「人類の真のそして永続的な福祉は形而上学にかかっている」という。[31]やがて『批判』でカントは「いかにして思考の主観的諸制約は客観的妥当性をもつことになるのか」という形で問いを立て直すことになるが、[32]きわめて抽象的なこの問いが自らの内に含みもつ問題の広がりを確認するためにも、『視霊者の夢』の時期のこうした問題設定を遡ってみておくことは重要である。

そこで改めて問題は問いそのものの形式である。『批判』序文ではカントは「ここで解決されていない、あるいはその解決のために少なくとも鍵なりとも提示されていない形而上学的課題はただのひとつもない」とまでいうが、[33] さしあたって『視霊者の夢』ではライプニッツ－ヴォルフ哲学のドグマティズムを「懐疑的」に「浄化〔purgiren〕」するにとどまっている。[34] やがて『批判』は「表象」を舞台とした「アプリオリな多様の総合的統一」というはたらきによってこの問いにひとつの答えを与えることとなるが、これは『視霊者の夢』を承けて書かれたメンデルスゾーン書簡の問いからはいまだ導かれえない事柄であった。しかるに、ここでのカントの問いが「いかにして世界における魂は物質的自然にも自分と同種の別の自然にも現前するのか」というように「自然〔Natur〕」に軸を置いているのに対して、この後『形式と原理』を経て一七七二年のマルクス・ヘルツ宛書簡になると、「それまではまだ身を隠していた形而上学のまったき秘密への鍵」として、問いは「われわれの内にあって表象と呼ばれるものの対象への関係はどのような根拠に基づくのか〔auf welchem Grunde beruhet die Beziehung desienigen, was man in uns Vorstellung nennt, auf den Gegenstand ?〕」と定式化され、「自然」にかわってとくに「表象」（とその「対象」）が前景化してくることになる。[35] ── この延長線上に先の『批判』の問いがあることはいうまでもない。

　いったい、問いの形式のこうした変化はどのようにしてもたらされうるものなのか。問われている事柄の内容の点では、『視霊者の夢』に関するメンデルスゾーン書簡での問いからヘルツ宛書簡ひいては『批判』に至るカントの問いは、いずれも「内」なる「自己活動的」な原理の「外」なる物質世界に対する関係性を問うものとして一貫している。[36] その限りでは、いわゆる《前批判期》と《批判期》との区別は問題とはならない。しかしながら、問いの形式は異なっている。そして、それに応じて具体的な回答も『視霊者の夢』と『形式と原理』と『批判』とでそれぞれ異なっている。出発点をなすヴォルフ学派由来の「外なる死物」と「内なる活動性」の二元論がゆきつくところは、周知のように、カント独特の「超越論的観念論」（および「経験的実在論」）である。[37] 次節以下ではこの「外」と「内」を軸とした物心二元論の各項に焦点を合わせて、そこから「物自体」と「内感」という概念の導出プロセスの再構成を試みてゆくことにしよう。

第三節　二段階の形式化と「現象」と「物自体」の区別

『批判』の「現象」と「物自体」という二項対立は、『視霊者の夢』での「外」なる「死せる物質」と非物質的な「内なる活動性」という二項対立を出発点にカントの二元論の変遷をみてゆくとき、対象概念の側におけるその終着点として理解されうる。先走っていえば、これが本節の結論である。――現象と物自体という「二重の観点」から対象を捉えることで、人間理性が一様な対象概念のもとでは不可避的に陥らざるを得ない自己矛盾が解消されるというのが『批判』のカントの弁であるが、このように二重化された対象概念のうち、まず、「現象〔Erscheinung〕」は「経験的直観の未規定の対象」を指すものとして、[38] 例えば次のように特徴づけられる。

空間や時間において直観されるものはすべて、したがって、われわれに可能な経験の諸対象はすべて、諸現象〔Erscheinungen〕に他ならない。つまり、それらは表象されるがままに、延長的存在者や諸変化の諸系列としてわれわれの思考の外ではそれ自体根拠づけられたいかなる現実存在ももたない単なる諸表象〔bloße Vorstellungen〕に他ならない。[39]

他方、「物自体〔Ding an sich〕」は、この「単なる諸表象」としての「現象」との対照相関において次のように導入される。

空間における現象の超越論的概念は次のことを批判的に戒める。すなわち、そもそも空間において直観される何ものといえども事象自体ではなく、空間も諸事物の――それらがそれ自体そのものとして所有するような――形式ではない。むしろ、われわれには諸対象自体は決して知られず〔nicht bekannt〕、われわれが外的諸対象と呼んでいるものは、われわれの感性の単なる諸表象〔bloße Vorstellungen〕に他ならず、その形式が空間なのであるが、その真の対応物、つまりその物自体そのもの〔das Ding an sich selbst〕はその形式によってはまったく認識されず、認識されることもできないのである〔……〕。(40)

表象としての現象に対して、「物自体そのもの」はその「対応物」ではあるが、認識不可能である。「物自体」のこうした位置づけは必ずしも受け容れ易いものではなく、事実、物自体による感性の「触発」という事態や不可知の物自体の思考可能性という事柄の解釈をめぐっては『批判』出版直後からさまざまな議論がなされてきている。――しかし、いまはその点には立ち入らない。また、この区別の成否も問わない。(41) むしろ、ここで問題にしたいのは、この概念対をカントがどのような仕方で導き出してきたかである。ともすると現象と物自体の区別は自明のこととして議論はそこから始められがちであるが、当然ながら、これもまたカントの思想の展開のなかでの発見(ないしは発明)に関わる概念である。いま一七六六年の『視霊者の夢』から七〇年の『形式と原理』を経て八一年の『批判』へと至る公刊著作での議論に即してその導出過程の再構成を試みるならば、それは物質的なものと非物質的なものの二項対立を出発点とし、両項について並行して進められる二段階の「形式」化の産物として捉えられる。(42)

まず、『視霊者の夢』から『形式と原理』に至る第一段階の手続きは、『形式と原理』の第一六節の次の記述によって端的に示される。

しかるに、ここでわれわれは世界を質料〔materia〕に関して、つまり、諸実体――世界はそれらに基づく――という諸々の自然本体に関してそれらが物質的であるか非物質的であるか〔materiales an immateriales〕を考察しているのではなく、形式〔forma〕に関して、すなわち、どのようにしてそもそも多数のものの間の連結ひいては万物の間の全体性ということが生じるのかを考察している。(43)

前節のメンデルスゾーン宛書簡において語られるように、問題は(「魂」と物体の相関を含めた)実体の相互作用の原理の如何であるが、『視霊者の夢』の時期のカントは外的で受動的な「物質的」なものと内的な活動性をもつ「非物質的」なものという二項対立を、「存在者」ないしは「自然本性」のレベルでそれぞれ「物体」と「魂」(「霊魂」)に重ねて理解していた。もちろん、一方で、この時期のカントが「経験」の立場に拠って、そうしたライプニッツ-ヴォルフ哲学の合理主義的な――それだけにドグマ的な――心身相関論に対する懐疑を表明していることは事実である。物質的な諸性質が経験的に認識されうるのに対して、非物質的な対象の存在はまさに「非」物質的である以上、その可能性を考えることはできても経験によって認識することはできないというのがその基本姿勢であった。しかしながら、懐疑とはドグマを宙吊りにしてもそれを廃棄するものでなく、そうである以上、枠組みそのものは温存されざるをえない。それゆえ、懸案の心身問題はここでは「形而上学の夢」というアンビヴァレントな仕方で――「可知的世界」というものを天下り的に想定することによって――語られるより他なかった。

これに対して『形式と原理』では、対象概念対を感性と知性という能力の区別に即して捉え直すことによって、問題への取り組み方が刷新される。(44)まず、これまで「固性、延長および形」等の(いわゆる一次)性質をその本質的規定として実体的に理解されていた「物質」は、ここで一次元の「時間」と三次元の「空間」という、より一般的・抽象的な秩序のもとで、そうした主観的な形式的原理にしたがう「現れ〔apparentia〕」として捉え返される。(45)つまり、『視霊者の夢』の「死せる物質」は、いまや感性に受動的に与えられる「対象の内的かつ絶対的性質を表わさない「現象〔phaenomenon〕」となる。(46)そして、そのように現象としての物質が感性の形式にしたがうものとして限界づけられたことと表裏一体に、他方の「非物質」は知性の実在的使用の対象とされ、『形式と原理』では「直観的に見られると空間と呼ばれるこのすべての実体の関係そのもの」の原理として、[47]「多数の実体が相互関係にある」ということがいわれる。[48]すなわち、「内的な自己活動性」をその本質とする「非物質」は、相互関係にある「実体〔substantia〕」として改めて知性の形式にしたがう認識の対象として積極的に位置づけられる。[49]

以上に関して注目されるのは、繰り返すように、このように新たな対象概念が導かれる際の「形式」の役割である。もちろん、『視霊者の夢』から『形式と原理』にかけての思想の展開に際して、空間の存在論的ステータスをめぐる形而上学的な考察が重大な意味をもつことは従来しばしばいわれてきたとおりである。つとに知られるように、「絶対空間はあらゆる物質〔Materie〕の現実存在と独立に、しかもそれ自身物質の合成の可能性の第一根拠としてある固有の実在性をもつ」というのが一七六八年の論文『空間における方位の第一根拠について』におけるカントの洞察だった。[50]しかし、空間の物質に対する独立性および先行性が直ちに「現象」としての物質という対象理解につながるわけではない。そのためには、外的感覚によって得られる物質の表象に即して、その質量的契機と形式的契機を区別し、空間（および時間）を感性の形式として位置づけたうえで、そこから改めて物質的対象を捉え返すことが必要になってくる。つまり、「現象」としての対象とは、そこから翻って知性の形式に委ねられる「実体」としての対象とあわせて、表象概念を媒介とする形式化の産物として理解されうるものである。

こうして『形式と原理』においてカントは、各々実体的に理解されていた物質と非物質の二項対立を認識主観の「形式」の水準へと移行させ、これによって各々の対象領域の認識と両領域の相関を、感性の形式たる時空的秩序にしたがう現象からなる「可感的世界」と知性の形式にしたがって捉えられうる実体からなる「可知的世界」という二重の世界概念に基づいて捉え返す。[51]つまり、実体（としての魂）の相互作用という――先立ってメンデルスゾーン宛書簡で問われていた――課題に関していえば、それはひとえに知性の形式にしたがって認識される、というのがここでのカントの回答である。逆からみれば、感性の形式にしたがうものとして現象界における物質的対象の認識を限定することで、『視霊者の夢』で漠然と「経験」の立場から懐疑にかけられていた形而上学的認識の可能性を確保することがカントの狙いであったといえる。――しかし、そうすると次に問題になってくるのはその知性の形式そのものである。

物質的対象と非物質的対象の領域の区別はいまや明確である。だが、現象として否応なく与えられる前者はともかく、単に知性によって思考される後者について直ちにその客観的な妥当性を認めうるものかどうか。すなわち、「われわれの内にあって表象と呼ばれるものの対象への関係はどのような根拠に基づくのか」。直観の形式としての時空の観念性が主に空間の存在論的ステータスをめぐる議論を背景とするものであったのに対して、知性の形式に関するその洞察は――正確な時期はともかく――ロックによる実体批判ひいてはヒュームによる因果性批判の影響を感じさせるが、[52]いずれにせよ、ここにきて知性の形式は『形式と原理』のように「多数の実体が相互関係にある」という事態を直接に指し示すものとしてではなく、さしあたって主観的な「表象」として捉えられる。その結果、カントは主観的形式の客観的妥当性の証明という問題（いわゆる演繹問題）へと立ち至ることになるわけであるが、[53]先と同様ここにも表象概念を媒介とする対象概念の形式化という手続きが見て取れることはもはや明らかだろう。

ところで、いま注目したいのは、この第二段階の形式化に伴って対象概念にどのような変容がもたらされるかである。周知のように、『形式と原理』では相互関係にある諸実体の認識をそれ自身において担うとされた知性の形式は、『批判』では単独では論理学的・主観的な表象でしかなく、感性的な与件との相関においてはじめて認識を成立させる思考の形式（純粋知性概念）として捉え直されることとなる。[54]つまり、可知的世界に属する非物質的対象の認識は『批判』において改めて原理的に断念される。そして興味深いことに、非物質的対象の対象領域を独自に確保しながらも認識対象としてはそれを断念するというこの折れ曲がった姿勢のもと、いまや「物自体」という対象概念が新たに呼び込まれることとなる。[55] それと同時に、対をなす現象概念も刷新される。現象が感性の形式（である時空）にしたがって与えられる「表象」としての対象であるということは『形式と原理』と同様であるが、もはやそれは知性の形式によって認識される非物質的実体による触発の産物とは考えられない。知性の形式の妥当しうる領域が当の感性の限界内であるとされることによって、いまや現象は感性と知性の両者の協働の所産として捉えられるべきものとなる。

このように現象と物自体という『批判』の対象概念対は、「外」なる「死せる物質」と「内」なる「自己活動的」な「非物質」という『視霊者の夢』の二項対立からの二段階の形式化の帰結として —— 踏み込んでいえばひとつの発見ないし発明として —— 説明される。カントにとって問題はこの両項の異質性を踏まえつつ実体の相互作用（その系としての心身の相関）を明らかにすることだったが、その手続きは、「外」と「内」という点に焦点を合わせていえば、まず「外」なる物体的実体を「表象」としての「内」なる現象へと転じ、そのうえで、今度は「内」なる精神的実体をやはり「表象」を媒介に「外」なる不可知の物自体へと追い込んでゆくというものであった。こうして、究極的な意味で「外」なる不可知の「物自体」に限界づけられるかたちで、「内」なる表象としての「現象」を舞台にカントは改めて物質的なものと非物質的なものの相関の説明に —— 感性と知性の形式の根源的な関係性を示すという仕方で —— 取り組むこととなる。すなわち、そこにおいて相対的（「経験的」）な意味での「外」と「内」とがともに位置づけられる原理的（「超越論的」）な意味での「内」として、「表象」としての「現象」が際立った役割をもって前景化してくることになる。

そこで翻って、「内」なるものとしての心・魂の位置づけである。対象概念の変容に応じて他方の主観概念にもたらされる変化とはどのようなものだったか。節を改めてこれをみよう。

第四節　形式化の帰結としての「内感」の優位

『視霊者の夢』から『批判』にかけての対象概念の一連の形式化の末にカントは最も根源的な意味で「外」なる「物自体」という概念へと達するが、それと相関をなす「内」なる「表象」については、以下のように「内感〔innerer Sinn〕」の形式としての「時間」にしたがうとしている。

時間とはあらゆる現象一般のアプリオリな形式的制約である。空間は、すべての外的直観の純粋形式として、アプリオリな制約としては単に外的諸現象に制限される。これに対して、あらゆる表象〔alle Vorstellungen〕は――外的諸事物を対象にもとうとそうでなかろうと――やはりそれ自体そのものは心の諸規定として内的状態に属し〔als Bestimmungen des Gemüts, zum inneren Zustande gehören〕、しかるに、この内的状態は内的直観の形式的制約、したがって時間のもとに数え入れられる〔unter [...] der Zeit gehören〕ので、それゆえ時間はあらゆる現象一般のアプリオリな制約であり、しかも内的な（われわれの魂〔Seele〕の）諸現象の直接的制約であるとともにまさにそのことによって間接にまた外的諸現象の制約でもある。[56]

この「心の諸規定」としての表象は『批判』演繹論では――本書の第四章第五節でもみたように――その課題に照らして次のように説明されてもいた。

〔……〕われわれの諸表象はやはり心の諸変容として内感に属し〔als Modifikationen des Gemüts zum innern Sinn gehören〕、そしてそのようなものとして、われわれの諸認識はすべて結局やはり内感の形式的制約、すなわち時間にしたがう〔der Zeit unterworfen sein〕。われわれの諸認識はそこにおいて総じて秩序づけられ、結合され、諸関係へともたらされるのでなければならない。[57]

その「内」に表象が帰属するものとして、「内感」ひいてはその形式としての「時間」を前面に押し出してカントは議論を進めてゆく。そして『批判』の中心課題は、まさにこの「時間」という「内的状態」のもとにある表象が「秩序づけられ、結合され、諸関係へともたらされる」仕方、つまり与えられる多様が一定の認識へともたらされる仕方の解明・証明というところに据えられる。しかしながら、課題がそのようなものであるとして、それでは当の議論の枠組みの根拠はどこに求められるのか。ひとまず『批判』の区分の枠内でみても、（一）「外感」に対して「内感」に優位が置かれるのはどうしてか、また（二）その内感の形式的制約が「時間」であるとはどういうことか[58]、そして、（三）このような時間を形式的制約とする内感に属するものとして、表象がその「変容」であるといわれるところの「心」とは何か、ということが直ちに疑問となってくる（――事実、折に触れて疑問とされてきている[59]）。『批判』のこうした問題設定が決して自明でないことは先の『視霊者の夢』の枠組みを考えても明らかであるが、それでは、そこへと至るカントの歩みはどのような選択のプロセスとして理解されうるものだろうか。

このことをカントが自らの思考をそこから立ち上げていった講壇哲学の枠組みに即して確認してゆくとき、まず出発点となるのは心ないし魂――これらの概念の厳密な区別はひとまず措く――の「諸変容」としての「表象」の位置づけである。この「変容〔Modifikation, modificatio〕」とは、外的状態の「変化〔Veränderung, mutatio〕」である「変異〔Variation, variatio〕」に対して、とくに内的状態の変化を指す術語として用いられたものである[60]。表象を外なる事物に対して心の内なるものとして位置づけることは、もちろん、「観念」や「表象」という概念が使用される際のごく一般的・基本的な了解事項には違いない。そのうえで、しかし、当の「外」と「内」という対比を理論として捉える際にカントが伝統的な「存在論」の概念区分にしたがっているという点は、その先の展開を考えるにあたってやはり相応に注目されるべき事柄であるように思われる。

先の引用中にみられるように、『批判』においてカントはこの「心の諸変容」というところから進んで、表象をさらに「内感」に属すると――ひいては「内感の諸変容」であるとも――いう。[61]しかし、表象が心の「変容」であるという意味で「内」であることと、それが「内感」に属するということは、当然ながら直ちに重なり合うわけではない。「心の諸変容」という場合、これは様態の「変化」という存在論的概念を心と物との二元にそれぞれ適用するかたちで、まずは「事物の諸変異」との対照において理解される。このとき、心と事物との関係は区別の基盤となる存在論に対して等距離にある。これに対して、表象が「内感」に属するといわれるのは、心の内部からそれぞれ外なる物質と内なる心自身とに関係する「外感」と「内感」の区別に基づいてのことで、その意味でいわば一人称的な視座に依拠するものと考えられる。

ただし、そのことはいまだ「内感」の優位ということを何ら意味しない。周知のように、「内感」とは近くはロックによって――internal Senseという形でexternal Objectとの対比において――語られ、[62]時代の経験論的な風潮のなかで流布するに至った概念であるが、この区別の限りでは「内感」に依拠して語られる一人称的な視座は、三人称的な観点から心と物を区別する存在論と横並びの位置にある。たしかに「内感」は、物質的対象と横並びの対象であると同時に自らをその内側から捉えるはたらきである「心」に関して、その固有の自己関係的な性格を表現するユニークな概念ではある。とはいえ、そこから直ちに三人称的な観点に対する一人称的観点の、ひいては外感に対する内感の優位ということが帰結するわけではない。にもかかわらず、三人称的観点から捉えられる物心二元論を止揚する形で、カントは一人称的な観念論の方へと振り切ってゆくことになるわけであるが、それでは、その機序はどのようなものだったか。

そもそも、『視霊者の夢』での外なる死せる「物質」と内なる自己活動的な「非物質」という二項対立のもとでは、「外」と「内」は、それぞれ「固性、延長および形」等の諸性質をもつ物質と「自己活動的」な魂・霊魂とに一対一の仕方で対応している。そのことに応じて、魂の内部から外と内へ向けられる心的作用――つまり外感と内感――も、それぞれ外なる物質と内なる魂を対象とするものとして捉えられる。そのことは、例えば一七六二年の『三段論法の四つの格』でカントが「内感〔innerer Sinn〕の能力」を、「それによって判断が可能となる秘密の力」として、「自らの固有の諸表象を自らの諸思考の対象にする」ような「本来の意味での根本能力」と位置づけていることからも見て取られるとおりである。(63)『視霊者の夢』では内感による霊魂(という非物質的対象)の認識――いわゆる「知的直観」――の可能性は斥けられてはいても、それはあくまで「経験」に拠る懐疑的な留保という仕方によるものであって、枠組みそのものは維持されている。

この出発点をなす枠組みのもとでは、内感は、一方で自己活動的な魂の自己認識を担う特権的な意味をもちながらも、他方で外なる死せる物質の認識に関わる外感に対してあくまで横並びの位置にある能力である。つまり、少なくとも『視霊者の夢』の段階までは、外と内という対比の基軸をなすのは物質と非物質という対象概念の区別であり、それゆえ、そこでの優位は一人称的な視点(心理学・認識論)よりも三人称的な視点(存在論)の方にある。これに対して、カントは『形式と原理』では感性と知性という認識能力の「形式」を基軸として対象認識の原理的な境界画定を行い、まず感性の形式に即して「外」なる物質を「内」なる現象へと転じさせる。こうして内感の優位に向けての第一歩が踏み出される。

このとき注目されるのは、カントが感性と知性というそれ自体は外と内という点に関して中立的な区分を用いつつ、両認識能力の形式を「外」なる物質と「内」なる非物質に対応させ、しかも、「外」なる物質に応ずる感性の形式である時空をそれ自体現象・表象という「内」なるものとして位置づけている点である。(64)その結果、時空の観念性という独自の洞察に基づく物質の現象化によって、従来一通りの意味で「外」であったものは「外」と「内」の二重の意味をもつに至る。すなわち、時空的秩序にしたがう物質は通常の(「経験的」)意味では「外」なるものであるが、時空という形式のあり方に即して(「超越論的」に)みれば、これは表象という「内」なるものとして捉えられる。そこで、この形式としての表象をさらに心の内側から対象化するとすれば、たしかに、現象に関わる事柄はひとえに「内感」の対象であるということになる。つまり、ここにおいて内感は、経験的な「外」と「内」をとりまとめて超越論的に「内」なるものとして受け取る能力としての位置づけをえるに至る。

しかし、そうであるとして、その「内感」の形式が「時間」であるというのはどのようにして導かれることだろうか。カントの洞察にしたがって空間と時間を「表象」ひいては「形式」であると認めるとしても、その限りでは時空は揃って現象の制約と捉えられるだけで[65]、別個に「外感」と「内感」に対応づけられるはずのものではない。当然、ここにもひとつの立場の選択があったと考えられるが、この点で『形式と原理』の次の一節は、後の『批判』の枠組みの固定化の手前の機微を伝えるものとして注目される。

> 実にこれらの〔＝空間と時間という〕概念のうち、一方は本来対象の直観に、他方は状態とくに表象的状態に関わる〔Horum quidem conceptuum *alter* proprie intuitum *obiecti*, alter *statum* concernit, inprimis *repraesentativum*〕。〔……〕しかるに時間は、まったくすべてを——すなわち空間そのものとそれに加えて魂の諸思考のような空間の関係の中には含まれていない諸々の偶有性とを——自己の諸関係によって包括することによって、普遍的にして理性的な概念により近づいている[66]。

「空間」と「時間」は、カントの理解にしたがえば、それぞれ「対象の直観」と「状態とくに表象的状態」に関わる。ひとまずこのことを認めてよいものとして、しかし、それで直ちに「外感」と「内感」との対応が主張しうるかといえば、これはまた別の問題である。たしかに、前者の「対象」性は「外」的な関係性と、また後者の「表象的状態」は「内」的意識と結びつきやすいが、そのことと外感と内感の区別と必ずしもが等値でないのは、元来、時間が「状態」一般に関して捉えられていることからも明らかといってよい。にもかかわらず、カントはその差異を飛び越える。すなわち、同じ認識対象を異なる観点から併存するかたちで制約づけている「空間」と「時間」を、同じ認識主観が異なる対象領域に向けて同位的に所有している「外感」と「内感」に対応づける。そしてそこから、外なる物質的対象の制約をなす外感（の形式としての時間）と、（その表象も含めて）内なる非物質的表象状態の制約をなす内感（の形式としての時間）の並列的・同位的な位置づけが生じてくる。この点は枠組みとしてそれなりに見易い。

問題は、しかるに、さしあたり漠然と「現象」として捉えられる感官の対象が、それ自身「表象」である時空にしたがうものとして――カントの洞察にしたがって――考察される場合である。外感の形式である「空間」はこのとき、それ自身やはり「表象」であることによって、表象状態の制約をなす「時間」に（いわばメタレベルにおいて）制約づけられるものと考えられることになり、結果、時間がその形式的制約であるところの「内感」がいまや単独で心の（いわばオブジェクトレベルの）内外の諸対象全般に対する制約として前景化してくるまでになる。つまり、右の『形式と原理』の引用中にいわれるように、時間は「まったくすべてを自己の諸関係によって包括する」。当の引用中の前半部にあるように、時間はさしあたり「状態」の制約と考えられ、そのうえで「とくに表象的状態」といわれるものだったが、時空の観念性と内感との対応づけを介して、いまや表象全般の制約として現象としての対象をカバーするものとして、空間ひいては外感に対して優位を示す。踏み込んでいえば、その根本性格からして、いまや現象は原理的に内的な時間意識にしたがうものということになる。(67)

こうして決定的な選択はなされた。――ただし、内感の優位ということでいえば、これがまだゴールではないことも確かである。というのは、『形式と原理』では「内」なる時間意識にしたがう現象の「外」に知性によって認識可能な多数の実体の相互関係が担保されており、『批判』のように「内」なる時間意識が理論的認識の地平を覆い尽くすまでには至っていないからである。優位という点に関していえば、それは『形式と原理』では内なる

（内感の制約にしたがう）現象ではなく、外なる（知性の形式によって捉えられる）実体の側に置かれているといってよい。この「実体」によって内的な時間意識にしたがう現象が「外」から形而上学上的に根拠づけられるというのがここでのカントの立場である。(68)

ここまでみてきたことからも既に明らかなように、内感の優位の決め手となるのは『批判』での不可知の「物自体」の導入である。知性のみによる「実体」の認識可能性はここで最終的に棄却される。これは内的自己活動性をもつ非物質的・実体的対象――要するに魂という精神的原理――の知的認識の断念を意味するものであるが、その断念と引き換えに、「内」なる時間意識は感性の対象のみならず知性の対象も含めて認識一般の制約へと格上げされる。つまり、存在論的な意味で「内」なる原理を順次表象・認識の「外」へと送り出し、「物自体」という極限にまで追い込むことで、逆に、表象・認識活動を行うわれわれ自身をも含めて認識対象はすべて「現象」として順次表象の「内」へ取り込まれてゆくこととなる。こうして、究極的に「外」なる「物自体」との対照相関において、「内」なる表象状態を担う「内感」の優位が決するという次第である。

理論的認識の全範囲は、いまや、認識不可能な「外」なる「物自体」に限界づけられるかたちで、(69)輪郭のはっきりしない「心」というものの「変容」たる「表象」によって覆い尽くされるに至った。(70)表象概念の含みもつ諸々の理論的枠組みに関するカントの自覚的・無自覚的な立場選択の結果、出発点において素朴に理解されていた《表象の定義不可能性》という事実は理論的に捉え返され、ある種の「観念論」を意味するものとなった。(71)物心の二元相関ひいては実体間の相互作用の原理を確かなものとするべく、カントは「表象」を介して対象の「形式」化を進めて行ったが、この「内」的原理の「外」化の手続きによって、内的な時間意識に関わる「内感」が――単なる機能へと純化された思考作用（「私は考える」）との相関において(72)――大胆に前景化される（第四章一三二頁参照）。こうした表象理解を前提として、すなわち、一定の「観念論」と引き換えに、アプリオリな表象の客観的妥当性という課題に関して、『批判』は統覚を頂点とする「総合的統一」というはたらきを積極的に語りうることになるだろう。

以上、駆け足ながら、本章では『批判』の「形式的観念論」の基軸となるカントの表象論の成立を、「物質」と「非物質」の二項対立を出発点とする「形式」化という筋道によって再構成してきた。概念がいったん提示されてしまえば、新たに生じた意味連関によってそれまでの経緯は覆い隠される。それを敢えて問うことをしなくとも、そうして開かれた問題圏のうちで概念は有意味に使用されうる。しかし、概念に使われるのではなく自らそれを使い作ってゆこうとするのであれば、いったん出発点に立ち返って、そこに埋めこまれている諸々の理論的前提を可視化しておくことが必要だろう。調査・研究としても解釈としても本章での試みは決して十分なものではないが、『批判』の表象理解の前提を問い直されるべき課題として提示したことをもって、ひとまず「表象」についての考察はここで閉じる。

註

（1） B 136, cf. A 117.

（2） B 132, cf. A 107, etc.

（3） 統覚・自己意識を軸とした『批判』の合理的再構成としては、「意識一般」という点に焦点を合わせた新カント派による解釈が長らく有力であったが（本書第一章註（65）参照）、二〇世紀後半には新たにストローソンやヘンリッヒによる解釈が現れ、それぞれ英語圏とドイツ語圏を中心に今日に至るまで広範な影響力を振っている（第四章註（3）参照）。

（4） このことはつとに大橋容一郎の一九九〇年の論文「表象概念の多義性」冒頭において指摘されている。カントの理論哲学を「意識や対象を超越論的原理として設定する場合にも、それらをそれ自体として考察するのではなく、むしろそれらが「表象」との関係においてあるかぎりでの形において取りあつかう哲学」とみて、それを大橋は「認識の可能の制約としての諸表象の性格について論じる、「超越論的表象論」」（大橋一九九〇：八九）と特徴づけ、この観点からの『批判』の全体像の再構成を試みている。

（5） B XIX–XXI, B XXV–XXVII, A 27–30/B 43–45, etc.

（6） A 34/B 50, A 99, cf. X 130, XVIII 267–268 [Refl. 5636], etc.

（7） その重要性にもかかわらず、カントの表象概念についての主題的研究の数はそれほど多くない。ひとまず、ヴォルフからカントまでのこの語の用例を概念史的に検討したKnüfer（1911）、「認識〔Erkenntnis〕」概念との対照において考察したGeorge（1982）、前掲註（4）の大橋（一九九〇）などが目につく。また、それぞれの主題との関係で、「内感」を論じるMohr（1991: 106–152）、およびその影響のもと「能力」を対象とするHeßbrüggen-Walter（2004: 168–171）も表象概念のために相応の紙数を費やしている。

（8） カントにおける観念性と形式性の相関を『批判』というテクストに即して考え詰めたものとして、久保（一九八七）所収の「内的経験（一）〜（五）」（一九八〇–八四年）は後続世代の日本のカント研究者に少なからぬ影響を及ぼしてきた（ものと見受けられる）が、それにしたがえば、「形式、差し当たっては「経験一般の形式」を問う営みと、超越論的観念論を唱えることとの間には、絶対に越えることのできない、また越えてはならぬ断絶があ」り、「経験の形式を尋ねること」は「超越論的観念論の崩壊した後の廃墟で、存在把握の根源的な場を、もう一度新たに開示しようとする試みであることは明白である」、そして「その限り、カントの思索の核心を超越論的観念論の名を以て呼ぶことに私は反対する」（久保一九八七：一一〇）という。――この主張の是非はともかくとして、形式とは何かという形而上学的・存在論的問いは、何が形式（だった）かについての哲学史・科学史的な事実認識によって補完される必要があるだろう。このために具体的にはCassirer（1910 / 2000）や山本（二〇〇八）を参照。

（9） Cf. A 320/B 376–377.

（10） XVI 76.

（11） XXIV 39–40. その他の講義録に見られる同様の記述については後註（15）を参照。

（12） 他の論理学講義録での類似の記述として、『フィリッピ論理学』には「概念というものの解明のために、表象〔repraesentatio〕が第一の最も普遍的なものであり解明されえないということを留意しておこう」（XXIV 565）との一文がみられる。

（13） 「単純表象〔einfache Vorstellung〕」（XXIV 41, 511, 617）、「単純認識〔einfache Erkenntnis〕」（XXIV 41, 342）、「単純概念〔einfache Begriffe〕」（XVI 589, XXIV 729）などカントの用語には揺れがあるが、これらはいずれも表象の明晰判明性ということを背景として、「複合的〔compositus, zusammengesetzt〕」（XXIV 342, 702）との二項対立において理解されている。『ブーゾル

ト論理学』での定義にしたがえば、「単純表象とはその内にいっさい多様性が含まれていないような表象である」(XXIV 617)。そしてそのようなものとして、『論理学のレフレクシオーン』では、「単純概念」は「複合を可能にし、自身は解明されない」(XVI 589) といわれる。表象の明晰判明性については本書第四章の第二・三節を参照。

(14) II 280.

(15) XXIV 340.『ペーリッツ論理学』では次のようにいわれている。「著者は表象を解明しようとしているが、それは無駄であって、というのも表象は常に別の表象によって解明されなくてはならないからである」(XXIV 510)。『ヴィーンの論理学』にも次のような記述がみられる。「表象は定義されえないが、なぜならそのためには常に新たな諸表象を要するからである」(XXVI 805)。マイアー自身による経験論的な表象理解についてはKnüfer (1911: 22–27) に詳しい。

(16) A 55–58/B 79–82, A 76–77/B 102, etc.

(17)『ブロンベルク論理学』の記述は次のとおり。「ただわれわれが意識している諸表象のみについてその規則をわれわれは指示することができる。これ以上詳しくここで意識については語られえない。それについての学は本来形而上学に数えられ、それについての正しい概念をもつためには形而上学に由来する多くのことが根底に置かれる」(XXIV 40)。『フィリッピ論理学』でも次のようにいわれている。「論理学はわれわれが既に意識している諸表象や諸概念をどのように使用すべきかを教えるのみである。それらの起源は、しかるに、論理学においては講じられない」(XXIV 340)。

(18)「表象とは何か」という問いに対するカントの立場について、C・クニュファーはハルテンシュタイン版の『イェッシェ論理学』――当時アカデミー版の論理学講義録は未刊――の記述に拠って、「われわれは表象についてただ、それがあれこれの時間関係におけるわれわれの心の内的規定であるということを主張しうるのみである」(Knüfer 1911: 60) と註している。たしかに、『批判』のカントの表象理解からすれば事後的にそういうことになるとしても、『論理学』の議論に対しては先走った解釈であると考えられる。

定義不可能性というカントの主張について、R・ジョージは論理学的な「類」としての位置づけの方を重視して、「カントが「表象」を心底から最高類と考えており、それが――アリストテレスが最高類である「存在」が定義されえないと考えたように――定義されえないというのはありそうなことである」(George 1982: 32) としている。その論拠として、「もしカントの理論哲学が構成的体系とみなされるのであれば、その場合、「表象」は基本要素――それは体系においては定義されえない――を意味するのでなければならない」(ibid.) というが、これは『論理学』での「表象」があくまで分析・解明の前提としてのそれであることからしてゆき過ぎである。

これらに対してS・ヘッスブリュッゲン-ヴァルターは、《「言葉」の定義が言葉によってなされる他ない》のと同様の不可避の循環をはらむため表象の「実在的定義」は不可能であるが、一方で、その「記述」ないし「比較的定義」は可能であるとしており（Heßbrüggen-Walter 2004: 169）、表象の論理学的な「定義」という点ではこれが最も穏当な解釈であるように思われる。この比較的定義が形而上学的にはカント固有の理論的コミットメントを含むというのがここでの理解である。

（19）前掲註（17）参照。

（20）心（魂）の内なる「観念」という（とくに）デカルトによる新たなidea理解の成立事情についてはBlake（1939）、Andrew & Grene（1995）を参照。

（21）Cf. Knüfer 1911: 11–20.

（22）三〇年戦争による立ち遅れはあったにせよ、ドイツでも一八世紀初頭にはホッブズ、スピノザ流の唯物論者の著作が現れているし（cf. Anonym（1713））、ライプニッツという観念論者（ないし唯心論者）の登場もみられる。しかし、ヴォルフからカントに至る時期には、英仏の新しい唯物論（ラ・メトリ、ドルバック、プリーストリー等）やバークリの観念論の同時代的な知見にもかかわらず、明確な一元論者の存在は報告されていない。一八世紀ドイツの唯物論の俯瞰図に関してはLange（1873^{2}: [I–]388–408）、それを補う個別的な論点はErdmann（1876 / 1973: 102–103）、Fabian（1925: 101）が参考になる。

（23）II 329.

（24）ヴォルフの物体論、霊魂論については山本（二〇一〇^{二}）に詳しい。ヴォルフおよびヴォルフ学派における心身問題については前掲Fabian（1925）が諸家の事例を詳しく紹介しており有益である。

（25）XXVIII 449, cf. XXVIII 259–262, XVIII 274–277.

（26）ロックのいわゆるThinking Matterとその影響下にある一八世紀英仏の唯物論の実態に関してはYolton（1983）; ――（1991）が当時の文献の詳細な調査研究に基づいて具体的に再構成を行っている。

（27）XXVIII 511–512, cf. A 265–266/B 321–322, A 648–650/B 676–678, VIII 180, etc. ドイツ講壇哲学における「根本力」の概念史としてHeßbrüggen-Walter（2004: 55–125）も参照。

（28）カントの超越論的「観念」論についてはさまざまな議論がなされてきているが、前掲註（8）の久保（一九八七）は、その独自の「形式」理解を背景に、「それ自体において私の内部にあるもの」と「それ自体において私の外部にあるもの」という非歴史的な二項対立を方法概念として、「表象と物自体」という枠組みを斥けられるべきものとする。「一言でいえば、時空の超越論的観念性とは、それが直観の形式であるということだ。現象の超越論的観念性とは、なによりも形式としてのこの時空に即して、現象の本性が定まるという意味である」（久保一九八七：一五九）というのがその主張であるが、しかし、当の形式性の把握のために「観念」性（つまり「表象」性）が担ったはずの役割をみるためには、この「それ自体において私の内部にあるもの」と「それ自体において私の外部にあるもの」という二項対立は必ずしも適当なものとはいいがたい。――そうした考えから本章では「物質」と「非物質」の二項対立を（歴史的な）方法概念として採用した。そのようなものとして、両項ともに位置づけの変遷を伴うが、ひとまず『批判』以降の物質概念についてはPlaaß（1965）の第四章を、また（魂の）「非物質性」をめぐる議論についてはAmeriks（2000²: 25–83）などを参照。

（29）X 71.

（30）X 72.『視霊者の夢』の心身問題については伊藤（二〇〇一）も参照。

（31）X 70.

（32）A 89/B 122.

（33）A XIII.

（34）II 348.

（35）X 130.

（36）X 130–131, B 48, B130, B 157–158n., etc. Cf. Scott-Taggart 1966: 176–177, Ameriks 2000²: 76–77n.

（37）『批判』第一版の「純粋理性のパラロギスムス」でカントが次のようにいっていることはよく知られるとおりである。「超越論的観念論者は経験的実在論者であることができる、したがって、いわゆる二元論者〔Dualist〕であること――つまり、単なる自己意識から出てゆくことなしに、かつ、私の内なる諸表象の確実性したがって「コギト・エルゴ・スム」以上のものを想定することなしに、物質の現実存在を認めること――ができる」（A 370）。第二版で書き換えられた箇所にみられる記述ではあるが、ひとまず、カントが「いわゆる二元論者」というとき、直接にか間接にかヴォルフの『ドイツ語形而上学』の（第一章註（14）に引用した箇所に続く）次のような定義を踏襲していることは確かである。「一元論者はそのうえ二通りの類からなり、観念論者〔Idealist〕であるか唯物論者〔Materialist〕である。前者は単なる〔純然たる〕霊魂、ないしはまた、物質から成るのではなく、われわれによって単純な事物と名づけられるような事物――そうした事物がライプニッツ的な単位〔die Leibnizische Einheiten〕である――を認める。しかるに、〔彼らは〕世界とその内に見出される物体とを単純な事物の単なる想像とみなし、それらを規則のある夢に他ならないと考える。後者はこれに対して哲学〔世‐知〕において物体的事物より他にはいかなる事物にも場所を認めず、霊魂や魂を単に物体的な力とみなし、しかるに独自に存立する存在物とはみなさない。二元論者は物体も精神も実在〔現実〕的で相互に区別される —— 一方は他方なしには存在し得ない —— 事物とみなす」(Wolff 1751[11] / 1983: XVIII–XIX)。

(38) A 20/B 34.

(39) A 490–491/B 518–519, cf. A 370, A 42/B 59, etc.

(40) A 29–30/B 45.

(41) 「物自体」をめぐる問題は、その認識不可能性と思考可能性との整合性ということを基点として、感性の側での〔物自体による〕「触発」という作用の性格およびメカニズムに関するものと、(その性格も含めて)知性の側で当の物自体が対象として —— 局面に応じて「超越論的対象」や「ヌーメノン」等の語によって —— 捉えられるあり方に関するものとに大別される。前者については岩田(二〇〇〇)、後者については牧野(一九八九)が先立つ諸家の研究を踏まえつつそれぞれ詳細な検討を行っている。

(42) 物自体を現象から遡って発見された「限界概念」や「虚構」として非実在論的に理解するいわゆる新カント派の諸家に対して、過剰に論争的なアディケスの『カントと物自体』(一九二四年)では「カントは、批判期全体にわたって、われわれの自我を触発する多数の物自体が主観を越えて存在することを、絶対自明なこととして一度も疑ったことがない」(Adickes 1924: 4 [赤松訳五])といわれる。そこでの論述は批判期の用例の事実確認に終始しているが、カントに一貫した実在論的傾向への注意喚起という点でこれは重要な一歩であった。—— これに対して、H・ハイムゼートは同じ一九二四年に論文「批判的観念論の形成における形而上学的諸動機」で、受容性と自発性という二元的区別を基本モチーフとして、「有限的主観と無限的主観の認識形而上学的対置」が現象と物自体の対立の源泉であるとみて、さらに一歩進んだ次のような洞察を示している。「われわれの〔有限的〕理性は、原型ではなく、たんなる《模型》にすぎないのである。《人間が知的に直観するなどということは、不可能である。否、敢えて言わせてもらえば、いかなる被造物も知的〔英知〕的な物を認識することはできない。ただ、事物の原因である存在者だけが、そうしうるのである。この存在者は、対象をあるがままに認識するが、われわれは……ただそれがわれわれを触発するがままに知るだけである》。このようにして、物自体と現象の対立は〔有限主観の受容性という〕ひとつの根本契機にもとづいて確立されたのである」(Heimsoeth 1924 / 1971: 195 [須田・宮武訳九四])。—— 問題はそのうえで、具体的にどのような手続きにしたがって当の概念が導き出されてきたかということである。

(43) II 407.

(44) 『形式と原理』における感性と知性の位置づけについては本論文第四章第四節を参照。

(45) II 394.

(46) II 394, II 397.

(47) II 407.

(48) Ibid.

(49) 「実体」とその「現象」という二項対立は、ライプニッツのモナド論に発し、その唯心論的な一元論を二元論化する形でヴォルフによってドイツの講壇哲学へともたらされたものと考えられる。ライプニッツのモナド論を背景にカントの物自体概念の生成を論じたものとして、ひとまずTasche (1986) を参照。

(50) II 378.

(51) II 398.

(52) 『批判』への決定打は、カント自身が『プロレゴメナ』でいうようにヒュームであるが、その影響の年代・内容についてはK・フィッシャー以来今日まで議論が続いている。大枠としては、一七六六年（『視霊者の夢』）とするフィッシャー説と一七七〇年以降とするエルトマン説――その新発見による「六九年が私に大いなる光を与えた」(XVIII 69 [Refl. 5037]) というカントの断片的記述に依拠する――に対して、その受容を一七六三年（『証明根拠』）以来の前批判期と七〇年以降の批判期の段階的なものとするリールの診立てが説得的であるように思う (cf. Riehl 1924³: 266–273)。そのうえで、この第二段階の受容に関しては、新資料に基づく近年の諸研究を踏まえた山本（二〇一〇²：三四二–三五九）による議論が参考になる。

(53) ここでは問題の結論のみを述べているが、『形式と原理』以降の「演繹問題」の生成については森口（一九五二／一九七九）による再構成が具体的である。それにしたがえば、時間の主観性というカントの主張を観念論として批判するランベルト等の議論は、次の一連の問題をもたらすこととなった。「さて現象の客観性をつきつめてゆけば、（一）心性の主観的変容にすぎぬ、感性的多様〔……〕はいかにしてそれ自身客観的現象でありうるか。（二）また（現象の基礎は叡智的な物自体であるとすれば）現象に関し、叡智界自身の客観性はいかにして保証されるかという問題が改めて検討されねばならぬ。〔……〕あるいは、簡単に（一）は感覚と時間との、（二）は時間と範疇との関係を問うといってもよいであろう。そこで「実在的使用」と本来経験に関係した「論理的使用」との関係も改めて問題となってくる」（森口一九五二／一九七九：二二四）。

(54) A 146–147/B 185–187.

(55) Cf. B XXIV–XXXI, B 310–315, etc. 「物自体」の意義については膨大な議論があるが、その表現の由来についてはそれほど関心が払われてきていないように見受けられる（――例えば、触発論で知られるHerring (1972) による概念史辞典の項目もカントを出発点としている）。その意味でも、リールによる「「物自体」という表現はロックの Things themselves（res ipsae）の翻訳である」（Riehl 1924^{3}: 400）との断言（と示唆）は貴重である（cf. Locke 1709 / 2004: 279 [II, xxi, 3]）。ロックの Things themselves とカントの物自体の同型性については Tomida（2009）による —— カントに対する手厳しい評価つきの —— 指摘もある。

（56） A 34/B 50–51.

（57） A 98–99, cf. A 138/B 177.

（58） 時空ひいては内感と外感の位置づけ（本文の（一）および（二））をめぐっては、内感と外感の並行性を強調する Vaihinger（1922^{2} / 1970: [II–]125）の問題提起を出発点として、同位性に加えて内感が優位に立つ位相を検討する Reininger（1900）による主題的な研究、さらに概念史・発展史的にライニンガー説を検討し直した Monzel（1913: 84–207）と続く一連の議論がある（—— これらを消化したうえで三宅（一九四〇／一九七三：三六四–三八九）も批判期の時空概念の位置づけを論じている）。また、下って Mohr（1991: 87–105）、中島（二〇〇〇^{二}：五六–七六）もこれらを踏まえつつ各々の論を展開している。

（59） 『批判』弁証論での合理的心理学の批判と関わって「魂〔Seele〕」の位置づけを論じた研究は数多いが、分析論でその理論的枠組みを形づくっているはずの「心〔Gemüt〕」を論じた研究はほとんど見出されない。—— 例外的にペイトンはその註釈の脚註で次のようにいっている。「'Gemüt'（mind）とはカントが 'Seele'（soul）の形而上学的含意を避けるために用いる中立的な言葉である。'Vorstellungsfähigkeit'（a capacity for ideas）と等価である」（Paton 1936 / 1997: [I–]95n.）。この他には、ペイトンの指摘を承けて Seele と Gemüt の用例を広く『批判』および批判期のテクストにあたって検討した Vignola（1976）がひとまず目につく。カント自身の用例については後註（70）を参照。

（60） バウムガルテン『形而上学』の第二〇九節（Baumgarten 1757^{4} / 1926: 70）、およびそれに依拠していわれるカントの『ヘルダー形而上学』の用例を参照（XXVIII 26）。

（61） XVIII 267–268 [Refl. 5636].

（62） Locke 1690 / 1975: 105 [I, i, 4]. カントに至るまでの内感概念の歴史は Monzel（1913: 3–27）を参照。

（63） II 60.『批判』に至るまでのカントの内感理解の変遷について詳しくは Monzel（1913: 28–83）を参照。

（64） II 400–401, II 403–404.

（65） この時空の並行性同列性は、三宅のいうように、ニュートンの考え方を引き継ぐ形でカントが「出発点において、時間を空間と同様自然界の形式的な原理と考えていることに基づく」（三宅一九四〇／一九七三：三六五）ものと解される。

（66） II 405.

(67) 外感と内感の同位性と内感の優位との相関を中島（二〇〇二）は「自己意識」と「自己認識」の区別を踏まえて次のように整理している。「外的感官は、自己意識を与えるような内的感官の下位に位置するが、自己認識を与えるような内的感官とは同列に並ぶ。／自己意識の段階においては、すべてが内的な流れとして内的感官に属する〔……〕」（中島二〇〇二：七三―七四）。「経験的」と「超越論的」という観点に置き直せば、これは本章の理解とも重なるが、そのうえで問題は、意識の「流れ」が「内的」とされる理由の如何である。

(68) II 406–407.

(69) 新カント派の諸家はカントの物自体が「限界概念〔Grenzbegriff〕」であることを強調したが（Marquard（1974）、前掲註（42）など参照）、それを「虚構」とまでいうのは時代の問題関心に基づく勇み足だったにせよ、その着眼は正当である。旧世代を「認識論」の枠に押し込めて闘われた二〇世紀初頭の世代間闘争――いわゆる存在論的・形而上学的カント解釈――に二一世紀のわれわれが素直に付き合ういわれはない。

(70) 『批判』の「心」の内実についてはペイトン等による議論があるが（前掲註（59）参照）、断片的であるとはいえ、その他のテクストにカント自身の説明がみられないわけではない。例えば『魂の器官』の脚註には次のような記述が認められる。「心〔Gemüt〕ということで理解されているのはただ所与の諸表象を合成し経験的統覚の統一を生じさせる能力（animus）だけで、いまだ実体（anima）ではない〔……〕。」（XXII 32n., cf. XXII 484）。併記されているラテン語からもスコラ的伝統との繋がりが見て取れるが、いまその点を明らかにする用意はない。ひとまず、カントの『ドーナ形而上学』の以下の記述を紹介するにとどめる。「合理的心理学／／魂論〔Seelenlehre〕――魂とは動物における生命〔Leben〕の原理である。動物とは生命をもつ限りでの物体的なものである。生命とは欲求能力の諸表象をもつ能力である。魂〔Seele〕は物質〔Materie〕から分離される――生気を与えるもの〔das was beseelt〕――ある特殊な実体、すなわち、物体〔身体 Körper〕と結びつけられた魂を anima という。感覚の主体である魂は animus、心〔Gemüt〕と、思想の主体は spuritus、霊魂〔Geist〕――自発性の基体としての――と名づけられよう」（XXVIII 680）。

(71) 初期から一貫してカントは――おそらく前掲註（37）のヴォルフによる問題設定の延長線上で――「観念論者〔Idealistae〕」ないし「観念論〔Idealismus〕」の論駁を行っているが、早くも一七五五年の『新解明』において「魂〔anima〕」の「内的変化」に定位して、それが「単独で諸々の他なるものとの連関なしに」生じるとは考えられないことから、「魂と相互に連関させられている多数のものが魂の外に〔extra animam〕現前しなければならない」（I 411, cf. II 397）ということをいっている。このように「内」なる知覚・意識の可能性を「外」なる諸対象の現前に基づけるという発想は、それ自体としては、『批判』の第一版の「(外的諸関係の)観念性の第四パラロギスム」や第二版の観念論論駁にも共通して引き継がれるものといえるが(cf. A 370-371, B 275-276)、本章でみた一連の形式化・表象化の結果として、そのとき「外」の実質は超越論的に「内」なる表象(内的時間意識)のもとでの経験的な意味での「外」へと変容している。つまり、ここで「外」はもはや表象の内で相対的にいわれうるものでしかない。しかし、(本書第四章でみたように)『批判』の哲学構想がこのメタレベルにおける観念論によって可能とされるものである以上、それをカントは引き受けざるをえないだろう。

(72)『批判』における自我・統覚の位置づけについては数々の論があるのでそちらに委ねたい(例えば内田(二〇〇五)など)。ひとまず、ここでの議論との関係では「機能〔Funktion〕」という点が注目されるが、この概念については概念史も含めてSchulthess (1981) による詳細な研究がある。また、これを鍵概念として二〇世紀初頭に至る諸学の展開を論じたものとしてCassirer (1910 / 2000) も参照。

第六章　総合の意味、または「species」

「内容なき思考は空虚であり、概念なき直観は盲目である」との言葉に示されるように、[1]『批判』において「認識」は感性的直観と知性的概念という二元の協働の所産とされるが、その当のはたらきをカントは「総合〔Synthesis〕」と呼んでいる。この「総合」とは、広義には、所与の表象の「分析〔Analysis〕」に対して、それを可能とするような仕方で認識の諸要素をあらかじめまとめあげる人間知性の一連のはたらきをいい、狭義には、認識の成立に関わる「多様の総合的統一」という一連の作用連関のうち、とくに「想像力〔構想力 Einbildungskraft〕」という能力によって担われるはたらきを指す。[2] そして、この後者の意味での総合を特徴づけるものとして、とくに『批判』第二版演繹論でカントは「形象的総合〔die figürliche Synthesis〕（synthesis speciosa）」という独特の名称（表記）を用いるに至っている。

このように「形象的総合」は、『批判』の二元論的な問題構成の核心に関わる表現であり、それだけに、この語句を引き合いにカントのいう「総合」の意味を論じることはこれまでも盛んになされてきている。しかしながら、二元的に区別されるものの「総合」という事態の語りにくさに加えて、それを規定するはずの「形象的」という言葉の意味が（その多義性に見合うほど）十分に限定されていないこともあって、この語句に関する諸家の解釈は他の場合にもまして幅のあるものとなっているように思われる。論者の力点の置き方次第で、ときにその解釈は真っ向から対立するかのような様相を呈することともなる。――しかし、結果としてそうなるにしても、それははじめから前提されてよいことではないだろう。

想像力による総合を第二版で改めて「形象的」という語で説明し直すとき、はたしてカントはどのような理解をもっていたのか。この言葉をカントはどのような哲学史的伝統から引き出してきたのか。『批判』第二版演繹論における「形象的総合（synthesis speciosa）」の用例の確認を着手点として（一）、本章ではこのことを「形象的〔figürlich〕」というドイツ語とspeciosusというラテン語の重ね合わせに注目してみてゆく。語のレベルではこれはライプニッツ‐ヴォルフ哲学における「記号的〔symbolisch〕認識」をめぐる議論に発するものと考えられるが（二）、より根源的には伝統的なspecies概念を基軸として、カントの『形式と原理』からヴォルフの『合理的心理学』へ（三）、さらには中世スコラ哲学のspecies論へと遡って系譜づけられるはずの事柄である（四）[3]。『批判』の「形象的総合」の意味は、そうした伝統とともに、当のspeciesの語と並んで用いられる「図式〔schema, Schema〕」の語に即して捉えられることになるだろう（五）。「形象（的）」という語の多義性に対してここでの論点は限られたものではあるが、この語を媒介として『批判』の「形象的総合」ひいては「形式的観念論」ということをカントの諸テクストへ、さらに西洋哲学の伝統の方へと開いてゆく一助となればと思う（六）。

第一節　『批判』第二版の「形象的総合（synthesis speciosa）」

はじめに『批判』のテクストに即して「形象的総合」の用法を確認しておこう。これは一七八一年の『批判』第一版にはみられず、八七年の『批判』第二版になってはじめて――その演繹論の第二四節第二段落に――姿をみせる語句である。カントはこの概念を当該節の表題である「諸カテゴリーの感官一般の対象への適用」ということに関わる「総合」を説明するものとして、次のような仕方で導入している。

> アプリオリに可能的かつ必然的である感性的直観の多様のこの総合は、形象的〔figürlich〕（synthesis speciosa）と名づけられうるもので、おそらくは直観一般の多様に関して単なるカテゴリーにおいて思考され、知性の結合〔Verstandesverbindung〕（synthesis intellectualis）と呼ばれる総合とは区別される。いずれとも超越論的であるが、それは単に両者がそれ自身アプリオリに生じるからというだけでなく、他のアプリオリな認識の可能性を根拠づけもするからである。
>
> しかしながら、形象的総合は、それが単に統覚の根源的‐総合的統一に、つまりカテゴリーにおいて思考されるこの超越論的統一に関係する場合には、単なる知性的結合と区別して、想像力の超越論的総合と呼ばれねばならない。(4)

『批判』演繹論は第一版から第二版にかけて全面的に書き改められた箇所であり、両版の論証形式・方法や諸能力の位置づけの異同をめぐってはさまざまな議論がなされてきている。例えば、その論証のあり方をみても、第一版では「総合」を把捉・再生・再認という一連の経験的なはたらきの連関（「三重の総合」）からそのアプリオリな制約をなす作用へと遡る仕方でいわば連続的に示していたのに対して、第二版では同じ「総合」を単なる知性による「知性的総合」との対照において説明するという行き方をとっている。(5) カント自身は演繹論の改稿の理由を第一版の「曖昧さ」によるものというのみであるが、[6] その明晰化によってこれまでにない記述が —— 当の「形象的総合」も含めて —— 現れていることは事実であり、このことは改善という以上の意味をもちうるもののようにも思われる。[7]

しかし、ともあれ、基本的な枠組みに関しては一貫している。問題の「総合」に関しても、これが感性と知性の協働（感性的直観に対する純粋知性概念の適用）における「想像力」の所産であるという点に変わりはない。第二版で「知性的総合」との対照においていわれる「形象的総合」も、基本的にはこの想像力による総合をより具体的に説明するための表現であるといえる。そのことは、第二版演繹論の第二四節の続く箇所で「想像力の超越論的はたらき（内感に対する知性の総合的影響）」を意味するものとして、この総合をカントが具体的な事例に即して説明する次の記述によっても確認される。[8]

> このことをわれわれはやはりつねに自らの内で知覚している。われわれが線を思い浮かべるには、それを思考において引か〔ziehen〕ないわけにはゆかず、円を思い浮かべるにはそれを描か〔beschreiben〕ないわけにはゆかず、空間の三つの寸法を思い描くには同じ点から三本の線を互いに垂直に立て〔setzen〕ないわけにはゆかず、そして時間すら〔思い描くには〕われわれは一本の直線（これは時間を外的に象る〔figürlich〕表象たるものである）を引くなかで単に多様の総合のはたらき —— これによってわれわれは内感を継起的に規定する —— に、そしてそれによって内感におけるこの規定の継起に注意することによらないわけにはゆかない。[9]

想像力による「形象的総合」の内実は、このように「線を引く」という継起的な活動に即して語られる。ところで、この「思考において線を引く〔eine Linie in Gedanken ziehen〕」という点は、既に『批判』第一版の演繹論でも「想像力の純粋な超越論的総合」について語る場面で引き合いに出されており、[10] 記述はより詳細になっているにせよ、第二版で新たに付け加えられた事柄というわけではない。たしかに、この第二版の第二四節の先立つ箇所でカントが「われわれは自らをただわれわれが内的に触発されるがままに直観する」としている点[11]、そしてこの「内的触発」ないしは「自己触発」についての基本了解を踏まえて、それを「想像力の超越論的総合」、すなわち「その能力が知性である受動的主観に対するはたらき」として捉え直してゆく点は[12]、第一版では明言されていなかったことではある。とはいえ、感性と知性の媒介をなす「総合」というはたらきに焦点を絞ってみた場合、これが「想像力」によって担われ、そしてその「想像力の総合」が所与の感性的な多様の継起的規定ということを内実とするという点では、『批判』両版は一貫している。その限りにおいて、「形象的総合」は（「自己触発」も）同一の枠組みの内部での議論の明確化に関わる事柄ということができるだろう。

　ひとまず『批判』第二版での「形象的総合」という語句の導入状況を以上のように解しうるとして、問題は、そこで「総合」がとくに「形象的〔figürlich〕（speciosus）」の語によって捉え直されることで何がより明瞭になったのかである。なるほど、「知性」的な総合との対照は「総合」の意味に一定の限定をもたらすものではあるが、これにあてられる「形象的」という語の積極的な規定や、その際のfigürlichというドイツ語とspeciosusというラテン語の併記の理由については、『批判』の文面はいまだ十分丁寧なものとは——少なくとも後世の視点からすれば——いいかねる。そして結果としてそのことは、この語に即して「総合」を論じる後世の諸家の解釈にかなりの幅を与えることにもなっているように見受けられる。

　例えばカッシーラーとハイデガーの間で行われた一九二九年の「ダヴォス討論」は、カント解釈の枠内では認識論・認識批判的な新カント派と、それに反対して存在論・形而上学を前景化する後続世代の対立を象徴的に示すものとして知られるが[13]、その焦点は他でもない「総合」の意味の如何にあった。以下の論述の見通しのためにいま簡単にこれを確認しておくと、カッシーラーは次のようにいっている。

一点われわれの間には一致が存する、すなわち、産出的想想力〔die productive Einbildungskraft〕が私にも実際、カントにとって中心的意義をもつように思われることである。そこへと私はシンボル的なものへの研究の取り組みによって導かれた。シンボル的なものは産出的想像力という能力に引き戻してみないことには解かれえない。想像力とはあらゆる思考の直観に対する関係である。Synthesis speciosa とカントは想像力のことを名づけていった。総合とは純粋な思考の根本力である。しかるに、カントにとって問題は総合そのものでなく、なにはさておき Spezies〔形象〕を用いる総合である。しかるに、この Spezies 問題は像概念〔Bildbegriff〕、シンボル概念の核心へと通じる。[14]

この討論に先立ってハイデガーが『カントと形而上学の問題』で自身の存在論構想と関わってカントの「超越論的想像力」の独自の解釈を展開していることはつとに知られるとおりであるが、図式論、第一版の三重の総合、そして第二版の自己触発の順に議論を組み立てることでハイデガーが浮きたたせてゆくのは、自己自身に関わる「純粋自己触発」として「根源的に有限的自己を形成」する「時間」という論点である。[15] 翻って、そこで（純粋）想像力は「図式-形成的〔Schema-bildend〕にあらかじめ超越の地平の光景（「像〔Bild〕」）を与える」というように、[16] 有限性についてのその独自の理解 —— 討論では端的に「現存在」の「被投性」といわれている —— を織り込むかたちで受容性・直観性の契機により重きを置いて捉えられている。これに対して、カッシーラーが Synthesis speciosa の「Spezies 問題」ということで強調しているのは、その自発的な像形成作用である。「対象とは総合的統一にさきだって、またその外に存在するものではなく、むしろ総合的統一によってはじめて構成されるものであ」るという「批判哲学」の「根本思想」に依拠しつつ、[17] それを理論的認識のみならず文化全般に拡大してゆくことが『シンボル形式の哲学』の著者の課題であった。

もちろん、以上のような解釈の対立は、突き詰めれば、それぞれに独自の思想をもった哲学者としての両者の立場の違いにゆきつくものには違いない。[18] 事実、一九二九年の討論は最終的にそれを見事に浮き彫りにするものとなっている(――そこまでゆけば、認識論的カント解釈と存在論的カント解釈の対立はもはや二次的な問題でしかない)[19]。しかし、そうであればなおさら、もとになるカントのテクストの在りようが問題となってくるだろう。両者に劣らず独自な意図をもった哲学者であったはずのカントが解釈者任せの主張を行っているというのはありそうにないことである。結果的に「総合」が対照的な解釈を許すものとなっていることは事実であるとして、それがそのような仕方で語られざるをえなかった事情については、あくまでカントおよびその周辺のテクストに即して捉え直される必要がある。――このとき、まず注目されるのは figürlich と speciosus というドイツ語とラテン語の重ね合わせである。

第二節　ライプニッツ-ヴォルフ学派と figürlich/speciosus な認識

先に確認したように、カントは『批判』第二版で figürlich と speciosus というドイツ語とラテン語の形容詞を併記する仕方で想像力の総合の規定を行っている。その語根をなす Figur と species の語の多義性も手伝って、明確化を目的とするはずの表記が今日の目にはかえって分りにくくなっているが、Verstand ひいては intellectualis という項との対比も含めてテクストに当たってみるならば、これがどのようなコンテクストから出てきたものかは比較的容易に知れる。『人間学』(一七九八年)の第三八節「表示能力(Facultas signatrix)について」にみられる次のような用法がそれである。

諸事物の諸形態(諸直観)は、それらが諸概念による表象の手段に役立つ限りにおいてのみシンボル〔Symbole〕であり、このシンボルによる認識はシンボル的〔記号的〕または形象的〔figürlich〕(speciosa) といわれる。——文字はいまだシンボルではない。というのも、文字は単なる間接的 (indirecte) 記号でもありうるが、これら諸記号はそれ自体では何も意味表示せず、ただ横並びの組み合わせによって諸直観へ、そしてこの諸直観によって諸概念へとゆきつくだけでしかないから。それゆえシンボル的認識は直観的〔intuitiv〕認識にではなく、論弁的〔discursiv〕認識に対置されねばならない。〔……〕シンボル的認識はしたがって (感性的直観による) 直観的認識とではなく、(諸概念による) 知性的〔intellectuell〕認識に対置される。[20]

先の『批判』の用例との間での語句の対応関係は一見して明らかであるが、同様の区分が七〇年代の講義草稿や講義録に認められることからも、『批判』に先立って既にカントがこうした理解をもっていたことは確かめられる。[21]——しかし、それでは文脈はどうか。この場面で主題となっているのは「記号」ないし「シンボル」の位置づけで、まずその枠をかたどっているのは、「直観的認識」と「論弁的認識」という伝統的な認識区分である。そうした流れのなかでカントは記号・文字による認識を「シンボル的認識」ないし「形象的認識」という言葉で捉え、そして、それが前者の直観的認識とではなく後者の論弁的認識ひいては「知性的認識」と対置されるべきであるといっている。つまり、二通りの認識様式のうち「シンボル」ないし「形象」は前者によって特徴づけられるというわけで、先走っていえば、これは一方でライプニッツ-ヴォルフ哲学の用語法にしたがいつつ、他方でその背景をなす認識能力理解という点で異なる行き方をとる『批判』の著者の立場をよく示すものということができる。

デカルト由来の明晰判明性の区別を踏まえつつ、ライプニッツは認識を「シンボル的〔symbolicus〕」な認識と「直観的〔intuitus〕」なそれとに区別した。それにしたがえば、前者は例えば「正千角形」という観念をそのいちいちの性質まで考えず判断に必要な限りで言葉として使用する場合、これに対して後者は複合的な概念についてそこに含まれている概念を(ある程度まで)悉く同時に思考するような場合をいう。[22] 基本的に、このライプニッツの定義を出発点とし、直接にはそれを受容・展開したヴォルフの定義に連なる仕方でカントをはじめ一八世紀ドイツの哲学者たちは認識の明断判明性という事柄を理解していた。──当のヴォルフは『ドイツ語形而上学』で「記号〔Zeichen〕」について論じる際、両認識様式に「形象的〔figürlich〕」と「直観的〔anschauend〕」というドイツ語をあて(23)、その違いを次のように説明している。

すなわち、注意されるべきは、言葉というものがわれわれが形象的〔figürlich〕認識と名づけるある特殊な認識の根拠であるということである。というのも、われわれは諸々の事柄をそれ自身、または言葉によって、または別の記号によって表象するからである。例えば、その場にはいないでその絵姿を私に目前にいるかのように漂わせている人について私が思考する場合、私はその人物そのものを表象している。しかるに、私が徳についてこのような言葉を、すなわち、「徳とは自らの諸行為を自然の法則にしたがって整えることである」という言葉を思考する場合、私は徳を言葉によって表象している。前者の認識は直観的認識〔die anschauende Erkäntniß〕と呼ばれる。後者の認識が形象的認識である。(24)

カントのいう「形象的認識」が、ライプニッツの「シンボル的認識」に発しヴォルフによるドイツ語への翻訳・解釈を経て──さらにマイアーなどを介して(25)──受け継がれたものであることは、以上の一連の用例からもまず確かであるように思われる。さらに、右の引用に続く箇所でヴォルフは「形象的認識」からライプニッツの記号結合術へと話題を展開させ、そのなかで「ライプニッツ氏はまたこの技術をSpeciosa generalisとも呼んでいる」というが(26)、この文脈でのfigürlichとspeciosusという語の重ね合わせも、どうやらこのあたりの用法に端を発するものと推察される。

ただし、だからといってそれが『批判』の「形象的総合」に直結するわけではもちろんない。その点の理解のためにも、ライプニッツおよびヴォルフの用例とカントの用例との異同を確認しておく必要があるわけであるが、その際、「形象」ないし「記号」の位置づけに関してライプニッツとヴォルフ、そしてヴォルフとカントの間にそれぞれ認められる微妙な異同については、やや迂回気味になるとはいえ、事態を単純化しすぎないためにも注目しておいてよいかと思う。すなわち、まず、ライプニッツにおいてシンボル的認識と直観的認識はいずれも概念的なものであり、ある概念の成素を「同時に」思考する後者はいわば前者の極限として、したがって、両者は連続的に理解されている。[27] これに対してヴォルフの場合、両認識が連続的に捉えられる点は同じでも、相互の優劣は逆転している。ここでヴォルフのいう「直観的認識」は、引用中で感覚的イメージのようなものとして語られるところからも示唆されるように、記号による概念的分析が不十分であるような認識を意味し、それゆえ判明性・普遍性という点では「形象〔＝シンボル〕的認識」がそれに優越する。[28] この両者の用例を踏まえて、『人間学』でカントは「シンボル的認識はしたがって（感性的直観による）直観的認識とではなく、（諸概念による）知性的認識に対置される」というわけである。

そこでカント自身の立場に即してみるとき、これはライプニッツとヴォルフを一括りに、「形象」ないし「記号」を論弁的・知性的なものと捉える彼らの立場への批判を含めていわれる主張と解される。というのは、伝統的なintuitus と discursus の認識様式区分を受容性と自発性という相互に還元不可能な異質な力に割り当て、感性と知性を峻別するカントにとって、両認識様式の差異を論理的な判明性の程度の違いとして一元的に捉えるヴォルフないしライプニッツ–ヴォルフ哲学はそうした（カントのいう超越論的な）区別を弁えぬものと考えられるからである。[29] そもそもライプニッツおよびヴォルフにとって直観性と論弁性の一元的把握は —— 温度差に違いはあれ —— 記号結合術すなわち（先の引用中にあった）「Speciosa generalis」の構想と結びつくもので、その結合によって新たな認識が生み出されうる要素たるべきものとして、「形象」ないし「記号」も概念的に理解されていた。[30] しかしながら、カントは記号・形象をあくまで感性的に与えられる直観像として、また、概念分析についても究極的に要素化されえないようなものとして、従来の概念的・記号論的なモデルとは袂を分かつ。(31) 問題は、それゆえ、こうした「形象的認識」の位置づけを根拠づけるカントの認識モデルがどのようなものかということになる。――ということは、しかし、問題が振り出しに戻ったということでもある。『人間学』等の記述にしたがえば、figürliche Erkenntnis とは「シンボル」ないし「記号」による認識を指し、それは直接的には直観像であり、間接的に概念と関係づけられる。しかるに、こうした表象性格を生み出すはたらきこそ、他でもない『批判』の figürliche Synthesis である。言い換えれば、『人間学』の figürliche Erkenntnis は経験的な水準にある「形象」の性格を語るものであり、それを可能にするものとして『批判』の超越論的な figürliche Synthesis というはたらきがある。(32) そのことは明らかであるが、それだけに、結局 figürlich ひいては speciosus というそこでの形容の意味は語の自明性のレベルに差し置かれたままということになる。

いったい、『批判』にいわれる figürlich (speciosus) ということの実質はどのように理解されるべきなのか。「内感を継機的に規定する」というはたらきがこのように形容されることの根底にある理解とはどのようなものか。次節では、『批判』に先立つ『形式と原理』に見出される species の語――speciosus という形容詞のもとになる――の用法に着目してこの点を探ってゆくことにする。

第三節　species：カントの『形式と原理』とヴォルフの『合理的心理学』

カントのテクストにみられる species (Species, Spezies) という語の用例は、「類」に対する「種」の意味のものが大半を占めるが、一七七〇年の『形式と原理』にはそうした枠に回収されえない用法が散見される。このラテン語の著作中で species の語は二様の仕方――カントの理論構成からみて表裏一体のものと考えられる――で用いられており、まず、その第二章第四節で感性の「形式〔形相 forma〕」という観点を（「質料」との対照において）導入する際にカントはこの語を次のような仕方で登場させている。

さて感官の表象のうちにはまず質料と呼ばれるようなもの、すなわち感覚があるが、その他にまた形式〔forma〕と呼ばれうるもの、すなわち、感官を触発する多様が心のある自然的法則によって同位的に秩序づけられる限りで現われる感性の *species* もある。[33]

ここでの species の語義は、この著作の各種の近代語訳でも解釈に著しいバラつきのみられるところで、[34]実際、記述の量に対して個々の語に込められている思想の密度が異常に高いこのテクストのあり方からしても、これを所与の文面のみによって確定することはほぼ不可能といえる。しかし、ひとまず、その概念的布置に限ればこれは明白で、右の引用中での species は「感性の形式」を言い換えるものである。

他方また species の語は、『形式と原理』の第一一節の「現象」概念の説明に際して次のような仕方でも用いられる。

ところで、しかし、諸現象とはそもそも諸々の事物の species であって諸々の観念〔イデア〕のそれではない〔Quanquam autem phaenomena proprie sint rerum species, non ideae〕。〔……〕なぜなら、諸現象が感覚的に把握ないし把捉されるものである限り、それらは原因によるものとして対象の現前を証言するからである。――このことは観念論に反対するものである。[35]

独自の時空観を背景とする「現象」理解によって受けるかもしれぬ――そして事実受けることになる――「観念論」との嫌疑に対して予防線を張る右の記述のなかで、カントは species の語をまさにその「現象」を言い換えるものとして用いている。こうした用法は断片的ながら他のテクストにも見出すことができるが、(36) そのうえで、問題は先の「形式」に関わる用法とここでの「現象」に関わる用法が species の語義に即してどのように整合的に説明されうるかである。たしかに、このラテン語の名詞が「見ること」を意味するラテン語の動詞 specio に発し、「視野に現前するもの、光景、見え〔Something presented to view, a spectacle, sight〕」、「見る行為、見ること、瞥見すること、見つめること〔An act of looking, look, glance, gaze〕」等をはじめとして視対象・視作用と関連する多彩な意味をもつことを考えれば、(37) species が forma（＝かたち）とも phaenomenon（＝現れ）とも言い換えられることはそれなりに理解できる。しかし、これらの用法が別個にではなく同じテクストの同じ章内にみられる場合、単なる不注意でない限り、そのことには相応の脈絡・意図がなければならないだろう。

いったい、一方で forma であるとともにもう一方で phaenomenon でもあるところのこの species とは何か。species という語の固有の意味を捨象してよいのであれば、答えはある意味簡単である。『形式と原理』という著作において提示される「感性の形式」としての時空の「観念性」というカント独自の思想は、「時空」をまさに一方で forma であるとともにもう一方で phaenomenon であるところのものとして性格づけるものだった。しかし、ここから species の内実を漠然と時空の性格・性質を表すものとして解釈するのみでは、右のような事態が他ならぬ species の語によって指し示されねばならなかった必然性を摑み損ねることになるだろう。用例から抽象的な思弁へと離陸するためには、当然ながらそれに見合った滑走が必要である。

『形式と原理』にみられる用法から遡って species の語の系譜を探ってゆくとき、カントの近辺でまず目を惹くものとして、ヴォルフの『合理的心理学』（一七四〇年（新版））の第一一二節に現れる次のような用例がある。

> 対象によって感覚器官に刻印される運動をわれわれはこれから刻印された形象〔Species impressa〕と呼ぶことにする。

しかるに、そこから脳へと継続される運動ないしはそれによって脳に浮かび出る運動をわれわれは物質的観念〔idea materialis〕と名づけるだろう。(38)

既に何度か確認してきたように、ヴォルフは物心二元論者であり、物体に関しては徹底した機械論者である。そのうえで、この「刻印された形象」と「物質的観念」というひとつながりの概念は、そうして二元的に区別される心身の相関を具体的に説明する場面で、魂の内なる「感覚的観念」との対照において、心内の諸現象と完全に並行して生じているはずの物理的な身体および脳における諸事象を指していわれる。したがって、「形象」なり「観念」なりの語で呼ばれはしても両者の実質は「運動」であり、ヴォルフにあっては脳内現象も含めた物体の機械論的な運動と他方の（原理的に自発的であるはずの）心的な「表象」活動とは完全な並行性において——「予定調和」の仮説によって根拠づけられるはずのものとして——捉えられていることになる。(39) しかし、そうすると、この species という語をヴォルフはどのような意図をもって用いていることになるのだろうか。

この点で、ヴォルフ自身による同節への註釈はたいへん示唆的である。

> 先の命題において述べられたことどもから当然知られるように、われわれが感覚しているときには、運動は諸々の感官神経に刻印され、そしてそこから脳内の運動が生じる。しかもそれに二重の仕方で身体における変容が付け加わるのだが、これには魂における感覚的観念が呼応する。そのうえ、〔二重の変容について〕一方が他方と区別されるとともに、二つとも独自に名をもって明示されることは適当であると思われる。そこで使用の自由——これは術語が哲学にまだ導入されていない場合に限って哲学する者たちに許される——によって、われわれは前者を刻印された形象、しかるに後者を物質的観念と名づける。しかるに、スコラ派の人々が可感的形象〔species sensibiles〕と、そしてまた種において刻印された形象と呼んでいたものについて、われわれはほとんど思い煩うことはしないのだが、それというのも、スコラ派の人々自身が魂を目指してやってくるような諸事物についての明晰かつ判明な概念をもっていなかっ

たことは周知の事柄だからである。(40)

species の語はギリシア哲学のラテン化に際してとくに「エイドス〔εἶδος〕」―― ひいては「イデア〔ἰδέα〕」さらには「ファンタシア〔φαντασία〕」など ―― の語の訳語として採用されたことから、(41) 中世のスコラ学においてきわめて重要な役割を担うこととなったが、そこでこの語は、一方で「類〔γένος, genus〕」に対する「種〔εἶδος, species〕」の意味において論理学の基幹概念として、(42) また他方で「形象」という意味において認識理論の中心概念として、論理学と自然学・形而上学という両側面にわたって ―― アリストテレス的な質料形相論を共通の根底としつつ ―― 広く用いられた。(43) 右のヴォルフの引用中の「可感的形象」というのは、まさにそうした（後者の）形相-形象論を背景として、他方の知性的認識に関わる「可知的形象〔species intelligibilis〕」との対照相関において、とくに感覚的認識の説明理論として多用された概念である。

いまトマス・アクィナス ―― しばしばヴォルフの著作中でも論及される(44) ―― の『神学大全』に即してみると、その第一四問第二項で端的にこのことは、「じっさい、われわれが何かを現実に感覚したり知性認識したりするのは、われわれの知性ないし感覚が可感的形象ないし可知的形象によって〔per speciem sensibilem vel intelligibilem〕現実に形成されることによる」といわれる。(45) さらに第八五問第二項では、「可知的形象」が知性に対して「それでもって知性が認識するところのもの」という位置にあることの証明として、より具体的に次のようにもいわれる。

〔……〕そして、外部のものに及ぶはたらきがそれにしたがって生起するところの形相はそのはたらきの似姿〔類似性 similitudo〕である ―― 例えば「熱するもの」の熱は「熱せられるもの」の似姿である ―― ごとく、同じくまた、はたらくもののうちにとどまるはたらきがそれにしたがって生起するところの形相もやはり対象の似姿に他ならない。だから、可視的なる事物の似姿こそ、視覚がそれにしたがってそうした事物を見るところのものなのであるし、知性認識される事物の似姿――つまり可知的形象〔species intelligibilis〕――こそ、知性がそれにしたがってそうした事物を認識するところの形相なのである。(46)

以上のように、一般に「形象」とは、スコラ学の質料形相論を背景に、認識主体によって認識される事物の「形相」の「似姿〔similitudo〕」として、しかも、「可能態〔potentia〕」から「現実態〔actus〕」への移行という「はたらき〔actio〕」において捉えられるものであった。同じ箇所でトマスは、「「知性認識されるもの」が「知性認識するもの」においてあるのは、その似姿によってであ」り、「現実態における「知性認識されるもの」は現実態における感覚の形相で「知性」であるといわれるのもこうした意味、つまり、ちょうど可感的事物の似姿が現実態における感覚の形相であるごとく、知性認識される事物の似姿が知性の形相にほかならないという意味においてなのである」ともいっている。(47) 要するに、世界のあらゆる生成変化は、質料形相論と可能態／現実態の区別を基本的な枠組みとし、事物の「似姿」であると同時に感覚・知性の「形相」である「形象〔species〕」の生起に即して――可感的ないし可知的に――認識されるというわけである。(48)

このスコラの「形象」は、それが認識の媒介をなすという点だけみれば、近世の「観念」や「表象」とも相重なるものではある。しかしながら、近世の諸家がこうしたスコラ的な形相‐形象論をアリストテレス‐スコラ的な実体的形相に基づく目的論的な説明方式ともども斥けていることは知られるとおりで、原子論ひいては粒子哲学に基づく機械論的な説明方式の導入と相俟って、例えばデカルトは知覚作用の説明のために「観念」というもはや事物の「似姿」ならざるものを新たに導入し、翻って、スコラの「志向的形象〔espaces intentionelles〕」――「空中を飛びまわる小さな像」とされる――を不合理なものとして拒斥している。(49) 少し下ってライプニッツも、一方で実体的形相には一定の理解を示しながら、(50)「昔スコラの人達が説いた可感的形象〔les especes sensible des Scholastiques〕」を

「実体から離れて行ったり実体の外をさまよったりす」る「偶有性」として、やはり自身の実体・表象論（モナド論）をこれを斥ける仕方で提示している。[51] ── こうして、伝統的な実体観の解体に伴って、それに基づく感覚知覚理論である「可感的形象」（ひいては「志向的形象」）はますます空洞化してゆくこととなった。そのうえで先のヴォルフの「形象」についていえば、それはこうした一連の経緯を踏まえて、内容上近世の一連の動向に連なる「運動」を改めて講壇（スコラ）哲学の形式的枠組みにしたがって位置づけ直そうとするものであったといえる。[52]

以上の事実を踏まえて改めて『形式と原理』の species の用例をみるとき、それではカントの用法はどのように特徴づけられるだろうか。思想内容の点で時空の観念性というカント独自の主張と関わって語られていた species であるが、先の第四節の引用に続く箇所には、ヴォルフの議論を念頭にいわれているかのような次の記述がみられる。

この形式は〔……〕、実は本来、対象のスケッチや図式〔adumbratio aut schema〕とかいったものではなく、心に植えつけられた ── 対象の現前から生じた諸感覚を相互に同位的に秩序づける ── 法則にほかならない。というのも、形式〔形相〕や species によって諸対象が諸感官に打ち当るのではないからである。したがって、感官を触発する対象の多様が表象のある全体へと統合するには心の内的原理が、すなわち、当の多様が不変の生得的法則にしたがってなんらかの *species* をそれによって受けいれるところの原理が必要である。[53]

species の語を用いるときカントがどの程度その歴史的経緯を意識していたかははっきりしないが、[54] それでも、直近のヴォルフとの差異は明らかである。先の引用中の「刻印された形象〔species impressa〕」という言い回しからも見て取れるように、ヴォルフは感覚像の形成を ── 物心の二元的な並行性を前提としながら ── （複合的な）事物・物質から感覚器官へ、そしてさらに脳への運動の伝達によって捉えている。その限りにおいて、たしかに「形式〔形相〕や species によって諸対象は諸感官に打ち当る」。これに対してカントは、時空の観念性という独自の主張に基づいて、ここで species を心の内的原理による感覚の多様の秩序形成の所産として主客を逆転してみせる。問題は、species の語に即してこのことがいわれる意味である。

このことは外面的には、デカルト以来の近世哲学によるスコラ的な「可感的形象」の解体・空洞化の流れと、その末にスコラ的な枠組みを再利用する一八世紀ドイツの講壇哲学の（新たな）伝統の両者を背景として理解されるはずのものである。ところで、そうしてみると当然、元来のスコラ的な species 論で「可感的」形象と並んで（あるいはそれ以上に）重要な役割を担わされていた「可知的」形象に相当する事柄がどうなったのかが疑問となってくるだろう。さしあたり『形式と原理』では、species は「可感的世界」の形式的原理との関係において語られるのみであった。――しかしながら、続く『批判』においてカントが「形式」を捉える仕方は、結果として、哲学史的にきわめて興味深い仕方でスコラ的な「可知的形象」論との異同を際立たせるものとなっている。[55] そのことにカントがどこまで自覚的であったかはともかく、『批判』第二版の synthesis speciosa はそうした大きな哲学史的展望のもとに捉えられうるものとなっている。以下、節を改めて、トマスの可知的形象論との対照においてこの点をみてゆくことにしよう。[56]

第四節　トマスの「可知的形象」とカントの「形象的総合」

『形式と原理』の後、「われわれの内にあって表象と呼ばれるものの対象への関係はどのような根拠に基づくのか」という問いの提起・解決にカントは腐心することになるが、[57] これに対する回答は『批判』において、「総合」（「多様の総合的統一」）というはたらきをその主観的側面としてもつ「純粋知性概念の超越論的演繹」という一連の手続きに即して示される。このとき、問題の species との関連で注目されるのは、感性と知性の作用領域の区別に基づいて、『形式と原理』ではもっぱら感性の形式との関係において位置づけられていた可感的世界（現象界）の認識が、演繹問題への取り組みを背景とする知性の使用可能性の制限に基づいて、『批判』では感性と知性の協働（「総合」）によるものとして捉え直されている点である。――さらに、「形式」と「形象」を焦点としていえば、ここで感性と知性という「能力〔Vermögen〕」においていわば可能態としてある現象界の形式は、想像力の「総合」という「作用〔Wirkung〕」に即して知性の形式が感性によって制限されるという仕方で現実化（「形象」化）されるものとなる。(58)

こうした認識は、『批判』のみならず同時期の著作でも折々に示されている。species という語そのものこそみられないものの、例えば一七八六年――『批判』第二版出版の前年――の論文『思考において方位を定めるとはいかなることか』の冒頭でカントは、それに準ずるような表現を用いて次のようにいっている。

> われわれがわれわれの諸概念をどれほど高くに置き、それでもって感性からどれほど甚だしく抽象化しようとも、諸概念にはやはり諸々の像的表象〔bildliche Vorstellungen〕がつきまとう。これら像的表象の本来の用途は、諸概念を――それらはさもないと経験から導かれない――経験的使用に役立てることにある。(59)

『批判』第二版演繹論の「形象的〔figürlich〕総合（synthesis speciasa）」は、言葉のうえでは cognitio symbolica をめぐる論理学的な考察に由来するものと考えられたが、以上にみてきたように、その思想内容は（概念の）形式の形象化・感性化という形而上学的問題への取り組みから生じてきたものと解される。(60) このとき「形象的総合」は、単なる知性のみによる「知性的総合」に対して、具体的に次のような継起的な規定作用として捉えられるというのがカントの主張だった。すなわち、本章の冒頭に確認したように、われわれが「つねに自らの内で知覚している」事柄として、「われわれが線を思い浮かべるには、それを思考において引かないわけにはゆかず〔……〕」、一般化していえば、「時間すら〔思い描くには〕われわれは一本の直線〔……〕を引くなかで単に多様の総合のはたらき――これによってわれわれは内感を継起的に規定する――に、そしてそれによって内感におけるこの規定の継起に注意することによらないわけにはゆかない[61]」。

こうした「継起的」な「規定」が自ら省みて実際に線や時間の知覚の不可欠の条件であると考えられるかどうか、また、そうであるとして、それがどのような学問観を含意するかはいまは問わない。ひとまず、ここで注目したいのは、この「形象的総合（synthesis speciosa）」というはたらきに集約される『批判』の思想が、折に触れて指摘されてきたように、たしかにスコラ的な「可知的形象〔species intelligibilis〕」論との類同関係において理解されうるように思われるという点である[62]。感性の形式に関わる『形式と原理』の species はヴォルフを介してスコラの可感的形象との関連を示唆するものだったが、ここから進んで、知性の形式の形象化を焦点とする『批判』の synthesis speciosa は、カント当人の自覚はともかく、結果として中世スコラの可知的形象との類同を示すこととなっている。

改めてトマスの『神学大全』に即してこれをみると、その第一部第八四問第七項の「知性は表象像に自らを向けることなく、自らのうちに有する可知的形象によって現実的に知性認識することができるか」という問題に答えて[63]、まずトマスは「われわれの知性は、それが受動的な身体に結びついている現世の生の状態におけるかぎり、自らを表象像〔phantasmata〕に向けることなしには何ものをも現実的に認識することはできない」といっている[64]。大枠として、人間の知性を論弁的なものと捉え、受動的に与えられる表象による形象化のプロセスを知性認識にとって不可欠とする点で、カントがこうしたアリストテレス-スコラ的な伝統に――プラトン的な想起説あるいはアウグスティヌス的な照明説にではなく――連なることはまず疑いない[65]。しかるに、そうした共通性を踏まえたうえで注目したいのは、《表象像への立ち返り》と称されるこの知性認識の可能性に関わるトマスの次の説明である[66]。

トマスにしたがえば知性認識における《表象像への立ち返り》は二つのしるしによって知られる。そのひとつは、身体的器官の損傷のために何らかの感覚が得られなくなったり精神錯乱や昏睡状態にあって記憶が妨げられたりすることによって、感覚や記憶に即した知性の活動が阻害されるという事実である。(67) そしていまひとつ、とくにカントの「形象的総合」との対照において注目されるのは、われわれが自ら省みて経験される次のような事実である。

> 第二に、何びとも次のようなことを自らにおいて経験することができる。すなわち、ひとは何らかのことがらを知性認識しようとするに際して、実例という仕方でもって或る表象を形成し、こうした表象において、自己の知性認識しようと求めているところのものをいわば見てとる〔quasi inspicio〕のである。だからまたわれわれは、他のひとに何ごとかを知性認識させたい場合においても、やはり相手に実例を提示し、もって相手が知性認識のために自ら表象を形成することのできるようにはからうのである。(68)

具体的な細部に即して両者の異同を照らし合わせてゆく場合、何より両者の差異が際立つのは知性の形式の形象化のはたらき方そのものに関してである。知性の形式それ自体は可能的なものにすぎず、その現実化のために所与の感性的表象に即した形象化を必要するという点で、両者は――カントからすればトマスは超越論的／経験的という区別が不十分ということにはなろうが――共通している。(69) しかし、この形象化をカントが「描く〔beschreiben〕」「引く〔ziehen〕」等の継起的なはたらきによって説明しているのに対して、トマスは《表象像への立ち返り》を「いわば見てとる〔quasi inspicio〕」という言葉で語っている。この微妙な差異は、それぞれの拠って立つ理論的前提の差異に由来するものとして、哲学史的に看過しがたい意味をもつものと考えられる。

まず、トマスが「見てとる」というのは、アリストテレス－スコラ的な質料形相論を前提として、「身体と結びついている人間の知性の固有の対象」が「物体的質料においてある何性ないしは本性」であり、「人間知性は可視的な事物のこのような本性を通じて、不可視的な事物についての何らかの認識へも上昇してゆく」との理解によってである[70]。事物の知性認識のために表象への立ち返りが必要とされるのも、そうした「個別のうちに存する普遍的な本性を観る」ためであり[71]、そのようなものとして、事物の性質は個々の事物そのものの内にその「本性〔natura〕」としてある。端的にいえば、人間知性は形象を介して事物に内在する形相を観取するように設えられている。

これに対して、カントが「描く」ことによって事物の知性認識を説明するとき、そうした実在論的な質料形相論はもはや保持されていない。カントは認識の対象を「対象の内的かつ絶対的性質を表さな」い「現象」、すなわち「表象」であるとし[72]、翻って、形式（形相）を「主観」の自然本性として心の側に帰す。このとき形式とは時空とカテゴリーという質的なものを捨象した量的な関係性であり、そしてその形象化・現実化はあくまで「表象」、すなわち、内感ないしは心の「変容」である主観的な「表象」を舞台として、事物そのものに内在する自然本性といったものを排したところで行われる。トマスもカントも人間知性の有限性を強調する点では同様であるが、トマスの知性認識が能動知性による表象からの可知的形象の「抽象」――これをトマスは「照明」という――であるのに対して[73]、カントの総合は人間知性にとっての規則である純粋知性概念にしたがう「継起的」な「規定」――「超越論的時間規定」ともいわれる[74]――である。

そこで改めて問題は、このカントの「総合」の哲学史的な意味である。例えば、しばしばいわれるような神中心から人間中心への「転回」というような枠組みにしたがってこれが語られうるとして、その中心の移動とは具体的にどのような仕方で行われたのか。このことに関して注目されるのは、カントがそれに即して自らの「超越論的時間規定」という「総合」理解を語る schema の語の変遷である。節を改めて、最後にその点をみよう。

第五節　「図式」による形式の形象化・現実化

『批判』第二版演繹論の「形象的総合」は、カントの思想の発展史上『形式と原理』の species の延長線上に位置し、さらには中世の「可知的形象」へと遡る。これは概念史的にはかなり確からしいことではあるが、カント自身が明示的に語っているわけではない。かえって、species の語そのものは『批判』では姿を消してもいる。ただし、それに替えるような仕方でカントは Schema の語に重きを置き、「純粋知性概念の図式論〔Schematismus〕」という章題のもと、先立つ演繹論で端的に「総合」の名によって語っていた事柄をこの語に即して具体化していっている。このとき「図式〔Schema〕」は、まず、知性と感性という異なる源泉に由来する「純粋知性概念」（カテゴリー）と「経験的直観」（現象）の両者に関して、「どのようにして後者の前者のもとへの包摂は、したがって諸カテゴリーの諸現象に対する適用は可能か」との問いを導きとして、次のような仕方で位置づけられる。

> さて明らかに、一方でカテゴリーと、他方で現象と同種的でなければならず、そして前者の後者への適用を可能とする第三者〔ein Drittes〕が存するのでなければならない。この媒介的表象は純粋（経験的なものをまったく欠く）であり、しかも一方で知性的であり、他方で感性的であるのでなければならない。超越論的図式〔das transzendentale Schema〕とはそうしたものである。[75]

既に「総合」が感性と知性の「媒介」の役割を担うものであったが、それに加えて「図式」は、（把捉・）概念・判断・推論という伝統的論理学の体系構成 —— それぞれ（感性・）知性・判断力・理性という認識能力によって担われる —— にしたがう「超越論的論理学」という問題構成からして、「包摂」ないし「適用」という役割を担う

「第三者」ないし「媒介的表象」として特徴づけられる。そうした『批判』の行論に即せば、たしかに図式の役割は、先立つ演繹論による純粋知性概念の客観的妥当性の証明を踏まえて、その具体的なありようを「包摂」という仕方でいわば論理的に、あるいは「適用」という仕方で認識論的（超越論的）に示すことであると考えられる。これに応じて、その「第三者」性ということにどのように折り合いをつけるかが解釈者の課題になってくる(76)、というわけである。

ただし、それはあくまで結果であって、はじめから「図式」が「第三者」的なもの、あるいは異種的な両項の「媒介項」として捉えられていたわけではない。そのことは一七五五年の『新解明』および七〇年の『形式と原理』におけるこの語の用法に照らしてみても明らかである。むしろ、そこで schema の語は、先に species の語によって論じられていた事柄を別の局面から語るものとして、「形式」の現実化に関するカントの思想の変遷を具体的に告げ知らせることとなっている。

まず『新解明』において schema は、そこで新たに提示される二つの原理のうちの —— より根源的な意味をもつ —— 諸実体の「共現実存在の原理」の論証に際して用いられる。具体的に、「諸々の有限的実体は、それらの現実存在〔existentia〕の共通原理、すなわち神の知性〔divinus intellectus〕によって、相互関係に形作られるように支えられない限り、それら自身の現実存在のみによっては自らをいかなる関係においても顧慮しないし、まったくいかなる相互作用にも置かない」というように(77)、ここでカントは（一つ目の原理によって導かれる）相互関係にある諸実体の「現実存在」を「神の知性」によるものとするが、注目されるのはその論証中の次のような一節である。

〔……〕まったく、神というのは端的にそれら〔諸実体〕自身の現実存在を確固たるものとしてみせるだけであるから、もし現実存在を与える当のもの、すなわち神の知性の図式〔intellectus divini schema〕が、それら〔＝諸実体〕自身の共に関係づけられた現実存在を概念把握する限りにおいて、それらの関係を確立してみせるというのでないならば、それら〔諸実体〕の間の相互的関係はいまだ帰結しない。そうであるからには、万物の普遍的な相互作用がこの神の観念〔イデア idea〕という概念にのみ負うとされることに、きわめて信憑性があるのは明らかである。[78]

これに続く箇所には、より端的に「現実存在の起源である神の知性の図式〔schema intellectus divini, exsistentiarum origo〕」との言い回しもみられるが、[79] このように、「現実存在」とその「原理」の関係が「図式」を介して説明される点は、その後の立場の変遷にもかかわらず『批判』にまで一貫して認められるカントの基本姿勢といえる。[80] もちろん、原理の究極の根拠として「神」の存在をドグマティックに措定し、そこから天下り的に諸事物の現実存在を論じるという証明方式は、この後、認識批判の営みの深まりのなかで「独断」的なものとして斥けられる。そして、それに伴って「神の知性」ではなく、むしろ「人間の知性」が原理の担い手として前景化してくることになる。しかし、同時に、その内容と方法の変化は、この現実世界の諸事物を一定の法則的連関において在らしめる「原理」（ないしは「形式的原理」）に関して、それがそれ自体として可能な状態から諸事物との現実的な関係へともたらされる契機をカントが一貫して「図式」の語によって捉えていることをも浮き彫りにするはずのものである。

そのことは『形式と原理』において感性の形式の形象化がまさにこの schama の語によって説明されているところからも見て取れる。例えば、その第三章「可感的世界の形式の原理について」の冒頭の第一三節でカントはこの語を用いて次のように宣言している。

> 現象的宇宙のこれら形式的諸原理 —— すなわち絶対的に第一の、普遍的な、そしてそのうえ、人間の認識においてあらゆる感性的なもののいわば諸図式〔quasi schemata〕であり諸条件である形式的諸原理が、時間と空間との二つであることをいまや私は証明するだろう。[81]

そのうえで、第一五節ではより踏み込んで次のような記述が示される。

> 空間は客観的なものの実在的なものではなく、また実体でも偶有性でも関係でもない。――そうではなく、主観的なものの観念的なものであり、そして心の本性から不変の法則によって出来し、まったく外的に感覚されたものすべてを相互に同位的に秩序づけるいわば図式〔veluti schema〕である。(82)

ここで問題とされている現象界の諸事物の形式的原理をなす「感性の形式」は、先の『新解明』の「共現実存在の原理」に関して、それを同位的秩序という観点から捉え直したものとみられるが、そこで改めて注目されるのが「いわば（諸）図式」という表現である。schema という語そのものについていえば、これは「形式、形、形象〔form, shape, figure〕」や「現象〔appearance〕」を意味するギリシア語の *σχημα* のラテン語による引き写しであり、(83) その意味内容は先の species とほとんど相重なる。しかしながら、その概念史を念頭にここで両者が感性の「形式」に関して意味するところをみるならば、これが単なる言い換えに終始するものでないこともまた明らかである。すなわち、まず species は「感官を触発する多様が心のある自然的法則によって同位的に秩序づけられるかぎりで現われる感性の *species*」というように、感性の「質料」をなす感覚との対照・相関関係において、その「形式」が現実化される仕方を語るものとして用いられている。これに対して schema は、同じ「形式」の現実化ということを、それが（形式的）「原理」として担われる当の主体・基体との関係において語るものとみることができる。

事情は『批判』ついても同様である。そこで「図式」はさしあたり直観と概念を媒介する「第三者」として導入されるが、しかし、その能力である「想像力」は「活動的能力〔ein tätiges Vermögen〕」といわれ、(84) これに基づく「超越論的総合」は「知性の感性に対する作用〔Wirkung〕であり、われわれに可能な直観の諸対象に対する知性の最初の適用である（と同時に他のすべての適用の根拠である）(85)」。そのようなものとして、図式とは「概念にその像を付与する想像力の一般的手続き〔ein allgemeines Verfahren〕についての表象」を意味する。[86] この語の来歴を念頭に置いてみても、「図式」というものの核心がそれ自体としては可能的なものであるにすぎない「形式」の現実化・形象化というところにあることは明らかだろう。たしかに、一連の理論構成の結果、それは二元的に区別される感性（的直観）と知性（的概念）の「第三者」的な媒介という課題を引き受けることにはなる。[87] しかし、いずれにせよ、その本来の課題が両項をいわば水平的に《つなぐ》ことでなく、むしろ、垂直的に「感性が悟性をそれを同時に制限する〔restringieren〕ことによって現実化する〔realisieren〕」ことにあるのは疑いない。[88]

そこで問題は、この図式化の主体のありようである。まず、『新解明』で現実世界の諸事物の「形式的原理」の根拠とされるのは「神の知性」であり、そのうえで、当の諸事物の現実存在は「神の観念」において把握され、「神の知性の図式」によって与えられるとされていた。つまり、ここで世界は神の知性（の観念）との関係において実在論的に理解されている。これに対して、『形式と原理』は同じ法則的連関を――ひとまず現象界に関して――観念的なものと捉え、そして、その「観念」を「人間の感性」に帰す。空間と時間をその内実とする「感性の形式」は、それゆえ、観念論的前提のもとで一定の法則的連関にある諸事物の現実存在を与えるものとして、「いわば（諸）図式」であるといわれる。もちろん、「知性の形式」（の実在的使用）によって事物が「存在するがまま」に表象され[89]、それによって「事物または関係の概念そのもの」が与えられるというように[90]、ここで事物の存在の原理を担うのは先の「神の知性」と同質的なものと考えられる「人間の知性」である。しかし、それに担保されるかたちで、「感性の形式」が――（神的な）「知性の形式」に類比的に――「現象するがまま」の事物に関して独自の性格を、すなわち形式の時空化としての現実化・形象化という性格を示すに至っている点はやはり注目に値する事態といえる。

以上のような思索の遍歴の後、『批判』の図式論でカントがいうのは、「その純粋な意味における諸カテゴリーは感性のあらゆる制約なしに存在するがままの〔wie sie sind〕諸事物一般に妥当することにな」るとしても、「こうした表象はどのような諸規定を当の事物がもつのかを私に知らせないので、それによって私は何も作り出しえ」ず、「したがって諸カテゴリーは、諸図式なしには諸概念に対する知性の諸機能でしかなく、いかなる対象も表さない」ということである。[91] もはや「いわば」との限定なしに、図式は「人間の知性」の形式的原理一般について、それが現実化される局面を一手に担わされるまでになっている。すなわち、可能な形式の現実化のためには、「直観一般の多様に関して単なるカテゴリーにおいて思考されるだろう」ような「知性の結合（synthesis intellectualis）」に加えて、「アプリオリに可能的かつ必然的である感性的直観の多様」に対する「形象的」な「総合」が必要である。[92] それ自体無時間的な「存在するがまま」の事物についての思考の形式にしたがって、絶えず流動する内的な時間意識において与えられるものを「描く」という仕方で規定してゆくところ――「超越論的時間規定」――に、「人間の知性」の独自性はある。

『批判』の「形象的総合」が語るのは、こうした人間の「心」の動的性格である。単にそこに「形式」が「本性」的に「植えつけられ」ている静態的な枠組みとしてではなく、むしろ、その形式の現実化によってそれ自身もまた実現される動態的なものとして、神ならざる人間の知性の固有性は了解される。このはたらきを担う能力としてカントは想像力について「それなしにはわれわれはまったくどのような認識ももたないだろうような魂〔Seele〕の不可欠の機能」といい、[93] また、その所産である「諸現象とその単なる形式に関わるわれわれの知性のこの図式論は人間の魂の深奥に隠された技である」というが、[94] ここで意味されるのもそれと別のことではない。想像力は知性と感性によってそれぞれ担われる二元の媒介をなすべきものであるが、このことで問題となっているのは、所与の事物に即して心・魂の思考作用が現に遂行されつつある仕方であり、端的にいえば、事物（身体）と魂（心）の両者の現実的相関としての「生」と呼ばれる事態である。近世の先立つ思想動向に連なりつつスコラ的・講壇的な枠組みにしたがってそれを突き詰めるかたちでカントは、一方で無時間的に「存在するがまま」の事物の形式を思考するとともに、他方また変化してやまない時間の相のもとでその形式をそのつど現実化しつつ生きて在る認識者としての人間の活動性をすぐれて表現するに至っている。

第六節　第二部のまとめと本書の結論

「学としての形而上学」の可能性をカントは《対象が認識にしたがう》というテーゼに即して問い、その論証を「多様の総合的統一」という主観的な作用連関に拠って進めてゆく。――本書第二部ではこの三つの契機からなるはたらきに関して、それぞれ「多様」「表象」「species」という観点から概念史的な分析を行ってきた。手法と能力の都合上展望は限られてはいるが、形而上学的原理がそこに「批判」的に折り返して捉えられる主体観を具体的な変化の相において浮かび上がらせることが全体としての課題であったといえる。

まず、「多様」という語の術語化のプロセスに即して確認されたように、従来漠然と神に委ねていた自然世界の「多様における統一」という事態に関して、『批判』においてカントはそれを「多様の総合的統一」ということで人間の認識能力に引き移し、「形式的観念論」という立場を採る。すなわち、ここにおいて形而上学的「原理」は、観念・表象を舞台に認識主観が自然世界をその「形式」的側面に関してトップダウン的に構成してゆくべきものとして提示される。近世哲学の動向のなかに置き直してみるとき、こうしたカントの批判的形而上学の全体構想は、デカルトやニュートンら近世の諸家によって新たに提示された「原理」について、その「形而上学」的根拠をさらに踏み込んで顕にし、同時に認識者としての人間を中心に多様きわまりない自然世界と神による究極的な統一とを全体的・体系的に把握しようとしたものと考えられるが、それを縮図的に表現するのが「多様」という概念である。この語は漫然と感覚や世界の多性を指すのでなく、「量」的な観点を軸に主観的な認識能力に定礎されるような仕方で受け取り直されている(第四章)。

そこで、そうした独自の観念論へと至るカントの思想の努力を伝えるものとして注目されるのが、表象概念の位置づけである。中世のアリストテレス－スコラ的な質料形相論(ひいては実体的形相論)に対して、デカルトやロックが「観念」説に拠って新たな実体観を切り拓いていったのは一七世紀のことであるが、そこから下って新旧の動向の入り混じった一八世紀のドイツにあって、カントもまた「表象」という概念を独自の仕方で活用することによって時代と地域の共通課題に取り組んだ。「形式的観念論」と称されるその独自の観念論は、端的にいえば、当時の講壇の共通前提である二元論を出発点として、表象概念を媒介に二元の相関の原理を「実体」からその「形式」へと移行させてゆくなかで獲得された境地と考えられる。――結果、カントが引き受けることになるのが「内感」と「物自体」という主客概念の枠組みである。唯一可能な立場ではないにしても、これが近世の観念・表象説のありうべきひとつの帰結であるのは確かで、そのように近世の観念説の論理の徹底によって物心二元論を超越論的観念論(と経験的実在論)へ至るカントの思考の歩みは、来るべき一九世紀の観念論(ひいては唯物論)への展開を考えるうえでも看過しがたい意味をもつ(第五章)。

西洋哲学・形而上学の歴史のなかで『批判』が担った役割を言い表すものとして、その限りでは後世の研究者たちの手になる「コペルニクス的転回」という成句も有効に用いられうるだろう。神中心から人間中心へ――中世から近世にかけて西洋哲学が進んできた道筋が大枠としてそのように捉えられることは間違いない。近世の観念説がこうした変動に際して概念装置として大きな役割を担ったことはよく知られるとおりで、実際、そのひとつの帰結であるカントの「形式的観念論」についても、観念・表象と表裏一体をなすその「形式」概念は伝統的な「形相」概念との見事な対照をなすものとなっている。『批判』の枠組みは伝統的なアリストテレス－スコラ哲学のそれと重なるが、形相の現実化のはたらきを神に負う実在論的な質料形相論から離れて、ここでカントは形式を主観のはたらき（「形象的総合」）に定礎することで、感性的な所与性に条件づけられた有限性・受容性と、その有限性の実質をなす内的な時間意識のもとで無時間的な「形式」を継起的に描き現実化してゆく自発性とを併せ持つような人間観を提示するに至っている。今日それをどう評価するかはともかく、ここで世界と人間を意味づける概念そのものにひとつの「転回」が生じていることは確かであるように思われる（第六章）。

それ自体幾度となく語られてきただけに、こうした哲学史的展望はともすると天下り的に語られがちであるが、ここではその点に鑑みて「下から」変化の実態を記述し直してゆくことを課題としてきた。結果、『批判』へともちきたらされた集合的な努力とそこでのカントの個人的な努力の所産として、大きくは「形式」（「形相」）を焦点とする変化が（決して十全にではないが）描き出されることとなった。——そのうえで、二一世紀の今日にまで及ぶはずのそうした変化の行く末をどのように捉えるか、また、その際の集合的・個人的な諸要因を具体的にどこに見定めるか。一八世紀にカントを帰してゆくなかで受け取り直すに至った方法意識からしても、そうした事柄へと問いを進めてゆくことが改めて課題となってくるように思われる。しかし、ひとまず、着手点となるような視座が開けたことをもっていまは論を閉じることにしよう。

註

（1） A 52/B 75.
（2） A 77–79/B 103–104. Einbildungskraft というドイツ語はカント周辺では「構想力」という訳語が長らく一般的であったが、Verstand と同様の理由でここでは「想像力」とする。

（3）スコラ学の species 論とカントの『批判』演繹論の議論の類同性については de Vries (1955: 9)、Sala (1978: 14–15n.)、坂部（一九九七：一四七）によって、それぞれ感覚認識、知性作用、想像力（とくにそこでの Bild）という観点から指摘されてきている。――ただし、いずれも基本的に指摘に終始している。

（4）B 151.

（5）第四章註（3）参照。

（6）B XXXIX.

（7）『批判』第一版から第二版への書き換えを当時の文脈に即して論じた古典的研究として Erdmann (1878) を参照。このことを論じるためにはカントの内発的な動因とともに外発的な誘因も検討しておく必要があるが、エルトマンは当時のいわゆるスピノザ論争を背景としてこれを捉えている。

（8）B 154.

（9）B 154–155. Cf. B 137–138, B 162.

（10）A 101–102.

（11）B 153, cf. B 68.

（12）B 153–154.

（13）討論の冒頭でハイデガーの「新カント主義」理解を質すカッシーラーに答えて、ハイデガー自身も次のようにいっている。「ひとまず名前を挙げるとすれば、コーエン、ヴィンデルバント、リッカート、エルトマン、リールといおう。〔……〕その〔＝新カント主義の〕起源は、認識の全体のうちで哲学にそもそもまだ何が残っているのかという問いに関する哲学の困惑である。〔……〕／〔……〕カントは自然科学の理論を与えようとしたのではなく、形而上学の問題系、ひいては存在論の問題系を示そうとしたのだ」(Cassirer & Heidegger 1929 / 1998^{6}: 274)。

（14）Cassirer & Heidegger 1929 / 1998^{6}: 275–276.

（15）Heidegger 1929 / 1998^{6}: 190. ただし、カッシーラーと違ってハイデガーは Synthesis speciosa という第二版での表現は「超越論的想像力が従前〔＝第一版で〕の自立性を喪失してしまったことを証示している」(Heidegger 1929 / 1998^{6}: 165) という。

（16）Heidegger 1929 / 1998^{6}: 91.

（17）Cassirer 1925 / 2002: 35〔木田訳七五〕. ちなみに、この「根本思想」をカッシーラーは「カントのコペルニクス的回転〔Kopernikanische Drehung〕に基づく原理」(ibid.) とも呼びかえている。

（18）第一版のそれを評価する（ハイデガー）にせよ第二版のそれを評価する（カッシーラー）にせよ、想像力の総合に中心的な意義を求め、しかもそれをカント自身の感性と知性の二元論を止揚するようなものとして位置づける点で、両者の解釈はいずれもカントを「越えゆ」くものである。その点の是非はそれに適った文脈に即して論じられるべき事柄であるが、そのためにも、これが事実問題としてカントのそれとは異なっていることは確認しておく必要がある。この点についてはHenrich（1955）、Heßbrüggen-Walter（2004）などを参照。

（19）Cf. Cassirer & Heidegger 1929 / 1998^{6}: 295–296.

（20）VII 191.

（21）例えば七〇年代の講義草稿とみられるレフレクシオーンには次のような記述が見出される。「直観はシンボル的認識とではなく、概念による認識と対置される。シンボル的表象はむしろ直観のために役立つ。／〔……〕／言語性能は諸直観の普遍的なものの記号を必要とし、その総合の諸契機が知性の諸概念を与える。それゆえ言語はすべてまったく形象的〔figürlich〕である」（XV 710）。また、一七七五／七六年冬学期の講義録である『フリートレンダー人間学』の「記号能力について〔Von der Facultate characteristica〕」の冒頭では次のようにいわれている。「文字〔Character〕とシンボルは区別される。シンボルは感官像〔Sinnbild〕であり、文字は記号〔Bezeichnung〕でしかない。感官像とは事象そのものと類似性をもつ像のことである」（XXV 536, cf. XXV 126–132, 338–341）。さらに、figürlich というドイツ語と speciosus というラテン語の重ね合わせは『判断力批判の第一序論』にもみられるが、そこでカントは自然の諸形式の美感的評定に関して、「その諸形式の合目的をひとは形象的〔比喩的 figürlich〕と、そしてそれに関する自然の技術もまたまさにそのように（technica speciosa と）名づけることができる」（XX 233–234）としている（cf. V 301）。

（22）Cf. Leibniz, 1684 / 1978: 422–423.

（23）Cf. Wolff 1751^{11} / 1983: 674.

（24）Wolff 1751^{11} / 1983: 173–174.

（25）マイアーの『理性論綱要』第二三五節では、両認識は「対象」と「記号」の表象性の強度を基準として次のように区別されている。「理性的な学的認識が理性的にはたらくとすれば、その認識は1）直観的認識でなければならない。ある認識が直観的（cognitio intuitiva）であるのは、われわれが対象を対象の記号以上の強度で表象している場合である。われわれが、しかるに、対象の記号を対象以上の強度で表象するならば、その認識はシンボル的（cognitio symbolica）である。学的認識はすべて直観的であるかシンボル的である」（XVI 527）。

（26）Wolff 1751^{11} / 1983: 180 [§. 324.]. この意味での Speciosa については Thiel (1995: 1350) も参照。

（27）Leibniz 1684 / 1978: 422.

（28）Wolff 1751^{11} / 1983: 176 [§. 319.], 178 [§. 322.], 179 [§. 323.].

（29）II 395, A 44/B 61–62. 本書第四章一二一頁、および一四二頁註（31）参照。

（30）第三章八一頁参照。

（31）伝統的な記号論・言語哲学に連なるヴォルフ、ランベルトによる記号理解との対照において、カント以降におけるその問題系の消失を論じたものとして黒崎（一九九〇）を参照。――そこではカント前後における断絶に焦点が合わせられているが、ただ一方で、「直観」概念の形成ということに注目するならば、ヴォルフ（本文）やマイアー（前掲註（25））の用例の延長線上にカントの用法は位置するとも考えられるのではないか。この点は機会を改めて検討してみたい。

（32）一七八八／八九年冬学期のものとされる『ブーゾルト人間学』の「記号能力」の項の冒頭には、カント自身による次のような説明もみられる。「これ〔=記号能力〕は時間の規定にではなく、それは結合（連合〔Assoziation〕）によって存立する想像力の能力である――。それは何らかの記号によって諸々の表象を結合する能力である」（XXV 1473）。年代推定が正しいとすれば、これは『批判』第二版の翌年のものということになるが、いずれにせよ、ここでの「時間の規定」と「結合（連合）」の区別がそのまま形象的総合と形象的認識の区別に対応づけられることは明らかである。

（33）II 392.

（34）『形式と原理』のケンブリッジ版（Walford と Meerbote による）英訳の当該箇所の脚註による各国語訳の一覧（Kant 1992: 384）、理想社版日本語訳（カント（一九六五〔川戸訳〕））、岩波書店版日本語訳（カント（二〇〇一〔山本訳〕））にしたがえば以下のとおり。――configuration（Alquié 訳）、general configuration（Beck 訳）、specie（Carabellese 訳）、appearance（Eckhof 訳）、Gestalt（Hinske 訳）、general characteristic（Handyside 訳）、specificity（Kerferd 訳）、aspect（Walford & Meerbote 訳）、「形象」（川戸訳）、「相」（山本訳）。

（35）II 397.

（36）『形而上学のレフレクシオーン』には species の語の次のような定義（?）も見られる。「判断の欠如に拠る仮象〔現われ Schein〕は見かけ〔Anschein〕（第一の仮象：*apparentia* である。判断に対立しそれに屈しない仮象は自然的仮象：*species* である。その一例が超越論的仮象である。それが擁護されることは決してないだろう」（XVIII 31–32）。同様の記述は――さらに簡素化されているが――『人間学』の第一一節にも「感官の仮象〔Sinneschein〕（*species, apparentia*）」という形でみられ（VII 146, cf.

XV 906–907 [Refl. 1525])、やや異なるが『論理学のレフレクシオーン』にも「*apparentia*（*phenomenon*）、現象〔Erscheinung〕、（事物そのものと見なされるところの）*species*,（*veritatis*）、仮象〔Schein〕」（XVI 285 [Refl. 2247]）とある。

（37） Glare 1982: 1799–1800.

（38） Wolff 1740² / 1994: 88.

（39） ヴォルフのこうした立場をFabian（1925: 32–47）は「精神物理的並行論」という当時の心理学・形而上学の言い回しによって規定している。

（40） Wolff 1740² / 1994: 88.

（41） Cf. Engelhardt 1995: 1315.

（42） Cf. Lutz-Bachmann (1995).

（43） 論理学的な「種」としてのspeciesと認識論的な「形象」の関係については『神学大全』第五問第五項で次のように説明されている。「また形相そのものは「形象」（スペキエス）という名によって示される。それぞれのものがそれぞれの固有の「種」（スペキエス）のうちに構成されるのは形相によるからである。「数は形象を賦与する」といわれるのはそのためである。なぜなら種を表示する定義は、哲学者が『形而上学』第八巻において述べているように、数に似たものであって、一を加えたり引いたりすることによって数の種が変わるように、定義においても種差を加えたり引いたりすることによって種が変わるからである［Ipsa autem forma significatur per speciem quia per formam unumquodque in specie constituitur. Et propter hoc dictur quod *numerous speciem præbet*, quia definitiones significantes speciem sunt sicut numeri secundum Philosophum in VIII *Meta*; sicut enim in numeris unitas addita vel subtracta variat speciem numeri, ita in definitionibus differentia apposite vel subtracta.］」（Thomas c. 1265–1274 / 1964: [v. 2] 76［山田訳一一〇］）。この箇所に註して訳者の山田晶は、「「形相」は「フォルマ」forma、「形象」は「スペキエス」speciesの訳語である。どちらも、もともと「形」を意味する名詞であるが、前者が事物そのものの有している形として事物に即した「形」を意味するのに対して、後者はspicere（眺める）という動詞に由来し、「見られた形」として、見る主観に即した「形」を意味するようである。そこでトマスは、前者を「質料」materiaとの関連において、自然学ないしは存在論の領域で用い、後者は、認識者が事物から受け取り、それによって事物を認識するものとして、認識論の領域で用いることが多い。またこの関係で「スペキエス」は、「類」genusと「個」individuumとの中間に位置してそのものの何たるかを述べる「定義」definitioを表示する「種」として、論理学の領域で用いられる」（山田一九七五：二一二注）としている。中世スコラ学にいわれるspeciesの概念史的研究としてはMichaud-Quantin（1970: 113–150）、Engelhardt（1995）などを参照。

(44) ヴォルフのトマス受容についてはCasula (1979) による——近世初頭の『神学大全』の解説書の記述と逐条的に突き合わせた——興味深い研究がある。ヴォルフの「物質的観念」とスコラの「可感的形象」の関係については山本(二〇一〇^{二}：三七三)に訳出されている『合理的心理学』の第五七六節註の記述も参照 (cf. Wolff 1740^{2} / 1994: 496–497)。

(45) Thomas c. 1265–1274 / 1964: [v. 4] 8 [山田訳三七七]. Ex hoc enim aliquid in actu sentimus intelligimus, quod intellectus noster vel sensus informatur per speciem sensibilem vel intelligibilem.

(46) Thomas c. 1265–1274 / 1968: [v. 12] 60 [大鹿訳二九八]. Et sicut forma secundum quam provenit actio manens in agente est similitudo objecti actionis, ut calor calefacientis est similitude calefacti; similiter forma secundum quam provenit actio manens in agente est similitudo objecti. Unde similitudo rei visibilis est secundum quam visus videt; et similitudo rei intellectæ, quæ et species intelligibilis, est forma secundum quam intellectus intelligit.(表記統一の都合上、漢字・仮名表記を一部改めてある。以下同様。)

(47) Thomas c. 1265–1274 / 1968: [v. 12] 60, 62 [大鹿訳二九九]. Ad primum ergo dicendum quod intellectum est in intelligente per suam similitudinem. Et per hunc modum dicitur quod intellectum in actu est intellectus in actu, inquantum similitudo rei intellectæ est forma intellectus; sicut similitudo rei sensibilis est forma sensus in actu.

(48) トマスのspecies論については中世の知性認識論の枠内にこれを位置づけるMarenbon (1987)、同時代のロジャー・ベイコンとの比較において科学史的な評価を行う小松(一九八三)、さらに後のオッカムによる批判から逆照射して特徴づける稲垣(一九九〇)の「第四章　認識におけるスペキエスの役割について」などを参照。中世のその他の諸家によるspecies論についてはロジャー・ベイコンの光学・視覚論に定位した高橋(一九七九)、ベイコンからケプラーに至る光学・視覚理論の流れを概観する中村(二〇〇七)、さらにオッカムによるspecies批判を主題とする渡部(二〇〇七)などが参考になる。

(49) Descartes 1637 / 1965: 85 [青木・水野訳一一四–一一六].『方法序説』でデカルトは「私は、物質の中には、学院で議論されるような(実体的)形相や(実在的)性質〔ces Formes ou Qualitez dont on dispute dans les Escholes〕などというものは存在せず、一般に、われわれが知らぬふりもできぬくらいに、それらの認識がわれわれの精神に生まれつきそなわっているのでないような、いかなるものも、かの物質の中には存在しない、とあからさまに想定しさえした」(Descartes 1637 / 1965: 42–43 [野田訳一九六])という。そして、『世界論、または光論』では独自の粒子哲学に拠ってアリストテレス–スコラ的な「熱、冷、乾、湿」の四性質の基づく元素説に関して、「これら四つの性質のみならず無生の物のもっている他の諸性質および諸形相〔Formes〕すらもが、それら無生の物の諸粒子の運動と大きさと形態と配列以外に何も仮定を要せずに説明されうる」(Descartes 1664 / 1967: 25–26 [神野訳九三]) という換骨奪胎を行っている。——また、運動論を焦点とするデカルトに対して、ボイルは「自然物の種を区別するためには実体的形相〔Substantial Form〕を考慮しなくても、偶有性の集合で十分であることは明白である」（Boyle 1666–67 / 1999: 359–361〔赤平訳九一〕）というように、化学変化の説明ということに重点を置きつつスコラ学の実体的形相説を批判し、やはり独自の粒子哲学に基づく形相概念の捉え直しを行っている。

（50）よく知られているように、ライプニッツは「実体の本性および交通、並びに精神物体間に存する結合についての新説」第三パラグラフで形而上学的な「真の統一」の原理として、一定の留保付きながら、「今日あれ程こきおろされている実体的形相を呼び戻しいわばもとの身分に戻してやらなければならなかった」（Leibniz 1695 / 1978a: 478–479〔河野訳六二―六三〕）といい、さらにそれを（続く第四パラグラフで）トマスの所説と関連づけている。

（51）Leibniz 1714 / 1978: 607–608〔河野訳二二五〕.

（52）事情は「似姿〔類似性 similitudo〕」という概念についても同様である。この点についてはPoser（1979）が有益である。

（53）II 393.

（54）『形式と原理』以外では『論理学のレフレクシオーン』に次のような記述がある。「或るものが学術的なようでいてやはり通俗的である場合、それは形式的に誤っている。例えばスコラ哲学にいう曖昧な諸原因、可視的形象〔der Scholasticorum causae aeqvivocae, die species visibiles〕」（XVI 238 [Refl. 2107]）。

（55）カントの「形式」と伝統的な形相概念の関連を論じたものとしてはGraubner（1972）、久保（一九八七）所収の「カントにおける伝統的な「形相」概念の位置について」などがある。ただし、いずれも論理学・存在論という背景のもとでこの概念を取り扱っており、認識論的側面は度外視されている。

（56）本章ではspeciesによる形相・形式の現実化という場面に限定してカントとトマスの異同をみるが、より広い観点からの考察を行ったものとしてde Vries（1955）は貴重である。カントとトマスの認識論に定位して、そこでは両者の共通点が「人間知性の論弁的性格」「感覚像の構造」「知性概念と感覚像」という点から、また相違点が「自己意識」「空間的‐時間的世界の実在性」「自然神学」という点からそれぞれ論じられている。

（57）X 130.

（58）Cf. A 146–147/B 186–187.

（59）VIII 133.

（60）Cf. VII 191.

（61）B 154–155. Cf. B 137–138, B 162.

（62）前掲註（3）参照。例えば、『批判』の想像力〔構想力〕と中世の可知的形象の関連を坂部（一九九七）は次のように位置づけている（── 概念的連関の実際の跡づけやそこから帰結する哲学史的展望という点で首肯しかねる点もあるが、貴重な指摘であると考えられるので当該箇所をそのまま引用しておく）。「構想力は一般に「形象」（Bild）にかかわる、とカントはいいますが、この Bild の語は、imago, phantasmata とともに、（これが重要な点ですが）、species の血脈を引いています。「構想力のこの超越論的機能を介してのみ」、「諸現象の親和性」も、「連想」も、「最後に、この連想を通じて、諸法則にしたがう再生産も、したがって経験自身も」可能になる、とカントはいいますが、こうした発想が、カント自身意識していたかどうかは別として、「能動知性」とその「可知的形象」（species intelligibilis）による経験的認識の形成、という盛期中世の正統的実在論の認識思想をなぞるものであることは動かせないところです。／概念としてのポテンシャルを失い、零落した intellectus の退位後の空白を埋めるのに、こうした手立てをもってしたことに、カントのまことに大胆な独創がありました」（坂部一九九七：一四七）。

（63）Thomas c. 1265–1274 / 1968: [v. 12] 38〔大鹿訳二七八〕. [...] utrum intellectus posit actu intelligere per species intelligibiles quas penes se habet non convertendo se ad phantasmata[.]

（64）Thomas c. 1265–1274 / 1968: [v. 12] 40〔大鹿訳二七九〕. [Dicendum quod] impossibile est intellectum nostrum, secundum præsentis vitæ statum quo possibili corpora conjungitur, aliquid intelligere in actu, nisi convertendo se ad phantasmata.

（65）Cf. de Vries 1955: 8, 18.

（66）トマスの《表象像への立ち返り》に関しては Marenbon（1987: 128–130〔加藤訳一五七–一六〇〕）を参照。

（67）Thomas c. 1265–1274 / 1968: [v. 12] 40〔大鹿訳二七九–二八〇〕.

（68）Thomas c. 1265–1274 / 1968: [v. 12] 40〔大鹿訳二八〇〕. Secundo, quia hoc quilibet in seipso experiri potest, quod quando aliquis conatur aliquid intelligere, format aliqua phantasmata sibi per modum exemplorum, in quibus quasi inspicat quod intelligere studet. Et inde est etiam quod quando alium volumes facere aliquid intelligere, proponimus ei exampla, ex quibus sibi phantasmata formare posit ad intelligendum.

（69）Cf. de Vries 1955: 8, 18.

（70）Thomas c. 1265–1274 / 1968: [v. 12] 40〔大鹿訳二八〇〕. Intellectus autem humani, qui est concorporali, proprium objectum est quidditas sive natura in materia corporali existens; et per hujusmodi naturas visibilium rerum etiam in invisilium rerum aliqualem cognitionem ascendit.

（71）Thomas c. 1265–1274 / 1968: [v. 12] 42〔大鹿訳二八一〕. [...] ut speculetur naturam universalem in particulari existentem.

(72) II 397.

(73) Thomas c. 1265–1274 / 1968: [v. 12] 56［大鹿訳二九四］. Sala（1978: 14–15n.）は可知的形象（にあたるもの）の「抽象」という点に着目して、とくに『形式と原理』におけるカントの intellectio とスコトゥスのそれとの類似性を指摘している。『形式と原理』の解釈も含めてさらに追究してみるべき論点かと思われる。

(74) A 138/B 177.

(75) A 139/B 177.

(76) 図式論の位置づけをめぐる諸々の議論にはいまは立ち入らない。ひとまず図式論に対する一九世紀来の悪評を踏まえて「適用」の「規則」という点から——「第三者」による「包摂」という点は捨てて——これを評価しようとした古典的論文として Curtius（1914）、その「第三者」という点をハイデガーの所論などに拠りつつ積極的に解釈しようとしたより近い古典的研究として Schaper（1964）をそれぞれ参照。

(77) I 413.

(78) Ibid.

(79) I 414.

(80) カントがこうした schema 理解を先立つどのような伝統から受け継いでいるのかはここで詳らかにしない。Stegmaier（1992）による『概念史辞典』の項目では、ベーコンの『ノヴム・オルガヌム』におけるそれが報告されているが、この辺りがひとつの手掛かりになるように思われる。

(81) II 398.

(82) II 404.

(83) Liddell & Scott 1968: 1745; Glare 1982: 1702.

(84) 「この多様の総合の活動的能力をわれわれは想像力と名づける」（A 120）。

(85) B 152, cf. A 78/B 103.

(86) A 140/B 180.

(87) 一般に、「第三者」に対する批判はさまざまな局面からなされうるが、とくに近世の観念・表象説との関連では、当の観念・表象そのものに対して、それが事物と心に対する「第三者」であることによって実在そのものを捉ええないとの批判（「知覚表象説」ないし「知覚のヴェール説」）が代表的である。二〇世紀後半のロック研究において提示されたこの批判の内実とそれへの応答・反批判については冨田（一九九一：九六–一〇七）、――（二〇〇六：一二–一四）を参照。同様のことはカントの場合も物自体と表象との関係をめぐって問題になるが、ひとまず演繹論・図式論では観念・表象の枠内に「客観」が置かれるため直接には問われない。むしろ、ここでは表象という共通の舞台のうえでの「異質」な――自発性／受容性、概念／直観、一／多、等々の――両極の相関ということが前景化されており、その意味で「第三の人間」というアリストテレスによるプラトンのイデア説批判と重なるところが少なくない（cf. 田中（一九二六／一九六九））。そうした「第三者」としての図式に対する Curtius（1914: 344–348）の批判もそのようなものとして理解される。

（88）A 147/B 187.

（89）II 392. 本書第四章第四節を参照。

（90）II 393.

（91）A 146–147/B 186–187.

（92）B 151, cf. B 152.

（93）A 78/B 103.

（94）A 141/B 180.

跋

一生好きな本を読んで暮らせれば、とは思っていた。しかし、自分で書くことは考えていなかった。カリキュラムが比較的おおらかな時期に放任的な学部に所属したこともあって読書三昧の学部時代だったが、それだけに「学問研究」という点での食い足りなさが残って大学院に進むことになった。「哲学」で「カント」という選択は、どうやら最初の哲学体験が三木清によるものであったことと無関係ではなさそうである。――アカデミズムとジャーナリズムを股にかけた活躍ぶりがいかにも格好良く思われた（ような気がする）。こうしたなりゆきを後悔しているわけではないが、ただ、この道を進むとなったとき、手持ちの哲学イメージと哲学研究の実際とに折り合いをつけるのに随分遠回りすることになったのは事実である。どうにか博士論文を書くところまで漕ぎ着けることができたのは、文献学的研究の範たる高坂正顕の論著、先鋭な批評意識に満ちた中井正一の諸論文、哲学史的展望の確かな三宅剛一の著作といった戦前の諸成果のお蔭といっても過言ではない。その後、西郷信綱による学問論など読むにつけ、学問研究にとって学問性と批評性がともに必要であるとの意をますます強くするこの頃であるが、この点で右の諸家の仕事から教えられるところはいまもって少なくないと思う。
とはいえ、そうした気づきも含めて「書く」ことへと駆り立ててくれるのは、あくまで「読む」ことをめぐる師友との具体的なやりとりである。授業や読書会（それに学会）、あるいは喫茶店や居酒屋（や下宿）での肉体化された意味の経験の積み重ねが、そこでの言葉のうちに生きられた過去をやがて生きられるべき未来へ投げ返してゆく力を与えてくれる。『純粋理性批判』の歴史的再構成という本書の課題も元来そうしたサイクルのなかから生じてきたものである。――そして遡って考えれば、学部の一年目に冨田恭彦先生の授業を受けたことがそもそもの始まりである。一言で自分の哲学的立場を言い表すなら（R・ローティによる）「認識論的行動主義」という名称を私は選ぶが、そのひとつの実践たらんとする本書にカント研究・解釈という点で何らかユニークなところがあるとすれば、それはひとえに指導教員であり何より情熱的な哲学者である先生のご薫陶のたまものといえる。それを形にする手つきは省みていかにも拙く、学部時代にご指導いただいた安井邦夫先生の学風を思うにつけ忸怩たるものはあるが、いまは「変化」を期して思い切って投げ込むことにする（京都大学学術出版会の國方栄二さんにはそのためにしかるべき助力をいただいた）。改めて、読者のご批判ご叱正を請う次第である。

二〇一二年二月

著者 識

Hamburg: Felix Meiner Verlag, pp. 89–112.
van Peusen, C. -A. (1986), "Ars inveniendi im Rahman der Metaphysik Christian Wolffs: Die Rolle der ars inveniendi," in Werner Schneiders (Hrsg.), *Christian Wolff 1679–1754. Interpretationen zu seiner Philosophie und deren Wirkung, Mit einer Bibliographie der Wolff-Literatur*, zweite, durchgesehene Auflage, Hamburg: Felix Meiner Verlag, pp. 66–88.
Vignola, P. -É. (1976), "'Seele' et 'Gemüt' selon Kant," in P. Laberge, F. Duchesneau, & B. E. Morrisey (eds.), *Actes du congrès d'Ottawa sur Kant dans les traditions anglo-américaine et continentale tenu du 10 au 14 octobre 1974*, Ottawa: The University of Ottawa Press, pp. 424–431.
von Bormann, C. (1974), *Der praktische Ursprung der Kritik. Die Metamorphosen der Kritik in Theorie, Praxis und wissenschaftlicher Technik von der antiken praktischen Philosophie bis zur neuzeitlichen Wissenschaft der Praxis*, Stuttgart: J. B. Metzlersche Verlagsbuchhandlung.
Walsh, W. H. (1981), "Kant's *Critique of Pure Reason:* Commentators in English, 1875–1945," in *Journal of the History of Ideas*, **42**, 723–737.
渡部菊郎（2007）「オッカムによる形象不要論」，上智大学中世思想研究所編『中世と近世のあいだ』，知泉書館，289–310 頁。
Watkins, E. (2005), *Kant and the Metaphysics of Causality*, Cambridge: Cambridge University Press.
Wellek, R. (1963), *Concept of Criticism*, New Haven: Yale University Press.
山本道雄（2001）「『可感界と可想界の形式と原理』訳注・校訂注」および同「解説」，福谷　茂他訳『カント全集 3』，岩波書店，458–474 頁，568–582 頁。
———（2010²）『増補改訂版　カントとその時代 ── ドイツ啓蒙思想の一潮流 ── 』，晃洋書房。
山本義隆（2008）『熱学思想の史的展開 1　熱とエントロピー』，筑摩書房。
Yolton, J. W. (1983), *Thinking Matter. Materialism in Eighteenth-Century Britain*, Minneapolis: University of Minnesota Press.
——— (1991), *Locke and French Materialism*, Oxford: Clarendon Press.
湯浅正彦（2001）「解説（論理学）」，湯浅正彦，井上義彦，加藤泰史訳『カント全集 17』，岩波書店，403–419 頁。
Zoeller, G. (1993), "Main Developments in Recent Scholarship on the *Critique of Pure Reason*," in *Philosophy and Phenomenological Research*, **53**, 445–466.

London: Routledge.［P. F. ストローソン，熊谷直男・鈴木恒夫・横田栄一訳（1987）『意味の限界』，勁草書房。］
鈴木亮太（2007）「コペルニクス的転回と純粋理性の実験」，日本カント協会編『日本カント研究 8　カントと心の哲学』，理想社，125–142 頁。
Szabó, Á. (1960–62), "Anfänge des euklidischen Axiomsystems," in *Archive for History of Exact Science*, **1**, 37–105.
多賀　茂（2008）『イデアと制度』，名古屋大学出版会。
高橋憲一（1979）「ロジャー・ベイコンにおける光学研究の基礎視覚」，『科学史研究』，II–**18**(131)，129–139。
高峰一愚（1979）『カント純粋理性批判入門』，論創社。
武村泰男（1965–88）「日本におけるカント研究の推移（1）〜（18）」，『カント全集　付録』，理想社。
――――（1981）「日本における『純粋理性批判』研究」，『理想』，**582**，143–156。
竹山重光（1993）「日本のカント研究の現在」，竹市明弘・坂部　恵・有福孝岳編『カント哲学の現在』，世界思想社，281–290 頁。
Tasche, F. (1986), "Von Monade zum Ding an sich. Bemerkungen zur Leibniz-Rezeption Kants," in Albert Heinekamp (Hrsg.), *Beiträge zur Wirkungs-und Rezeptionsgeschichte von Gottfried Wilhelm Leibniz*, Stuttgart: Franz Steiner, pp. 198–212.
冨田恭彦（1991）『ロック哲学の隠された論理』，勁草書房。
――――（2006）『観念論の謎解き―ロックとバークリをめぐる誤読の論理―』，世界思想社。
Tomida, Y. (2009), "Locke's 'Things Themselves' and Kant's 'Things in Themselves': The Naturalistic Basis of Transcendental Idealism," in Yasuhiko Tomida (ed.), *Locke and Kant, A Report of the Scientific Research 2005–2008*, revised edition, Kyoto University, pp. 51–69.
Tonelli, G. (1959), "Der Streit über die mathematische Methode in der Philosophie in der ersten Hälfte des 18. Jahrhunderts und die Entstehung von Kants Schrift über die „Deutlichkeit"," in *Archiv für Philosophie*, **9**, 37–66.
―――― (1967), "Kant und die antiken Skeptiker," in Heinz Heimsoeth, Dieter Henrich & Georgio Tonelli (Hrsg.), *Studien zu Kants philosophischer Entwicklung*, Hildesheim: Georg Olms, pp. 93–123.
―――― (1978), ""Critique" and Related Terms Prior to Kant: A Historical Survey," in *Kant-Studien*, **69**, 119–148.
―――― (1994), *Kant's* Critique of pure reason *within the tradition of modern logic*, Hildesheim: Georg Olms Verlag.
内田浩明（2005）『カントの自我論　理論理性と実践理性の連関』，京都大学学術出版会。
Ungeheuer, G. (1986), "Sprache und symbolische Erkenntnis bei Wolff," in Werner Schneiders (Hrsg.), *Christian Wolff 1679–1754. Interpretationen zu seiner Philosophie und deren Wirkung, Mit einer Bibliographie der Wolff-Literatur*, zweite, durchgesehene Auflage,

ティ，冨田恭彦訳（1999）「哲学史の記述法 ── 四つのジャンル」，『連帯と自由の哲学』，岩波書店，105–162 頁。]

Röttigers, K. (1975), *Kritik und Praxis, Zur Geschichte des Kritikbegriffs von Kant bis Marx*, Berlin: Walter de Gruyter.

Russell, B. (1948), *Human Knowledge, its Scope and Limits*, London: George Allen and Unwin Ltd. [バートランド・ラッセル，鎮目恭夫訳（1960）『バートランド・ラッセル著作集 9 人間の知識 I』，みすず書房。]

Rutherford, D. P. (1990), "Leibniz's "Analysis of Multitude and Phenomena into Unities and Reality"," in *Journal of History of Philosophy*, **28**, 525–552.

Sagoff, M. (1972), "Problems Concerning the Unsynthesized Manifolds," in Lewis White Beck (ed.), *Proceedigs of the Third International Kant Congress, held at the University of Rochester, March 30–April 4, 1970*, Dordrecht: D. Reidel, p. 707.

坂部 恵（1968）「哲学のドグマとアンチフィロソフィー」，『理想』，**427**，7–19。

――――（1997）『ヨーロッパ精神史入門』，岩波書店。

――――（2006）「〈理性〉と〈悟性〉── 十八世紀合理主義の消長 ── 」，『坂部恵集 1』，岩波書店，203–229 頁。

Sala, G. B. (1978), "Der reale Verstandesgebrauch in der Inauguraldissertation Kants von 1770," in *Kant-Studien*, **69**, 1–16.

沢田允茂（1981）「もし現代「純粋理性批判」が書かれたとしたら」，『理想』，**11**，40–52.

Schaper, E. (1964), "Kant's Schematism Reconsidered," in *The Review of Metaphysics*, **18**, 267–292.

ショルツ，グンター（船山俊明訳）（2003）「概念史とは何か，如何なる目的で営まれるのか？」，『ディルタイ研究』，**14**，49–75。

Schneiders, W. (1985), "Vernünftiger Zweifel und wahre Eklektik. Zur Entstehung des modernen Kritikbegriffes," in *Studia leibnitiana*, **17**，143–161.

Schulthess, P. (1981), *Relation und Funktion. Eine systematische und entwicklungsgeschichtliche Untersuchung zur theoretischen Philosophie Kants*, Berlin: Walter de Gruyter.

Scott-Taggard, M. J. (1966), "Recent Work on the Philosophy of Kant," in *American Philosophical Quarterly*, **3**, 171–209.

柴田隆行（1997）『哲学史成立の現場』，弘文堂。

Siegfried, H. (1989), "Transcendental Experiments," in Gerhard Funke & Thomas M. Seebohm (eds.), *Proceedings of the Sixth International Kant Congress*, Vol. II / 1, Washington, D. C.: Center for Advanced Research in Phenomenology & University Press of America, pp. 341–350.

Stern, R. (ed.) (1999), *Transcendental Arguments, Problems and Prospects*, Oxford: Oxford University Press.

Stevenson, L. (1979), "Recent Work on the *Critique of Pure Reason*," in *The Philosophical Quarterly*, **29**, 345–354.

Strawson, P. F. (1966 / 2004), *The Bound of Sense: an Esssay on Kant's* Critique of Pure Reason,

森口美都男（1953 / 1979）「「空間」概念と「触発」概念 —— カント『就職論文』の一つの解釈 —— 」，『世界の意味を索めて —— 森口美都男　哲学論集（一）—— 』，晃洋書房，200–215 頁。
宗像　恵（1988）「ライプニッツにおける形而上学と自然学」，井上庄七，小林道夫編『自然観の展開と形而上学』，紀伊國屋書店，155–189 頁。
中川久定（1980）「批評の原理の転換 —— 規範としての「趣味」から経験としての「趣味」へ」，『フランス文学講座　第 6 巻　批評』，大修館書店，55–89 頁。
中島義道（2001）『カントの時間論』，岩波書店。
中村　治（2007）「中世後期の視覚理論の形成」，上智大学中世思想研究所編『中世と近世のあいだ』，知泉書館，411–429 頁。
西村名穂美（2002）「『純粋理性批判』の実験的方法とその原理 —— 統制的原理と理論法則の実在性 —— 」，日本カント協会編『日本カント研究 3　カントの目的論』，理想社，79–91 頁。
Oberhausen, M., & Pozzo, R. (Hrsg.) (1999), *Forschungen und Materialien zur Universitätgeschichte: Abt. 1, Quellen zur Universitätgeschichte*, Bd. 1, Stuttgart: frommann-holzboog.
大橋容一郎（1990）「表象概念の多義性　『純粋理性批判』の方法論的再構成にむけて」，廣松　渉他編『講座ドイツ観念論　2　カント哲学の現代性』，弘文堂，87–132 頁。
———（1993）「現代におけるカント研究の地平」，竹市明弘・坂部　恵・有福孝岳編『カント哲学の現在』，世界思想社，260–280 頁。
O'Shea, J. (2006), "Conceptual Connections: Kant and the Twentieth-Century Analytic Tradition," in Graham Bird (ed.), *A Companion to Kant*, Oxford: Blackwell Publishing, pp. 513–526.
Plaaß, P. (1965), *Kants Theorie der Naturwissenschaft. Eine Untersuchung zur Vorrede von Kants* „Metaphysischen Anfangsgründen der Naturwissenschaft" *mit einer Vorrede von Carl Friedrich von Waizsäcker*, Göttingen: Vandenhoeck & Ruprecht.［P. プラース，犬竹正幸・中島義道・松山寿一訳（1992）『カントの自然科学論』，哲書房。］
Popper, K. R. (1971⁴), *Logik der Forschung*, 1. Aufl. 1934. 4., verbesserte Auflage, Tübingen: J. C. B. Mohr.［カール・R・ポパー，大内義一・森　博訳（1972）『科学的発見の論理〔下〕』，恒星社厚生閣。］
Poser, H. (1979), "Die Bedeutung des Begriffs ‚Ähnlichkeit' in der Metaphysik Christian Wolff," in *Studia leibnitiana*, **11**, 62–81.
Richter, M. (1987), "Begriffsgeschichte and the History of Ideas," in *Journal of the History of Ideas*, **48**, 247–263.
Robinson, H. (1984), "Intuition and Manifold in the Transcendental Deduction," in *Southern Journal of Philosophy*, **22**, 403–412.
Rorty, R. (1984), "The Historiography of Philosophy: Four Genres," in Richard Rorty, J. B. Schneewind & Quentin Skinner (eds.), *Philosophy in History. Essays on the Historiography of Philosophy*, Cambridge: Cambridge University Press, pp. 49–75.［リチャード・ロー

(1781–1786)," in Paul Guyer (ed.), *The Cambridge Companion to Kant and Modern Philosophy*, Cambridge: Cambridge University Press, pp. 417–448.

Kuhn, Th. S. (1977), "A Function for Thought Experiments," in *The Essential Tension, Selected Studies in Scientific Tradition and Change*, Chicago: The University of Chicago Press, pp. 240–265.［トーマス・クーン「思考実験の機能」，安孫子誠也・佐野正博訳（1998）『科学革命における本質的緊張　トーマス・クーン論文集』，みすず書房，303–337 頁。］

九鬼一人（1989）『新カント派の価値哲学 ── 体系と生のはざま ── 』，弘文堂。

黒積俊夫（1976）「「コペルニクス的転回」考」，『テオリア』，**19**，1–41。

黒崎政男（1990）「ドイツ観念論と十八世紀言語哲学　●記号論のカント転換点説」，廣松　渉・坂部　恵・加藤尚武編『講座ドイツ観念論　6　問題史的反省【付・総索引】』，弘文堂，283–323 頁。

Laserna, M. (1982), "Knowledge, Experience and Experiment in Kant's Critique of Pure Reason," *Philosophia naturalis*, **19**, 94–103.

Lee, Y. (1991), "Vom Typologie-zum Kampfbegriff. Zur Untersuchung des Begriffs *Dogmatisch* bei Kant," in Gerhard Funke (Hrsg.), *Akten des Siebenten Internationalen Kant-Kongress Kurfürstliches Schloß zu Mainz 1990*, Bd. II. 2, Bonn: Bouvier, pp. 481–487.

Lehmann, G. (1969), *Beiträge zur Geschichte und Interpretation der Philosophie Kants*, Berlin: Walter de Gruyter & Co.

Liddell, H. G. & Scott, R. (eds.) (1968), *A Greek-English Lexicon*, with a Supplement, Oxford: Oxford University Press.

牧野英二（1989）『カント純粋理性批判の研究』，法政大学出版局。

松山壽一（1997）『ニュートンとカント　力と物質の自然哲学』，晃洋書房。

────（2004）『若きカントの力学観　『活力測定考』を理解するために』，北樹出版。

Malter, R. (1981), "Main Currents in the German Interpretation of the *Critique of Pure Reason* since the Beginnings of Neo-Kantianism," in *Journal of the History of Ideas*, **42**, 531–551.

Marenbon, J. (1987), *Later Medieval Philosophy (1150–1350): An Introduction*, London: Routledge & Kegan Paul.［ジョン・マレンボン，加藤雅人訳（1989）『後期中世の哲学』，勁草書房。］

Market, O. (1982), "Das Mannigfaltige und die Einbildungskraft," in Gerhard Funke (Hrsg.), *Akten des 5. Internationalen Kant-Kongresses, Mainz 4.–8. April, 1981*, Teil 1, 1, Bonn: Bouvier, pp. 255–267.

Michaud-Quantin, P. (1970), *Études sur le vocabulaire philosophique du moyen âge*, Rome: Edizioni dell'Ateneo.

宮本冨士雄（1948）『哲學史の哲學』，弘文堂。

Mohr, G. (1991), *Das sinnlich Ich, Innerer Sinn und Bewußtsein bei Kant*, Würzburg: Königshausen & Neumann.

弘文堂，561–576 頁。
伊藤美恵子（2001）「霊魂論から心身問題へ」，カント研究会編『現代カント研究　8　自我の探究』，晃洋書房，159–182 頁。
岩崎武雄（1965）『カント「純粋理性批判」の研究』，勁草書房。
岩田淳二（2000）『カントの外的触発論 ── 外的触発の類型学的・体系的研究 ── 』，晃洋書房。
Kalin, M. G. (1972), "Kant's Transcendental Arguments as Gedankenexperimente," in *Kant-Studien*, **63**, 315–328.
金子　務（1986）『思考実験とはなにか　その役割と構造を探る』，講談社。
神野慧一郎（1984）『ヒューム研究』，ミネルヴァ書房。
柄谷行人（2004）『トランスクリティーク―カントとマルクス―』，『定本　柄谷行人集　第 3 巻』，岩波書店。
Karskens, M. (1992), "The Development of the Opposition Subjektive and Objektive in the 18th Century," in *Archiv für Begriffsgeschichte*, **35**, 214–256.
Kaulbach, F. (1973), "Die Copernicanische Denkfigur bei Kant," in *Kant-Studien*, **64**, 30–48.
川島秀一（1988）『カント批判倫理学 ── その発展史的・体系的研究 ── 』，晃洋書房。
Kerszberg, P. (1989), "Two Senses of Kant's Copernican Revolution," in *Kant-Studien*, **80**, 61–80.
木村　覚（2004）「趣味の批判と規則―カント〈判断力の美学〉前史に関する一考察―」，『国士舘哲学』，**9**，27–46。
Köchy, K. (2002), "Das „Experiment der Vernunft“ bei Kant und Hegel," in *Philosophisches Jahrbuch*, **109**, 44–63.
Köhnke, K. Ch. (1993), *Entstehung und Aufstieg des Neukantianismus: die deutsche Universitätsphilosophie zwischen Idealismus und Positivismus*, Frankfurt am Main: Suhrkamp.
小松真理子（1983a）「ロジャー・ベイコンの知識論　トマス・アクィナスとの比較におけるロジャー・ベイコンの自然学構想の基盤（I）」，『科学史研究』，II–**22**(146)，107–116。
――――（1983b）「トマス・アクィナスの知識論　トマス・アクィナスとの比較におけるロジャー・ベイコンの自然学構想の基盤（II）」，『科学史研究』，II–**22**(147)，137–146。
――――（1983c）「ロジャー・ベイコンの自然学観の由来　トマス・アクィナスとの比較におけるロジャー・ベイコンの自然学構想の基盤（III）」，『科学史研究』，II–**22**(147)，147–116。
近堂　秀（2004）「カントの「心の哲学」」，『法政大学文学部紀要』，**50**，51–69。
Koselleck, R. (1973), *Kritik und Krise: Eine Studie zur Pathogenese der bürgerlichen Welt*, Berlin: Suhrkamp.［R. コゼレック，村上隆夫訳（1989）『批判と危機』，未來社。］
久保元彦（1987）『カント研究』，創文社。
Kuehn, M. (2006), "Kant's Critical Philosophy and its Reception – The First Five Years

Hatfield, G. (1992), "Empirical, rational, and transcendental psychology: Psychology as science and as philosophy," in Paul Guyer (ed.), *The Cambridge Companion to Kant*, Cambridge: Cambridge University Press, pp. 200–227.

Heidegger, M. (1962 / 1984), *Die Frage nach dem Ding. Zu Kants Lehren von den transzendentalen Grundsätzen*, Frankfurt am Main: Vittorio Klostermann. [マルティン・ハイデッガー，有福孝岳訳（1978）『物への問―カントの超越論的原則論に寄せて―』，晃洋書房。]

Henrich D. (1955), "Über die Einheit der Subjektivität," in *Philosophische Rundschau*, **3**, 28–69. [D. ヘンリッヒ，石川文康訳（1979）「主観性の統一」，門脇卓爾監訳，『カント哲学の体系形式』，理想社，233–296 頁。]

――――― (1969), "The Proof-Structure of Kant's Transcendental Deduction," in *The Review of Metaphysics*, **24**, 640–649. [D. ヘンリッヒ，岡本三夫訳（1979）「カントの超越論的演繹論の証明構造」，門脇卓爾監訳，『カント哲学の体系形式』，理想社，151–177 頁。]

Heßbrüggen-Walter, S. (2004), *Die Seele und ihre Vermögen. Kants Metaphysik des Mentalen in der* Kritik der reinen Vernunft, Paderborn: mentis.

Hinske, N. (1968), "Die Historischen Vorlagen der Kantischen Transzendentalphilosophie," in *Archiv für Begriffsgeschichte*, **12**, 86–113.

平田俊博（1987）「哲学の概念史的研究」，『東北哲学会年報』，**3**，34–36。

―――――（1989）「カント解釈の諸相」，濱田義文編『カント読本』，法政大学出版局，367–382 頁。

廣松　渉（1971）「判断の認識論的基礎構造」，大森荘蔵・城塚　登編『論理学のすすめ』，筑摩書房，199–248 頁。

Höffe, O. (1983), *Immanuel Kant*, München: C. H. Beck. [オットフリート・ヘッフェ，薮木栄夫訳（1991）『イマヌエル・カント』，法政大学出版局。]

Holzhey, H. (1970), *Kants Erfahrungsbegriff. Quellengeschichtliche und bedeutungsanalytische Untersuchungen*, Basel: Schwabe & Co.

Hüllinghorst, A. (1992), *Kants speklatives Experiment*, Köln: Dinter.

稲垣良典（1980）「トマス・アクィナスの transcendentia 論 ― 存在と価値 ― 」，今道友信他編『中世の哲学者たち』，思索社，191–227 頁。

―――――（1990）『抽象と直観』，創文社。

犬竹正幸（1993）「純粋自然科学と経験的自然科学の間 ― 『自然科学の形而上学的原理』から『オプス・ポストゥムム』へ ― 」，カント研究会編『現代カント研究　4　自然哲学とその射程』，晃洋書房，243–276 頁。

石黒ひで（2003）『増補改訂版　ライプニッツの世界―言語と論理を中心に』，岩波書店。

石川文康「カント解釈における遡源志向」（1994），牧野英二，中島義道，大橋容一郎編『カント―現代哲学としての批判哲学』，情況出版，285–295 頁。

―――――（1996）『カント　第三の思考　法廷モデルと無限判断』，名古屋大学出版会。

―――――他（1997）「カント講義録解説」，有福孝岳・坂部　恵他編『カント事典』，

Butts, R. E. (1961), "Hypothesis and Explanation in Kant's Philosophy of Science," in *Archiv für Geschichte der Philosophie*, **43**, 153–170.

——— (1962), "Kant on Hypothesis in the "Doctrin of Method" and the *Logik*," in *Archiv für Geschichte der Philosophie*, **44**, 185–203.

Casula, M. (1979), "Die Beziehungen Wolff-Thomas-Carbo in der Metaphysica Latina, Zur Quellengeschichte der Thomas-Rezeption bei Christian Wolff," in *Studia leibnitiana*, **11**, 98–123.

de Vleeschauwer, H. J. (1957), "A Survey of Kantian Philosophy," in *The Review of Metaphysics*, **41**, 122–142.

de Vries, J. (1955), "Kantische und thomistische Erkenntnistheorie," in Johannes B. Lotz (Hrsg.), *Kant und die Scholastik heute*, München: Berchmanskolleg, pp. 1–34.

Di Giovanni, G. (1992), "The First Twenty Years of Critique: The Spinoza Connection," in Paul Guyer (ed.), *The Cambridge Companion to Kant*, Cambridge: Cambridge University Press, pp. 417–448.

Engel, S. M. (1963), "Kant's Copernican Analogy: A Re-examination," in *Kant-Studien*, **54**, 243–251.

Engfer, H. -J. (1982), *Philosophie als Analysis. Studien zur Entwicklung philosophischer Analysiskonzeption unter dem Einfluß mathematischer Methodenmodelle im 17. und frühren 18. Jahrhundert*, Stuttgart: frommann-holzboog.

Friedman, M. (1992), *Kant and the Exact Science*, Cambridge: Harvard University Press.

福谷　茂（2009）『カント哲学試論』，知泉書房。

George, R. (1982), "*Vorstellung* and *Erkenntnis* in Kant," in Moltke S. Gram (ed.), *Interpreting Kant*, Iowa: University of Iowa Press, pp. 31–39.

Glare, P. G. W. (ed.) (1982), *Oxford Latin Dictionary*, Oxford: Oxford University Press.

Gloy, K. (1995), "Die Bedeutung des Experiments für die Kantische Philosophie," in Hoke Robinson (ed.), *Proceedings of the Eighth International Kant Congress*, Vol. II / 1, Milwaukee: Marquette University Press, pp. 28–36.

——— (1996), "Kants Philosophie und das Experiment," in Gerhard Schönrich und Yasushi Kato (Hrsg.), *Kant in der Diskussion der Moderne*, Frankfurt am Main: Suhrkamp, pp. 64–91.［カレン・グロイ，中澤　武訳（1998）「カント哲学と実験」，坂部　恵他編『カント・現代の論争に生きる』，理想社，73–108 頁。］

Gooding, D., Pinch, T. & Schaffer, S. (eds.) (1989), *The Uses of Experiment: Studies in Natural Sciences*, Cambidge: Cambridge University Press.

Gorner, P. (2006), "Phenomenological Interpretations of Kant in Husserl and Heidegger," in Graham Bird (ed.), *A Companion to Kant*, Oxford: Blackwell Publishing, pp. 500–512.

Graubner, H. (1972), *Form und Wesen: Ein Beitrag zur Deutung des Formbegriffs in Kants ›Kritik der reinen Vernunft‹*, Bonn: Bouvier.

量　義治（1984）『カントと形而上学の検証』，法政大学出版局。

Hanson, N. R. (1959), "Copernicus' Rôle in Kant's Revolution," in *Journal of the History of Ideas*, **20**, 274–281.

——— (1922[8]), *Die Geschichte der neueren Philosophie*, 2 Bde., Leipzig: Breitkopf & Härtel.［ヴィンデルバント，豊川　昇譯（1956）『西洋近世哲学史（一）～（三）』，新潮社。］

Wundt, M. (1945 / 1964), *Die deutsche Schulphilosophie im Zeitalter der Aufklärung*, Tübingen. Reprint. Hildesheim: Georg Olms.

5. 19世紀以降のテクスト（1946年～）

Ameriks, K. (1982), "Recent Work on Kant's Theoretical Philosophy," in *American Philosophical Quarterly*, **19**, 1–24.

——— (2000[2]), *Kant's Theory of Mind: an Analysis of the Paralogisms of Pure Reason*, Oxford: Clarendon Press.

Andrew, R. & Grene, M. (1995), "Ideas, in and before Descartes," in *Journal of the History of Philosophy*, **56**, 87–106.

青木　茂（1952）「カントに於ける「取り残された」空間の諸問題」，『哲學研究』，**35**，739–764。

Arendt, H. (1982), *Lectures on Kant's Political Philosophy*, edited and with an interpretive essay by Ronald Beiner, Chicago: Chicago University Press.［ハンナ・アーレント，ロナルド・ベイナー編，浜田義文監訳（1987）『カント政治哲学の講義』，法政大学出版局。］

有福孝岳（1981）「現在ドイツにおける『純粋理性批判』研究の状況と意味」，『理想』，**582**，17–39。

Aspasia, S. M., Kyriakos, A. M. & Haido, K. (2006), "Tracing the Development of Thought Experiments in the Philosophy of Natural Sciences," in *Journal for General Philosophy of Science*, **37**, 61–75.

Barker, M. (2001), "The Proof Structure of Kant's A-Deduction," in *Kant-Studien*, **92**, 259–282.

Baumann, P. (1991–92), "Kants transzendentale Deduktion der reinen Verstandesbegriffe (B). Ein kritischer Forschungsbericht," in *Kant-Studien*, **82**, 329–348, 436–455; **83**, 60–83, 183–207.

Bickman, C. (1995), "Auf dem Weg zu einer Metaphysik der Freiheit: Kants Idee der Vollendung der Kopernikanischen Wende im Experiment der Vernunft mit sich selbst," in *Kant-Studien*, **86**, 321–330.

Blake, R. M. (1960), "Theory of Hypothesis among Renaissance Astronomers," in Ralph M. Blake, Curt J. Ducasse & Edward H. Madden, *Theories of Scientific Method: The Renaissance through the Nineteenth Century*, Seattle: University of Washington Press, pp. 22–49.

Brandt, R. (1981), "Materialien zur Entstehung der *Kritik der reinen Vernunft* (John Locke und Johann Schultz)," in I. Heidemann & W. Ritzel (Hrsg.), *Beiträge zur Kritik der reinen Vernunft: 1781–1981*, Berlin: Walter de Gruyter, pp. 37–68.

2 Bde. Iserlohn: J. Baedecker.［ランゲ，賀川豊彦訳（1933）『唯物論史（一）～（四）』，春秋社。］

Mach, E. (1926[4] / 1968[6]), "Über Gedankenexperimente," in *Erkenntnis und Irrtum, Skizzen zur Psychologie der Forschung*, 1. Aufl. 1905. 4. Aufl. 1926. 6., unveränderte Auflage, Darmstadt: Wissenschaftliche Buchgesellschft, pp. 183–200.［エルンスト・マッハ「思考実験について」，廣松　渉編訳（2002）『認識の分析』，法政大学出版局，101–124 頁。］

三宅剛一（1940 / 1973）『学の形成と自然的世界』，みすず書房。

Monzel, A. (1913), *Die Lehre vom inneren Sinn bei Kant. Eine auf entwicklungsgeschichtliche und kritische Untersuchungen gegründete Darstellung*, Bonn: Carl Georgi.

中井正一（1930）「カントに於ける Kritik と Doktrin の記録について」，『哲學研究』，**16**, 613–634。［久野　収編（1981）『中井正一全集　第一巻　哲学と美学の接点』，美術出版社，321–335 頁。］

Paton, H. J. (1936 / 1997), *Kant's Metaphysic of Experience: a Commentary on the First Half of the* Kritik der reinen Vernunft, 2 vols., London, 1936. Reprint. Bristol: Theommes Press.

———— (1937), "Kant's so-called Copernican Revolution," in *Mind*, **46**, 365–371.

Reininger, R. (1900), *Kants Lehre vom inneren Sinn und seine Theorie der Erfahrung*, Wien: Wilhelm Braumüller.

Rickert, H. (1909), "Zwei Wege der Erkenntnistheorie. Transzendentalpsychologie und Transzendentallogik," in *Kant-Studien*, **14**, 169–228.［リッケルト，山内得立訳（1927）「認識論の二途（先驗的心理學と先驗的論理學）」，『認識の對象』，岩波書店，216–277 頁。］

Riehl, A. (1924[3]), *Der philosophische Kritizismus, Geschichte und System. Erster Band: Geschichte des philosophischen Kritizismus*, 3. Aufl., Leipzig: Alfred Kröner.

田中美知太郎（1926 / 1969）「プラトンの『パルメニデス』一三一 E——一三二 B について —— いわゆる「第三の人間」とプラトンのイデア論 —— 」，『田中美知太郎全集　第五巻』，筑摩書房，14–43 頁。

田邊　元（1927）「批判的方法に於ける循環論に就いて」，『思想』，**64**，1–24。［（1963）『田邊元全集　第四巻』，筑摩書房，207–229 頁。］

Vaihinger, H. (1921), "Wie die Philosophie des Als Ob entstand," in Raymund Schmidt (Hrsg.), *Die deutsche Philosophie der Gegenwart in Selbstdarstellungen,* 2. Bd., Leipzig: Felix Meiner, pp. 174–203.

———— (1922[2] / 1970), *Kommentar zu Kants Kritik der reinen Vernunft*, 2 Bde., Neudruck der 2. Auflage, Stuttgart. Aalen: Scientia.

Warda, A (1922), *Immanuel Kants Bücher*, Berlin: Martin Breslauer.

Windelband, W. (1921[7=8]), *Präludien. Aufsätze und Reden zur Philosophie und ihrer Geschichte*, 2 Bde., Tübingen: J. C. B. Mohr (Paul Siebeck).［ヴィンデルバント，河東　涓訳（1926）『プレルーディエン　上巻』，岩波書店。ヴィンデルバント，篠田英雄訳（1927）『プレルーディエン（序曲）　下巻』，岩波書店。］

Curtius, E. (1914), "Das Schematismuskapital in der Kritik der reinen Vernunft," in *Kant-Studien*, **19**, 338–366.

Diels, H. (1911), "Gedächtnisrede auf Eduard Zeller," in Otto Leuze (Hrsg.), *Eduard Zellers kleine Schriften*, 3. Bd., Berlin: Georg Reimer, pp. 465–511.

Erdmann, B. (1876 / 1973), *Martin Knutzen und seine Zeit. Ein Beitrag zur Geschichte der Wolfischen Schule und insbesondere zur Entwicklungsgeschichte Kant's*, Leipzig. Reprint. Hildesheim: Verlag Dr. H. A. Gerstenberg.

——— (1878), *Kant's Kriticismus in der ersten und in der zweiten Auflage der Kritik der reinen Vernunft: eine historische Untersuchung*, Leipzig: Leopold Voss.

Fabian, G. (1925 / 1974), *Beitrag zur Geschichte des Leib-Seele-Problems (Lehre von der prästabilierten Harmonie und vom psychophyisichen Parallelismus in der Leibniz-Wolffschen Schule)*, Langensalza: Hermann Beyer & Söhne. Reprint. Hildesheim: Dr. H. A. Gerstensberg.

Green, Th. H. (1883 / 1969), *Prolegomena to Ethics*, edited by A. C. Bradley, New York: Thomas Y. Crowell Company.

Hartmann, N. (1912), "Systematische Methode," in *Logos*, **3**, 121–163.

Heidegger, M. (1929 / 1998^6), *Kant und das Problem der Metaphysik*, Frankfurt am Main: Vittorio Klostermann.［門脇卓爾・ハルトムート・ブフナー訳（2003）『カントと形而上学の問題　ハイデッガー全集　第 3 巻』，創文社。］

Heimsoeth, H. (1924 / 1971^2), "Metaphysische Motive in der Ausbildung des kritischen Idealismus," in *Studien zur Philosophie Immanuel Kants I: metaphysische Ursprünge und ontologische Grundlagen*, zweite, durchgesehene Auflage, Bonn: Bouvier Verlag, pp. 189–225.［H. ハイムゼート，須田　朗・宮武　昭訳（1981）「批判的観念論の形成における形而上学的諸動機」，『カント哲学の形成と形而上学的基礎』，未来社，83–165 頁。］

Kemp Smith, N. (1923^2 / 2003), *A Commentary to Kant's* 'Critique of Pure Reason', 2nd. rev. and enl. ed., Hampshire: Palgrave Macmillan.［N. ケンプ・スミス，山本冬樹訳（2001）『カント『純粋理性批判』註解　上巻・下巻』，行路社。］

Knüfer, C. (1911), *Grundzüge der Geschichte der Begriffs Vorstellung von Wolff bis Kant: ein Beitrag zur Geschichte der philosophischen Terminologie*, Halle: Ehrhardt Karras.

高坂正顯（1929）「二つの言葉の解釋に就て　實驗的方法としての先驗的方法」，『哲學研究』，**14**，615–672。［（1939）「實驗的方法としての超越的方法 ── 二つの言葉の解釋について ── 」，『カント解釋の問題』，弘文堂，3–68 頁。（1965）『高坂正顯著作集　第三巻』，理想社，18–55 頁。］

———（1940 / 1965）「カント学派」，『高坂正顕著作集　第三巻』，理想社，265–403 頁。

桑木嚴翼（1917）『カントと現代の哲學』，岩波書店。

Lange, F. A. (1866), *Geschichte des Materialismus und Kritik seiner Bedeutung in der Gegenwart*, Iserlohn: J. Baedeker.

——— (1873^2), *Geschichte der Materialismus und Kritik seiner Bedeutung in der Gegenwart*,

——— (1740[2] / 1994), *Psychologia rationalis methodo scientifica pertractata*, Frankfurt. Édition critique avec introduction, notes et index par Jean École, Hildesheim: Georg Olms.
——— (1741 / 2003), *Elemanta matheseos universae*, tom. V, Halle. Hildesheim: Georg Olms.
——— (1751[11] / 1983), *Vernünftige Gedanken von Gott, der Welt und der Seele des Menschen, auch allen Dingen überhaupt*, Halle. Mit einer Einleitung und einem kritischen Apparat von Charles A. Corr, Hildesheim: Georg Olms.

4. 19世紀以降のテクスト（〜1945年）

Adickes, E. (1893–96 / 1970), *German Kantian Bibliography*, New York: Burt Franklin.
——— (1921), "Erich Adickes," in Raymund Schmidt (Hrsg.), *Die deutsche Philosophie der Gegenwart in Selbstdarstellungen*, Zweiter Band, Leipzig: Felix Meiner, pp. 1–30.
——— (1924), *Kant und das Ding an sich*, Berlin: Pan Verlag Rolf Heise. ［エーリッヒ・アディケス，赤松常弘訳（1974）『カントと物自体』，法政大学出版局。］
Alexander, S. (1909), "Ptolemaic and Copernican Views of the Place of Mind in the Universe," in *The Hibbert Journal*, **9**, 47–66.
Blake, R. M. (1939), "Note on the Use of the Term *Idée* Prior to Descartes," in *The Philosophical Review*, **48**, 532–535.
Cassirer, E. (1910 / 2000), *Substanzbegriff und Funktionsbegriff. Untersuchungen über die Grundfragen der Erkenntniskritik*, Berlin. in Ernst Cassirer, Birgit Recki (Hrsg.), *Gesammelte Werke, Hamburger Ausgabe*, Bd. 6, Hamburg: Felix Meiner. ［E. カッシーラー，山本義隆訳（1979）『実体概念と関数概念　認識批判の基本的諸問題の研究』，みすず書房。］
——— (1925 / 2002), *Philosophie des symbolischen Formen. Zweiter Teil: Das mythische Denken*, Berlin. in Ernst Cassirer, Birgit Recki (Hrsg.), *Gesammelte Werke, Hamburger Ausgabe*, Bd. 12, Hamburg: Felix Meiner. ［カッシーラー，木田　元訳（1991）『シンボル形式の哲学（二）』，岩波書店。］
Cassirer, E. & Heidegger, M. (1929 / 1998[6]), "Davosar Disputation zwischen Ernst Cassirer und Martin Heidegger," in Martin Heidegger, *Kant und das Problem der Metaphysik*, Frankfurt am Main: Vittorio Klostermann, pp. 274–296. ［門脇卓爾・ハルトムート・ブフナー訳（2003）「エルンスト・カッシーラーとマルティン・ハイデッガーの間でのダヴォース論争」，『カントと形而上学の問題　ハイデッガー全集　第3巻』，創文社，274–284頁。］
Cohen, H. (1885[2]), *Kants Theorie der Erfahrung*, Berlin: Ferd. Dümmlers Verlagsbuchhandlung.
Cross, F. L. (1937a), "Kant's so-called Copernican Revolution," in *Mind*, **46**, 214–217.
——— (1937b), "Professor Paton and "Kant's so-called Copernican Revolution"," in *Mind*, **46**, 475–477.

――――― (1695 / 1978a), “Système nouveau de la nature et de la communication des substances, aussi bien que de l’union qu’il y a entre l’ame et le corps,” in C. J. Gerhardt (Hrsg.), *Die philosophischen Schriften von Gottfried Wilhelm Leibniz*, Bd. IV, Berlin, 1880. Hildesheim: Georg Olms, pp. 477–487.［ライプニッツ「實體の本性及び實體の交通，並びに精神物體間に存する結合に就いての新説」，河野与一訳（1951）『単子論』，岩波書店，60–84 頁。］

――――― (1695 / 1978b), “Éclaircissement du nouveau système de la communication des substances, pour servir de reponse à ce qui en est dit dans le Journal du 12 Septembre 1695,” in C. J. Gerhardt (Hrsg.), *Die philosophischen Schriften von Gottfried Wilhelm Leibniz*, Bd. IV, Berlin, 1880. Hildesheim: Georg Olms, pp. 493–500.［ライプニッツ「實體の交通に關する新説の解明」，河野与一訳（1951）『単子論』，岩波書店，111–121 頁。］

――――― (1714 / 1978), “Ohne Ueberschrift, enthaltend die sogenannte Monadologie,” in C. J. Gerhardt (Hrsg.), *Die philosophischen Schriften von Gottfried Wilhelm Leibniz*, Bd. VI, Berlin, 1880. Hildesheim: Georg Olms, pp. 607–623.［ライプニッツ「單子論」，河野与一訳（1951）『単子論』，岩波書店，111–121 頁。］

Locke, John (1690 / 1975), *An Essay concerning Human Understanding*, London. Edited with a Foreword by Peter H. Nidditch, Oxford: Clarendon Press.［ジョン・ロック，大槻春彦訳（1972–1977）『人間知性論』，岩波書店。］

――――― (1709 / 2004), *Johannis Lockii Armigeri Libri IV De Intellectu Humano*, Leipzig. Repr. 2 vols., Bristol: Thoemmes Continuum.

Meier, Georg Friedrich (1752 / 1914), *Auszug aus der Vernunftlehre*, Halle. in *Kant’s Gesammelte Schriften*, hrsg. von der Preußischen Akademie der Wissenschaft, Bd. XVI, Berlin.

Newton, Isaac (1726^3 / 1972), *Isaac Newton’s Philosophiae Naturalis Principia Mathematica*, the Third Edition (1726) with Variant Readings, assembled and edited by Alexandre Koyré & I. Bernard Cohen with assistence of Anne Whitman, 2 vols, Cambridge: Harvard University Press.［ニュートン，河辺六男訳（1971）『自然哲学の数学的諸原理』，河辺六男編『世界の名著　26』，中央公論社。］

――――― (1782 / 1964), *Opticks*, in *Opera quae exstant omnia*, tom. IV, London, 1782. Stuttgart-Bad Cannstatt: Friedrich Frommann, pp. 1–264.［島尾永康訳（1983）『光学』，岩波書店。］

Stahl, Georg Ernst (1723), *Fundamenta chymiae dogmaticae & experimentalis*, Nürnberg.

Thomas, Aquinas, St. (c. 1265–1274 / 1964–81), *Summa theologiæ*, Latin text and English translation, Introductions, Notes, Appendices and Glossaries, Prima Pars, vol. 1–61, Cambridge: Blackfriars.［トマス・アクィナス，山田　晶訳（1975）『神学大全』，山田　晶編『世界の名著　続 5』，中央公論社。トマス・アクィナス，高田三郎他訳（1960–）『神学大全』，創文社。］

Wolff, Christian (1738^2 / 1968), *Psychologia empirica*, Frankfurt. Editit te curavit Johannes Ecole, Hildesheim: Georg Olms.

Schriften, hrsg. von der Preußischen Akademie der Wissenschaft, Bd. XVII, Berlin.

Boyle, Robert (1666–67 / 1999), *The Origin of Forms and Qualities*, Oxford. in Michael Hunter & Edward B. Davis (eds.), *The Works of Robert Boyle*, vol. 5, London: Pickering & Chatto, pp. 281–491.［ボイル，赤平清蔵訳（1989）『形相と質の起源』，伊東俊太郎，村上陽一郎編『科学の名著　第 II 期 8(18)　ボイル』，朝日出版社。］

Crusius, Christian August (1747 / 1965), *Weg zur Gewißheit und Zuverlässigkeit der menschlichen Erkenntnis*, Leipzig. Hildesheim: Georg Olms.

Descartes, René (1637 / 1965), *Discours de la méthode pour bien conduire sa raison, & chercher la verité dans les sciences, plus la dioptrique, les météores et géométrie*, Leyde. in *Oeuvres de Descartes*, publiées par Charles Adam & Paul Tannery, VI, Paris: Librairie Philosophique J. Vrin.［デカルト，野田又夫訳（1967）『方法序説』，野田又夫編『世界の名著 22 デカルト』，中央公論社，1967 年，161–222 頁。デカルト，青木靖三・水野和久訳（1993）『屈折光学』，三宅徳嘉他訳『デカルト著作集 1』，白水社，111–222 頁。］

——— (1664 / 1967), *Le monde ou le traité de la lumiere*, Paris. in *Oeuvres de Descartes*, publiées par Charles Adam & Paul Tannery, XI, Paris: Librairie Philosophique J. Vrin, pp. 1–118.［デカルト，神野慧一郎訳（1967）『世界論　または光論』，野田又夫編『世界の名著 22　デカルト』，中央公論社，75–160 頁。］

Goclenius, Rudolph (1613 / 1964), *Lexicon philosophicvm, qvo tanqvam clave philosophiae fores aperiuntvr*, Frankfurt. Hildesheim: Georg Olms Verlagsbuchhandlung.

Hausius, Karl Gottlieb (1793 / 1974), *Matrialien zur Geschichte der critischen Philosophie*, Leipzig. Bruxelles: Culture et civilization.

Home, Henry, Lord Kames (1762 / 1970), *Elements of Criticism*, 3 vols, with introduction by Robert Voitle, Hildesheim: Georg Olms.

Hume, David (1739–40 / 1978), *A Treatise of Human Nature*, London. Oxford: Oxford University Press.［ヒューム，大槻春彦訳（1948–1952）『人性論（一）～（四）』，岩波書店。］

Karsten, Wenceslaus Johann Gustav (1783 / 1980), *Anleitung zur gemeinnützlichen Kenntniß der Natur*, Halle: Renger. in *Kant's Gesammelte Schriften*, hrsg. von der Preußischen Akademie der Wissenschaft, Bd. XXIX, Berlin, pp. 171–590.

Knutzen, Martin (1747 / 1991), *Elemanta philosophiae rationalis seu logica*, Königsberg. Hildesheim: Georg Olms.

Lambert, Johann Heinrich (1764 / 1965), *Neues Organon*, Leipzig. Hildesheim: Georg Olms.

Lavoisier, Antoine-Laurent, (1789 / 1965), *Traité élémentaire de chemie*, tome premier, Paris. Bruxelle: Culture et civilization.［ラヴワジエ，柴田和子訳（1988）『化学原論』，坂本賢三編『科学の名著　第 II 期　4(14)　ラヴワジエ』，朝日出版社。］

Leibniz, Gottfried Wilhelm (1684 / 1978), "Meditationes de Cognitione, Veritate et Ideis," in C. J. Gerhardt (Hrsg.), *Die philosophischen Schriften von Gottfried Wilhelm Leibniz*, Bd. IV, Berlin, 1880. Hildesheim: Georg Olms, pp. 422–426.［ライプニッ「認識，眞理，觀念に關する考察」，河野与一訳（1951）『単子論』，岩波書店，295–304 頁。］

2-2. 『観念史新辞典』

[Horowitz, M. C. (ed.) (2005), *New Dictionary of the History of Ideas*, 6 vols., Detroit: Thomson Gale.]

Arabatzis, Th. (2005), Art. "Experiment," **2**, 765–769.

Moser, P. K. (2005), Art. "Foundationalism," **2**, 839–841.

2-3. 『哲学の歴史辞典』(『概念史辞典』)

[Ritter, J., et al. (Hrsg.) (1971–2007), *Historisches Wörterbuch der Philosophie*, 13 Bde., Basel: Schwabe & Co. AG.]

Aubenque, P., Wieland, G., Holzhey, H., & Schaber, P. (1989), Art. "Prinzip," **7**, 1336–1372.

Baum, M. (1980), Art. "Methode, transzendentale," **5**, 1375–1378.

Elze, M. (1972), Art. "Dogma," **2**, 275–277.

Engelhardt, P. (1995), Art. "Species, I. Antike und Mittelalter," **9**, 1315–1342.

Frey, G. (1972), Art. "Experiment," **2**, 868–870.

Herring, H. & Seidel, Ch. (1972), Art. "Ding an sich," **2**, 251–255.

Holzey, H. (1976), Art. "Kritik, II. Der Begriff der K. von Kant bis zur Gegenwart," **4**, 1267–1282.

Konhardt, K. (1980), Art. "Mannigfaltige (das), Mannigfaltigkeit," **5**, 731–735.

Lutz-Bachmann, M. (1995), Art. "Species, II. Antike und Spätantike: Die logische Bedeutung von s.," **9**, 1342–1345.

Marquard, O. (1974), Art. "Grenzbegriff," **3**, 871–873.

Meier, H. G. (1971), Art. "Begriffsgeschichte," **1**, 788–808.

Ritter, J. (1980), Art. "Methode," **5**, 1304–1332.

Stegmaier, W. (1992), Art. "Schema, Schematismus," **8**, 1246–1261.

Szabó, Á. (1974), Art. "Hypothese, Hypothesis, I.," **3**, 1260–1261.

Thiel, Ch. (1995), Art. "Speciosa," **9**, 1350.

Tonelli, G. (1974), Art. "Hypothese, Hypothesis, II.," **3**, 1261–1265.

Tonelli, G. & von Bormann, C. (1976), Art. "Kritik, I. Die Geschichte des K. -Begriffs von den Griechen bis Kant, 4.," **4**, 1262–1267.

von Bormann, C. (1976), Art. "Kritik, I. Die Geschichte des K. -Begriffs von den Griechen bis Kant, 1.–3." **4**, 1249–1262.

Winter, A. (1989), Art. "Psychologie, transzendentale," **7**, 1670–1675.

3. カント以前および同時代のテクスト

Anonym (1713), *Zweyer Guten Freunde vertrauter Brief=Wechsel von Wesen der Seelen*, Haag: Peter von der Aa.［渡辺祐邦訳（抄訳）(1972)「霊魂の本質についての往復書簡」,『北見工業大学研究報告』, **4**, 197–218。］

Baumgarten, Alexander Gottlieb (1757^4 / 1926), *Metaphysica*, Halle. in *Kant's Gesammelte*

文献表

1. カントのテクスト

1–1. 原典

Kant, Immanuel (c. 1747–1803 / 1900–), *Kant's Gesammelte Schriften*, hrsg. von der Preußischen Akademie der Wissenschaft, Berlin.

Kant, Immanuel (1781[A], 1787^2[B] / 1998), *Kritik der reinen Vernunft*, nach der ersten und zweiten Originalausgabe herausgegeben von Jens Timmermann, Hamburg: Felix Meiner Verlag [PhB 505].

1–2. 翻訳

Kant, Immanuel, Paul Guyer & Allen Wood (ed.) (1992–), *The Cambridge Edition of Works of Immanuel Kant*, Cambridge: Cambridge University Press.

カント，イマヌエル，高坂正顕・金子武蔵監修，原　佑編集（1965–88）『カント全集』，全 18 巻・別巻 1，理想社。

カント，イマヌエル，坂部　恵・有福孝岳・牧野英二編（1999–2006）『カント全集』，全 22 巻・別巻 1，岩波書店。

カント，イマヌエル，城戸　淳訳・解題（2005）「哲学的エンチュクロペディー講義」，『世界の視点　変革期の思想』，1–65。

カント，イマヌエル，城戸　淳訳（2006）「デュースブルク遺稿（一七七三〜七五年）R 4674–4684（上）」，『世界の視点　知のトポス』，**1**，1–22。

カント，イマヌエル，城戸　淳訳（2007）「デュースブルク遺稿（一七七三〜七五年）R 4674–4684（下）」，『世界の視点　知のトポス』，**2**，3–24。

2. 概念史・観念史事典（の参照項目）

2–1.『岩波　哲学・思想事典』

［廣松　渉他編（1998）『岩波　哲学・思想事典』，岩波書店。］

冨田恭彦（1998）「基礎づけ主義」，315–316 頁。

浜野研三（1998）「自然主義　2. 認識論」，646 頁。

サ　行

タ　行

ナ　行

ハ　行

人 名 索 引

＊人名・書名については、①その内容への言及およびそこからのまとまった引用がみられる論著（ないし著者）名、②カント自身による評言とみなしうるような人物への言及例、を中心に当該頁番号を拾った。ただし、「カント」および「『批判』」は煩瑣になるので除外した。

ドグマティズム Dogmatism 18, 105
ドグマ的 dogmatisch 17, 36

ナ 行

内感 innerer Sinn; internal Sense 132, 164, 166, 167
投げ入れ Hineinlegen 75, 77
二元論者 Dualist 36, 175
似姿〔類似性〕similitudo 196, 217

ハ 行

発生的 genetisch 31
批判〔批評〕Kritik [Cap. I] 15, 23, 35, 39
批判主義 Kritizism 16, 40, 105
批判的 kritisch [Cap. I]
批判哲学 die critische Philosophie 30
批判哲学者 Critische Philosoph 30
表象 Vorstellung; repraesentatio [Cap. V] 148, 149, 172
物質的観念 idea materialis 194, 216
文芸批評 Literary Criticism 24, 38
分析 Analysis 121, 142, 181
分析の方法〔分析的方法〕the method of analysis; methodo analytica 70, 105
法廷 Gerichtshof 23, 37
方法 Methode 4, 11
方法についての論考 ein Traktat von der Methode 43

マ 行

無制約者 das Unbedingte 89
物自体 Dinge an sich; res ipsae; Things themselves 89, 128, 158, 170, 176
問題史 Problemgeschichte 3, 11

ヤ 行

唯物論者 Materialist 174, 175
予定調和 harmonia præstabilia 62, 72

ラ 行

理性の事実 ein Faktum der Vernunft 104
理性の実験 ein Experiment der Vernunft 107
理性の批判 Kritik der Vernunft 25, 29
霊魂 Geist; spiritus 32, 179
歴史的再構成 historical reconstruction 3, 10
論弁的 diskursiv 126, 143, 188

ワ 行

「私は仮説を捏造しない」'hypotheses non fingo.' 60, 71

サ　行

再吟味 Gegenprobe　90, 106
思考実験 Gedankenexperiment; Thought Experiment　83, 101
思考様式の転回 Revolution der Denkart　46, 54
自然学 Physiologie　32
自然主義 naturalism　85, 103
実験〔試み〕Experiment; Versuch; experimentum　[Cap. III] 75, 76, 79, 83, 97–99
実験的投げ入れ　[Cap. III] 67, 75
実験的方法 Experimentalmethode　[Cap. III] 44, 67, 75, 97, 99
実体的形相 Substantial Form　196, 217
質料〔物質〕Materie; materia　124, 134, 145, 159, 192
質料的観念論 der materiale Idealism　134
従属性 Subordination　122, 142
主体に即して〔主観的〕subjectiue　31, 40
趣味の批判 Kritik des Geschmacks　25
純粋知性概念の演繹 die Deduktion der reinen Verstandesbegriffe　111
純粋理性の批判 Kritik der reinen Vernunft　15, 29
触発 Affektion　124
シンボル Symbol　187
シンボル的 symbolisch; symbolicus　188, 213
図式 Schema; schema　197, 203, 204, 219
先入見 Vorurtheil　48
像 Bild　150, 186
総合 Synthesis; the Synthesis　71, 113, 121, 129, [Cap. VI] 181
総合の方法〔総合的方法〕the method of composition; methodo synthetica　70, 105
想像力〔構想力〕Einbildungskraft　181, 206, 211

タ　行

多 multa, Viele　113, 120, 142
第三者 ein Drittes　203, 206, 219
対象に関して〔客観的〕objectiue　32, 33, 40
魂 Seele; anima　32, 156, 178, 208
多様 das Mannigfaltige; varia　[Cap. IV.] 112, 113, 118, 137, 139
多様性 die Mannigfaltigkeit　[Cap. IV.] 140
多様における統一 eine Einheit im Mannigfaltige　115
単純概念 einfacher Begriff　150, 172
知性〔悟性〕Verstand; intellectus; understanding　38, 143
超越論的 transzendental　16, 34
超越論的観念論 der transzendentale Idealismus　134
超越論的心理学 die transzendentale Psychologie; Transzendentalpsychologie　112, 138
超越論的批判 transzendentale Kritik　16
超越論的方法 transzendentale Methode　45, 66
超越論的論証 transcendental argument　67, 139
徴標 nota; Merkmal　119, 141
直観的 anschauend; intuitiv; intuitius　188, 189, 213
ディシプリン〔訓練〕Disciplin　26
同位性 Coordination　122, 142
統一 Einheit　115, 129
ドクトリン Doctrin　26, 38
ドグマ Dogma　19, 21, 36
ドグマティスト Dogmatiker; Dogmaticus　17, 19, 35

事 項 索 引

＊事項に関しては、書中で言及される諸概念について、①カントをはじめとする諸家による定義的用法、②および当該概念の概念史への参照、を含む箇所を選んで拾った。「批判」をはじめ本書で主題とした六つの概念について詳しくは各章にあたられたい。

ア 行

アプリオリな総合判断 synthetisches Urteil a priori 92, 93, 105
意識一般 Bewußtsein überhaupt 40
一 unum; Eins 120, 142
一元論者 Monist 36
演繹 Deduktion 63

カ 行

懐疑的 skeptisch 17
懐疑論 Skepticismus 18, 20, 86, 103
懐疑論者 Skeptiker 17, 20
概念史 Begriffsgeschichte 4, 10, 11
可感的形象 species sensibilis; les espaces sensibile 194, 196
学 Wissenschaft 26
仮説 Hypothese; Hypothesis [Cap. II] 45, 55, 56, 61, 67, 69, 71, 102
カタルティコン Kathartikon 20, 38
可知的形象 species intelligibilis 195
観察 Beobachtung; observatio 79, 98
観念〔イデア〕idea; Idea 153, 174, 194, 205
観念史 History of Ideas 10
観念論 Idealismus 179, 192
観念論者 Idealist 175, 179
記号結合術 die Verbindungs＝Kunst der Zeichen 80, 99
基礎づけ主義 foundationalism 85, 103
機能 Funktion 127, 180
逆説 Paradox 53
経験 Erfahrung; experientia 78, 79, 98, 99
形式〔形相〕Form; forma 124, 130, 160, 192, 197, 202
形式的観念論 der formale Idealism 134
形象〔スペキエス〕species; Species; Spezies [Cap. VI] 186, 193, 195, 196, 215
形象的 figürlich; speciosus 188, 213
形象的総合（synthesis speciosa）figürliche Synthesis 181
系譜学 Genealogie 32
限界概念 Grenzbegriff 176, 179
検証 Prüfung 83
現象 Erscheinung; phaenomenon 88, 128, 158, 160
原理 Prinzip 4, 11
合理的再構成 rational reconstruction 3, 10
刻印された形象 species impressa 193
心 Gemüt; animus 164, 178, 179
コペルニクス的転回〔革命〕Kopernikanische Wendung; Copernican Revolution 44, 51, 65–66
コペルニクスの〔的〕copernicanisch [Cap. II]
コペルニクスの仮説 copernicanische Hypothese [Cap. II] 46, 55, 57
根本力 Grundkraft 155, 174

著者紹介

渡邉　浩一（わたなべ　こういち）

1981年大阪生まれ。
2004年3月、京都大学総合人間学部卒業。
2011年3月、京都大学大学院人間・環境学研究科博士後期課程修了。
京都府医師会看護専門学校、京都女子大学、大阪工業大学非常勤講師。

主な論文
「感性的直観の多様について」『人間存在論』第13号
「「コペルニクスの仮説」と『純粋理性批判』の方法」『アルケー』No. 17

（プリミエコレクション　14）
『純粋理性批判』の方法と原理
—— 概念史によるカント解釈

平成24（2012）年6月28日　初版第一刷発行

著　者　渡邉浩一
発行人　檜山爲次郎
発行所　京都大学学術出版会
京都市左京区吉田近衛町69番地
京都大学吉田南構内（〒606-8315）
電　話（075）761-6182
FAX（075）761-6190
URL　http://www.kyoto-up.or.jp
振　替　01000-8-64677

ISBN978-4-87698-233-2
Printed in Japan
印刷・製本　㈱クイックス
定価はカバーに表示してあります